민담의
심층

그림 동화와 함께 읽는 융 심리학

민담의
심층

가와이 하야오 지음 · 고향옥 옮김

문학과지성사

민담의 심층
그림 동화와 함께 읽는 융 심리학

제1판 제1쇄   2018년 9월 10일
제1판 제5쇄   2023년 10월 31일

지은이   가와이 하야오
옮긴이   고향옥
펴낸이   이광호
편집   최대연 김현주
펴낸곳   ㈜문학과지성사
등록번호   제1993-000098호
주소   04034 서울 마포구 잔다리로7길 18(서교동 377-20)
전화   02) 338-7224
팩스   02) 323-4180(편집) 02) 338-7221(영업)
전자우편   moonji@moonji.com
홈페이지   www.moonji.com

ISBN 978-89-320-3467-6 03180

이 도서의 국립중앙도서관 출판예정도서목록(CIP)은 서지정보유통지원시스템 홈페이지
(http://seoji.nl.go.kr)와 국가자료공동목록시스템(http://www.nl.go.kr/kolisnet)에서
이용하실 수 있습니다. (CIP제어번호: CIP2018027033)

이 제작물은 산돌의 산돌 정체를 사용하여 디자인되었습니다.

차 례

일러두기

* 원주(저자주)는 미주로 달았으며, 모든 각주는 옮긴이의 것입니다.
* 이해를 돕기 위해 본문에서 주제로 다룬 그림 동화 10편은 부록에 실었습니다.
  해당 판본은 김열규 옮김, 『그림형제 동화전집』(현대지성, 2015)으로, 저작권자
  의 허가를 받고 사용했습니다. 세부적인 표현들은 본문에 인용된 그림 동화의 문
  장과 번역상의 차이가 있음을 알려드립니다. 한국 내에서 보호받는 저작물이므
  로 무단 전재 및 복제를 금합니다.

제1장 민담과 마음의 구조

인간은 신생아로 태어나 성장해가면서 인격을 완성시켜나간다. 저마다 타고난 가능성과 주변 환경의 상호작용 속에서 자신만의 고유한 인격을 형성하는 것이다. 나는 심리치료사로서 직업적으로 각양각색의 사람들이 안고 있는 고민이며 문제를 듣는 까닭에 그들이 거쳐온 인격 형성 과정에 깊은 관심을 기울이지 않을 수 없었다. 언젠가 거식증에 걸린 소녀가 부모 손에 이끌려 온 적이 있다. 부모는 뼈만 앙상한 딸이 행여 죽지나 않을까 걱정되어 내버려 둘 수 없었던 것이다. 또 어느 중년 남성은 직장 일이 도통 재미가 없다고 호소해왔다. 우울하고 무기력하며 오로지 자살 생각뿐이라고 했다. 세상 모든 일이 즐겁지 않다고도 했다. 그러나 한 시간에 걸쳐 괴로움을 호소하는 그의 모습에서 도리어 강력한 에너지가 느껴졌다. 또 어떤 학생은 책을 읽을 때마다 자신의 코끝이 보여서 미칠 것 같다고 했다. 코 때문에 책을 읽을 수 없노라고 진지하게 하소연하는 사람에 대해 어떻게 생각해야 할까. 나는 다양한 사람을 만나면서 사람의 개성 차이와 그 차이를 유발하는 요인에 대해 생각하게 되었다.

이 점을 밝히는 데 도움을 얻기 위해 대학생들에게 '자신의 인격 형성에 커다란 영향을 준 책'이라는 주제로 과제를 낸 적이 있다. 그런데 유소아기의 체험으로 민담을 드는 학생이 생각보다 많아 놀랐다. 그림 동화 같은 한 권의 책을 든 경우도 있었지만 어떤 특정한 민담이 마음 깊이 남는다는 학생도 많았다. 이는 민담이 지닌 위대한 힘을 새삼스레 깨닫는 계기가 되었다.

반대로 민담이 무의미하다거나 심지어는 해롭다고 강조하는 이들도 물론 있었다. 그들은 민담의 비현실성과 비합리성에 거부감을 가졌다. 어쩌면 그들에게는 민담의 단순함도 영 시시해 보였을 것이다. 주인공의 행위나 감정이 지나치게 단순하고 형식화되어 있으며 현실과 동떨어져 있다고 생각할 것이다. 그들 중에는 어린이에게 그런 비현실적인 이야기를 가르치는 것은 해롭다고 극단적인 주장을 하는 사람마저 있다. 하지만 이 같은 강력한 반대에도 민담은 지금까지 살아남았고, 요즘은 도리어 더 활발히 되살아나는 분위기마저 감지된다. 게다가 고대로 거슬러 올라가 보면 "이미 기원전 3천 년경에 바빌로니아와 이집트에 메르헨이 있었고, 기원전 2천 년경에는 인도와 중국에서 가장 오래된 메르헨이 만들어졌으며, 이스라엘과 그리스에도 메르헨이 있었다는 증거가 있다"라고 라이엔Friedrich von der Leyen은 주장한다.[1] 또한 폰 프란츠Marie-Louise von Franz의 지적에 따르면, 민담은 17~18세기까지만 해도 어린이뿐 아니라 어른도 즐겼다고 한다.[2] 지금부터 민담의 의의에 관해 기술해나갈 텐데, 이해를 돕기 위해 현대의 한 청년이 지은 '현대 민담'을 사례로 들고자 한다. 이러한 예를 드는 까닭은, 심리치료사로서 민담이 단순히 과거의 유물이 아니며 현대인의 마음과 어떻게 이어지고 있는지 밝히기 위해서다.

다음은 적면공포증으로 고통받는 한 청년이 나에게 심리치료를 받는 동안 지어 온 이야기다. 적면공포증이란 타인과 대면할 때 쉬 얼굴이 붉어져 대인 관계가 악화되고 증상이 심할 때는 아예 사람을 만나지 못하는 신경증을 이른다.

어떤 산에 지렁이 한 마리가 살고 있었습니다. 산의 흙은 초록색이고 끈적끈적하고 부드럽습니다. 그런데도 이상하게 흙 속에 들어가 누우면 편하지 않고, 몸을 콕콕 찔러댑니다. 하늘은 맑지 않고, 햇볕이 쨍쨍 내리쬘 때는 몸이 바짝 말라버립니다.

기분 좋은 바람이 부는 봄날 저녁, 지렁이는 슬피 울었습니다. 눈물이 흘러내렸습니다. 지렁이는 눈물을 타고 산 아래로 굴러떨어지고 말았습니다.

다음 날, 지렁이는 초록빛 산기슭에서 물빛 비에 젖은 채 가까스로 눈을 떴습니다. 빗물과 함께 산 위에서 엄청난 흙이 떠내려왔습니다. 지렁이는 흙탕물에 실려 넓디넓은 강으로 떠내려갔습니다. 강을 가득 메우고 있는 물은 몸을 콕콕 찔러대는 초록빛 물이 아니었습니다. 지렁이는 그 냄새에 이끌려 매우 힘들게 커다란 강바닥을 거슬러 올라갔습니다. 강에는 물고기가 한 마리 있었습니다. 지렁이는 겁을 먹었지만 물고기는 친절했습니다. 지렁이는 물고기도 자기처럼 떠내려온 줄 알았지만 그렇지 않았습니다. 물고기는 지렁이의 처지를 알고 불쌍히 여겨 강을 거슬러 올라가도록 도와주었습니다. 물고기는 지렁이가 처음 만난 유일한 친구였습니다. 지렁이와 물고기는 좋은 냄새가 나는 노란색과 분홍색 산에 다다랐습니다. 산에는 새빨갛게 단풍이 들어 있었습니다. 물고기는 지렁이의 모습이 어느새 씩씩한 물고기로도, 검은 귀신으로도 보인다고 말했습니다.

이 청년이 딱히 창작에 흥미가 있었던 것은 아니다. 치료를 받던 중에 이와 같은 이야기를 생각해내고 써 온 것이다 (크레파스로 삽화까지 그렸다). 나는 이 이야기를 읽고, 지렁이의 괴로움은 적면공포증 때문에 인간관계를 괴로워하는 청년 본인의 심정이라고 짐작했다. 주인공이 지렁이라는 점도 매우 독특하다. 지렁이가 주인공으로 등장하는 민담은 들어본 적이 없다. 그러나 늘 흙 속에 숨어 지내는 벌레를 주인공으로 내세운 것은, 적면공포증으로 인해 집 밖으로 나가지 못하는 자신의 상태를 잘 반영한 것이라고 볼 수 있다. 고통에 겨워 눈물 흘리는 지렁이의 모습은 이 청년의 모습을 고스란히 보여준다.

빗물에 휩쓸려 강으로 떠내려간 지렁이는 물고기 한 마리를 만난다. 그리고 물고기의 도움으로 좋은 냄새가 나는 산에 다다라, 어느새 씩씩한 물고기로도 귀신으로도 보이는 모습으로 변신한다.[3] 이 부분은 어떻게 해석해야 할까. 이 청년이 이전보다 강해져 신경증을 극복한다는 것일까? 실제로 그는 긴 치료 기간 동안 피나는 노력을 거듭하여 증상이 호전되어갔다. 이러한 사실과 연결하여 생각하면 이 이야기는 작자의 미래까지 예고했다고 할 수 있다.

　　　앞의 사례처럼, 심리치료를 받는 사람들이 동화
를 써 오거나 그림을 그려 오는 일은 흔히 있다. 앞의 청년
처럼 창작활동 경험이 전혀 없는 사람이 갑자기 창작 의욕
을 느끼는 점이 신기한데, 간혹 당사자조차 왜 그랬는지 몰
라 신기해하기도 한다. 그리고 그림이나 동화로 표현된 것
에 당사자의 마음 상태가 여실히 반영된 점을 보면 놀라지
않을 수 없다. 앞서 든 사례에도 적면공포증으로 괴로워하
는 모습과 미래의 전망이 나타나 있다. 하지만 창작자 본인
은 작품의 의미를 깨닫지 못하는 경우가 많다. 그들은 내적
요청에 따라 작품을 창작했다기보다 '창작되었다'고 할 수
있으며, 스스로도 인지하지 못한 채 표현한다. 그러나 그
후로 치료사와 함께 이야기를 나누며 객관화하는 과정을
통해 그 의미를 알아차리게 된다.

　우리는 이 같은 현상을 이해하기 위해 무의식이라는 개
념을 도입한다. 인간은 자신의 행동을 의식할 수 있기 때문
에 대부분의 행동이나 생각은 의식적 통제에 따르지만, 스
스로 의식하지 못하는 마음의 움직임이 있다고 가정하는
것이다. 가령, 앞서 예로 든 적면공포증이라는 증상을 보
자. 이 사람의 의식은 부끄러워할 필요가 없다거나 부끄럽
지 않다고 생각하지만 절로 얼굴이 붉어져버리기 때문에

당사자로서는 어찌해볼 도리가 없다. 다시 말해, 무의식중에 마음이 움직여 얼굴이 붉어지는 것이다. 그렇다면 이 청년이 자신의 그러한 체험을 타인에게 전달하려면 어떻게 해야 할까. 우리는 그의 증상에 대해 '적면공포증'이라고 이름 붙인다. 그러나 과연 그 청년은 그 이름을 들은 타인이 자신이 겪는 일을 '알아준다'고 생각할까. '안다'는 것에는 두 가지 측면이 있다. 적면공포증이라고 이름 붙이는 행위는, 이 사람이 하나의 신경증을 가지고 있음을 객관적으로 아는 것이다. 그러나 그가 겪은 고통까지 알 수는 없다. 공감이 바탕이 된 앎을 위해서는 이름만 알아서는 안 된다. 여기서 다시 청년이 지은 '이야기'를 살펴보자. 주인공인 지렁이는 잠도 편히 못 자고, 몸을 콕콕 찌르는 흙 위에서 작열하는 태양빛을 받아 몸이 말라비틀어진다. 지렁이에게 필요한 습기를 제공하는 것은 자신의 눈물뿐이다. 이 이야기를 읽으면, 적면공포증이라는 신경증을 앓는 환자가 아닌 한 인간으로서의 감정이 가슴에 와닿는 듯하다.

인간의 마음에 의식이라는 것이 생긴 이후로 그것을 갈고 닦음으로써 인류 문명은 진보해왔다. 그러나 구축된 의식이 무의식의 토양으로부터 지나치게 동떨어지면 생명력을 잃는다. 우리는 태양에 대해, 비에 대해 너무 많은 지식을 지니고 있기 때문에 태양 그 자체, 비 그 자체를 체험할 수 없게 되었다. 인상파 화가 모네Claude Monet는 이에 대해

17

매우 적절하게 표현한다. "내가 만약 맹인으로 태어나 어느 날 갑자기 볼 수 있게 된다면! 그렇다면 눈에 보이는 것이 무엇인지 모른 채 그릴 수 있을 텐데." 모네의 이 탄식이 단적으로 말해주듯 우리 근대인들은 너무 많이 알기 때문에 무엇이든 그 자체를 체험하기가 어려워졌다. 한낮의 뜨거운 태양에 노출된 지렁이처럼 그것은 말라비틀어진 세계다. 지렁이를 행복한 길로 데려다준 것은 눈물과 비였다. 예부터 물은 흔히 무의식의 상징으로 쓰여왔다. 눈물과 비에 의해 강으로 떠내려간 지렁이의 모습은 무의식 세계로의 퇴행을 보여준다. 우리에게 필요한 것은 의식 세계에서 무의식 세계로 돌아가 의식과 무의식의 관계를 바람직하게 정립하는 것이 아닐까. 그렇지 않으면 한낮의 뙤약볕에 노출된 지렁이처럼 말라 죽고 말 것이다. 이에 무의식 세계로 내려가기 위한 수단으로서 민담에 의지하려고 한다. 우선 왜 민담을 그 수단으로 사용하는지 살펴보겠다.

민담의 발생   3

민담의 발생에 대해서는 다양한 관점에서 설명할 수 있지만 여기서는 심리적인 기반에서 살펴보고자 한다. 이와 관련하여 흔히 접할 수 있는 현대의 사례를 하나

들어보겠다. 민담에 관해 설명하는데 현대의 사례만을 드는 까닭은 민담의 내용과 현대인의 심성이 큰 관련성이 있다고 생각하기 때문이다. 게다가 전문적으로 심리치료를 해오면서 민담에 관심을 갖지 않을 수 없었던 이유도 있다. 차차 기술하겠지만 현대의 심리상담실에는 백설공주나 헨젤과 그레텔, 나아가 사람을 잡아먹는 마녀까지 등장한다 해도 과언이 아니다. 물론 그들의 겉모습이 민담 속 인물과 같다는 말은 아니다. 그러나 한 꺼풀만 벗겨보면 그들도 민담의 주인공들과 별반 다르지 않음을 알게 된다.

다음 이야기를 예로, 민담의 기원에 대해 이야기하고자 한다. 나는 어느 날 동네 책방에서 선 채로 책을 읽고 있었다. 아주머니 몇몇이 두런두런 이야기하는 소리가 들려와 귀 기울여 들었다. 이야기의 내용은 이랬다. 어떤 아이가 유학 가는 아버지를 따라 스위스에서 살게 되었는데, 가자마자 일본어를 잊어버리고 독일어만 사용했다. 그리고 몇 년이 지나 최근에 귀국했는데, 잊었던 일본어를 금세 다시 기억해냈고 학급에서 최고의 성적을 거두었다. 아주머니들은 그 '뛰어난 아이' 이야기에 열을 올렸지만 나는 그 이야기가 사실과 상당히 다르다는 것을 알고 있었다. 이야기의 주인공이 바로 우리 아이였으니까. 우리 아이가 스위스에 갔고, 최근에 귀국한 것은 사실이다. 그러나 일본어를 잊어버렸다던가, 돌아오자마자 학급에서 일등을 했다는 말은 사실이 아니다.

그렇다면 그 아주머니들은 그러한 이야기에 왜 그토록 열중한 것일까. 약간의 상식만으로도 사실이 아니라는 것쯤은 쉽게 알 수 있을 텐데 말이다. 이렇듯 외적 사실과 다른 것이 사실인 양 이야기되는 것은 그것이 인간의 내적 진실과 얼마간 합치되기 때문이 아닐까. 이렇게 생각해보니 우리 인간에게 '뛰어난 아이'에 관한 이야기가 얼마나 많은지 바로 깨닫게 된다. 오니를 물리친 '모모 타로'*나, 키가 엄지손가락만 했다는 '한치동자' 같은 아이 말이다. 그림 동화에도 '뛰어난 아이'는 수없이 등장한다. 그리스 신화에도 태어나자마자 아폴론이 키우던 소를 도둑질한 헤르메스 이야기나, 아기 때 뱀 두 마리를 죽인 헤라클레스 이야기가 있다. 소를 훔치는 행위가 과연 뛰어난 것인지는 의문이지만 어른을 능가하는 활약상을 보여주는 아이의 이미지가 민담이나 신화 등에는 세계 공통의 현상으로서 존재한다는 것을 알 수 있다. 요컨대, 인류는 이와 같은 초인적인 어린아이의 이야기를 좋아한다.

스위스의 분석심리학자인 카를 구스타프 융Carl Gustav Jung은, 그러한 전형적인 이미지가 전 세계의 민담과 신화에 공

---

* 일본의 유명한 민담 「모모 타로」의 주인공으로, 사람들을 괴롭히는 오니를 물리친 영웅. 오니는 사람과 비슷한 형상에 뿔과 커다란 송곳니가 있으며 사람을 잡아먹는 상상 속의 괴물. 흔히 한국의 도깨비와 비교된다.

통적으로 존재한다는 점을 중시했다. 그리고 심리치료에 전념하는 동안 환자가 꾸는 꿈이나 망상 따위의 내용에도 그러한 이미지가 나타나는 것을 발견했다. 그리하여 그는 인간의 무의식을 개인적 무의식과 보편적 무의식으로 나누어 생각하자고 제창했다. 즉, 인간 무의식의 심층은 인류에게 공통되는 보편성을 지니고 있다고 가정한 것이다. 모든 인류는 공통적으로 무의식 속에 이러한 초능력을 갖춘 아이의 표상表象을 만들어낼 가능성이 있다고 보고, 거기에 하나의 원형적인archetype 존재를 가정한 것이다.

앞서 든 예로 돌아가 보자. 외적 사실로서 한 아이가 아버지를 따라 스위스에 갔고, 얼마 후 귀국한 것은 분명한 사실이다. 이러한 사실에 대해 아주머니들의 무의식 속에 존재하는 초능력을 가진 아이의 원형이 작용할 때 그 이야기는 원형적 표상으로 변형되고, 더구나 그것이 내적 보편성을 갖기 때문에 많은 사람에게 이야기로 전해지게 된다. 이렇게 되면, 이 '이야기'는 민담이 되기 일보 직전까지 온 것이다. 즉, '옛날옛날에 한 아이가 있었습니다……'가 될 가능성을 내포하고 있는 것이다. 이러한 사례를 통해 민담이 생겨나는 심리적 측면을 다음과 같이 설명할 수 있다. 어느 개인이 어떤 원형적인 체험을 했을 때, 그 경험을 가능한 한 직접적으로 전달하기 위해 만들어진 이야기가 민담의 시작이다. 그리고 그것이 원형적이라 함은, 인간 마음의 보편성으로 이어지는 것으로서 많은 사람들에게 받아들여져 시대를 초월하여 계속 존재한다는 의미다.

　이와 같은 융의 가설은 시대와 문화의 차이에 관계없이 유사한 모티프와 내용을 지닌 민담이 존재한다는 것을 의미하지만, 민담이 전파된다는 측면에서는 비판도 있을 것이다. 예컨대, 벤파이Theodor Benfey처럼 모든 메르헨이 인도 불교설화에서 전파되었다고 주장하는 사람도 있다. 이처럼 전파라는 측면은 무시할 수 없지만 모든 이야기를 이런 방식으로 설명하기에는 무리가 따른다. 물론 융도 민담의 전파 가능성을 송두리째 부정하지는 않았지만, 전혀 다른 장소에서 비슷한 이야기가 독립적으로 발생하는 것도 사실이다. 여기서 오히려 주목해야 할 점은 같은 원형적 표상이라 해도 시대와 문화의 영향을 받기 때문에 저마다의 특징이 있다는 것이다. 예컨대, 앞서 기술한 아이의 원형도 그리스의 헤르메스나 헤라클레스의 이미지와 일본의 한치동자나 모모 타로와는 상당히 다르다. 초능력을 가진 아이라는 원형은 동일하지만 세부적으로는 시대와 문화의 영향에 따라 달라지게 마련이다.

　앞으로도 차차 기술하겠지만, 융은 다양한 원형을 찾아내고 있는데 시대와 문화에 따라 특정한 원형의 힘이 더 강하게 작용한다는 것도 알 수 있다. 예컨대, 현대 일본에서는 앞서 기술한 것과 같은 아이의 원형의 힘이 매우 강하다. 대부분의 어머니는 자신의 아이가 '뛰어난 아이'일 거라고 기대한다. 아이의 현실적인 능력과 개성은 무시한 채 아이를 영웅으로 치켜세우고 싶어 한다. 어쨌거나 현대의 영웅은 국립대학에만 입학하면 되니 그리 어려운 일도 아니지만 그것이 또 모든 어머니들의 기대이기 때문에 만만치 않다. 이 같은 문화적인 배경 없이는 스위스에서 돌아온 아이가 일등을 했다는 이야기가 그토록 아주머니들의 마음을 사로잡지는 못했을 터이다. 이러한 관점에서 하나의 이야기가 시대와 함께 어떻게 변천해가는지 탐구해보는 것도 흥미로운 일이겠으나,[4] 이에 관해서는 접어두겠다.

지금까지 민담의 심리적인 측면만을 기술했지만, 그렇다고 다른 접근법을 배제하는 것은 아니다. 민담은 다면적인 연구의 대상이며, 각각의 측면이 상호보완적인 의미를 지니기 때문에 서로 배척해서는 안 된다. 이제부터 그 점에도 주의를 기울이며 어떤 방법으로 민담을 연구할지에 대해 기술하고자 한다.

민담 연구   4

나는 앞서 민담은 다면적인 연구의 대상이라고 말했다. 민담은 현재 문화인류학, 민속학, 문예학, 심리학

의 측면에서 연구되고 있다. 이에 대해 막스 뤼티Max Lüthi
는 다음과 같이 말한다. "민속학은 민담을 문화사적, 정신
사적 기록으로서 연구하며 사회에서 민담이 어떤 역할을
하는지 관찰한다. 또한 심리학은 그 이야기를 심리적 과정
의 표출로 간주하고, 듣거나 읽는 사람에게 민담이 끼치는
영향을 조사한다. 문예학은 민담을 민담답게 하는 것이 무
엇인지 규정하고자 한다."[5] 지금까지 이렇듯 다양한 관점에
따라 수많은 연구가 행해져왔으나, 나는 심리학적인 연구
에 관심을 두고 있다. 특히 지금까지 융 학파의 분석가 입
장에서 기술해왔듯이 융의 보편적 무의식과 원형에 따라
민담을 살펴보고자 한다. 이제부터 나의 관점에서 어떤 방
법으로 민담을 풀어나갈지 기술하겠다.

먼저 신화와 전설, 그리고 민담의 관계를 살펴보자. 우리
가 어떤 이야기를 무의식의 심적 과정이 표출된 것으로 볼
때, 그것이 무엇이든 차이는 없지만 일단은 다음과 같이 구
분해야 한다. 민담에 견주면, 전설은 특정한 인물이나 장
소와 결합하여 원형적인 체험을 이야기한다. 이에 대해 뤼
티는 "전설의 사건은 현장과 동떨어진 곳에서 발생하지 않
는다. 마치 웅크리고 앉아 있는 것처럼 특정한 지역과 결
부되어 있다"[6]고 적절하게 표현한다. 그러나 민담은 전설
과 달리 특정한 장소와 시간으로부터 상당히 분리되어 있
으며 내적 현실로 쉽게 접근할 수 있다. '옛날옛날 어느 곳

에······'로 시작되는 도입부는 듣는 이의 마음을 단번에 외적 현실에서 끌어내 원형적으로 정돈된 세계로 이끈다. 뤼티의 설명은 이와 같은 사실을 잘 표현한 것으로 보인다. "대체로 민담은 현실을 추상抽象하지만, 전설은 현실적인 상상을 강요한다." "민담에 등장하는 피안의 존재는 균형 잡힌 모습이지만, 전설에 나오는 피안의 존재는 왜곡된 얼굴을 하고 있다."[7]

융 학파의 분석가인 폰 프란츠는 전설과 민담의 관계에 대해서 흥미로운 사실을 언급한다.[8] 요컨대 스위스의 어느 시골 마을 사람들에게 들은 바에 따르면, 전설적인 사실에는 원형적인 모티프가 근사하게 민담으로 변형된 것과 지나치게 평범하고 단편적인 이야기가 된 것, 이렇게 두 가지가 존재했다는 것이다. 이 같은 사실은 민담의 기원을 탐구하는 연구에 많은 것을 시사한다. 이 문제에 열의를 가지고 있는 이른바 핀란드 학파의 안티 아르네Antti Aarne는, 민담은 어떤 원형으로 존재했던 것이 전파됨에 따라 퇴화하고 변형해간다고 보았다. 그러나 폰 프란츠도 강조했듯이 여기에는 두 가지 가능성, 즉 전파와 재화再話를 거쳐 세련되어지거나 퇴화할 가능성이 있다.

신화의 경우 소재가 원형적이라는 점에서는 다르지 않지만 한 민족, 한 국가의 정체성 확립과 관련이 있기 때문에 더 의식적이고 문화적으로 다듬어져 있다. 이런 까닭에 원형적인 소재를 탐구하는 측면에서는 신화나 전설, 민담을 동일하게 다루기도 하지만, 신화와 전설 쪽이 더 의식적인 통제를 받았다고 볼 수 있다. 실제로 신화와 전설은 시간의 흐름에 따라 특정한 장소나 나라, 문화 등과의 관련성이 희박해지면서 결국은 민담으로 변할 수도 있다. 이렇듯 민담은 다양한 시대와 문화의 파도에 씻겨 핵심 부분만 남았다고 할 수도 있기 때문에, 예전에 융이 '마음의 비교해부학'을 연구하는 데에는 민담만 한 것이 없다고 말했던 것[9]도 수긍이 간다.

민담을 무의식의 심적 과정을 표현한 것으로 볼 때 거기서 원형의 존재를 밝힐 수 있다. 하지만 이때 발생하는 커다란 문제는 지적인 이해만으로는 원형을 충분히 이해하기 어렵다는 점이다. 예를 하나 들어보자. 융이 동아프리카의 엘곤 산 속 원주민 마을에 머무를 때, 주민들이 떠오르는 태양을 숭배하는 것을 알고 "태양이 신인가?"라고 물었다고 한다. 주민들은 아예 바보 같은 물음으로 여겨 무시했다. 그러자 융은 하늘 높이 떠오른 태양을 가리키며 "당신들은 태양이 저기 있을 때는 왜 신이라 하지 않고, 동쪽에 있을 때는 신이라 하는가?"라고 다시 물었다. 모두 대답할 말을 찾지 못하고 난처해할 때 나이 든 추장이 나서서 "저 위에 있는 태양은 당연히 신이 아니다. 하지만 막 떠오르는 태양, 그것이 바로 신이다"라고 설명했다고 한다. 융은 추

장의 설명에 깊이 수긍하며 자서전에 다음과 같이 썼다.[10]

인간의 영혼은 원시시대부터 빛을 동경하여 원초적인 어둠에서 벗어나고자 하는 억누를 수 없는 충동을 가지고 있었음을 이해했다. [……] 아침에 떠오르는 태양은 매우 의미 깊은 체험으로서 흑인들의 마음을 울린다. 빛이 오는 순간이 곧 신이다. 그 순간이 구원을, 해방을 가져다준다. 그것은 순간의 원체험으로서 태양이 신이라고 말해버리면 그 원체험은 잃어버리고 잊히고 만다.

합리적 사고방식이 굳어진 사람이 이러한 체험을 이해하기란 몹시 어려울 것이다. 태양은 신일까 신이 아닐까, 반드시 어느 한쪽이어야 한다거나 태양이 신이라면 항상 신이어야 한다고 생각하는 사람은 원형적인 체험을 이해하지 못한다.

여기서는 태양을 예로 들었지만, 실제로 많은 신화나 민담은 자연 현상과 유사성이 높기 때문에 그 측면을 강조하는 연구자가 있는 것도 당연하다. 예컨대, 막스 뮐러Friedrich Max Müller처럼 영웅 신화를 태양의 운행 현상을 이야기하는 것으로 이해한 사람도 있었다. 즉, 괴물의 배 속에 삼켜진 영웅이 괴물을 죽이고 그 속에서 나오는 이야기는, 태양이 밤에 사라졌다가 아침이면 다시 나오는 것을 설명한다고 본 것이다. 분명 그와 같은 이해나 연구도 의미 있지만, 그것이 전부가 아니며 지금까지 기술해온 마음의 문제와도 관련이 있음을 잊어서는 안 된다. 이 점에 관해 진정한 신화는 사물을 설명하는 것이 아니라 사물의 기초를 마련하기 위한 것[11]이라는 신화학자 카로이 케레니Károly Kerényi의 주장은 민담에도 정확히 들어맞는 말로서 시사하는 바가 크다. 민담은 자연 현상을 설명하기 위한 낮은 차원의 물리학이 아니라, 자연 현상을 체험할 때 인간의 마음속에 나타나는 움직임까지도 불가분의 것으로서 마음속 깊이 다져두기 위해 생겨난 이야기다.

여기서 원형에 관해 말할 때면 늘 느끼게 되는 딜레마를 밝혀두고자 한다. 원형을 이해하기 위해서는 그에 따르는 주체적 체험이 필요하며 거기에는 당연히 강한 감정이 뒷받침되어야 한다. 그 점을 무시한 채 민담 속의 원형적 모티프만을 지적하는 지적인 작업으로 일관한다면, 융이 말하는 '마음의 비교해부학'도 미인의 골격을 연구하는 것처럼 따분해지고 말 것이다. 그것이 '학문'이라면 그러한 방법도 의미가 없지는 않겠으나, 역시 미인이 미인인 까닭을 파괴해버리는 것은 안타까운 일이다. 하지만 지나치게 미인의 아름다움에만 마음을 빼앗긴다면, 다시 말해 민담의 감정적 측면에 너무 깊이 파고든다면 그것은 더 이상 학문이 아니라고 비판받기 쉽다. 여기에 심리적인 방법으로 민

28

담에 접근하려는 사람들의 딜레마가 있다. 그러나 본디 인간의 마음이 수많은 이율배반성으로 이루어져 있음을 생각한다면 딜레마는 딜레마로 두고 이 문제는 그 나름으로 대처해나갈 수밖에 없을 것이다.

융은 엘곤 산 원주민의 체험을 이해하기 위해 "[……] 순간이 신이다"라고 표현했는데, 이러한 결정적인 순간은 민담 속에서 수없이 볼 수 있다. 예컨대, 그림 동화 「개구리 왕자」에서 공주가 가는 곳마다 끈질기게 따라오는 개구리를 벽에 내던지는 순간, 혹은 「들장미 공주」에서 왕자가 100년 동안 잠에 빠져 있던 공주에게 입을 맞추는 순간 등 얼마든지 찾을 수 있다. 이 중요한 순간에 대해 융은 그 원체험의 중요성을 강조하며 "태양이 신이라고 말해버리면 그 원체험은 잃어버리고 잊히고 만다"고 주장한다. 이 점을 민담에서는 개구리를 내던진 순간 왕자로 변신하는 것으로, 혹은 입 맞추는 순간 모든 것이 잠에서 깨어나는 것으로 그 순간의 의미를 아주 잘 그려내고 있다. 그러므로 그 점에 대해 더 많은 '해석'을 부여해본들—실은 그런 어리석은 시도가 앞으로도 계속되겠지만—중요한 원체험을 잃어버릴 뿐일지도 모른다. 이 점을 강조하면 폰 프란츠가 적절히 표현했듯이, 그 어떤 민담의 해석도 그 민담을 넘어설 수는 없는 것이다.[12] 독자 여러분도 이 점을 잊지 않기 바란다.

이러한 민담 속 결정적인 순간을 예로 들 때는 융이 주장하는 자기실현(혹은 개성화) 과정을 큰 기둥으로 삼고 살펴볼 것이다.[13] 융은 인간이 성장하는 데 따르는 내적인 성숙 과정에 주목하여 자기실현이라는 이름을 부여했는데, 그 점에 관해서는 이제부터 기술해나가는 과정에서 차차 밝히려 한다. 즉, 민담을 인간의 내적 성숙 과정에서 어떤 한 단계를 그려낸 것으로 보려는 것이다. 여기서는 그림 동화를 중심으로 살펴볼 텐데, 때로 그것은 하나의 단계에만 초점을 맞춘 짧은 이야기이거나 혹은 여러 단계에 걸친 긴 이야기일 것이다. 독자와 더불어 그러한 민담을 개개인의 내적 체험에 비추어 살펴보는 것이 이 책의 목적이다.

제2장 그레이트 마더
「트루데 부인」

「트루데 부인」[1]은 무시무시한 이야기다. 우리는
어떤 이야기를 읽을 때, 주인공과 다소 동일시하게 된다.
다만 처음부터 "고집 세고 건방진 데다 부모님 말에 고분
고분 따른 적이 없습니다"[2]라고 등장하는 이 이야기의 주
인공에게 전적으로 동일시하는 사람은 많지 않을 터이다.
그러나 정체를 알 수 없는 트루데 부인을 만나러 간 소녀의
앞날이 걱정스럽기는 할 것이다.

　여자아이는 부모의 만류도 뿌리치고 트루데 부인에게 달
려가는데, 얼굴이 하얗게 질리고 몸이 후들후들 떨릴 정도
로 무시무시한 것을 보게 된다. 그것은 '검은 남자'이며 '초
록색 남자'다. 그것이 왜 무섭지? 독자들이 의문을 가질 즈

음, '피처럼 새빨간 사람'이라는 소녀의 말은 어쩐지 불길한 예감을 준다. 이어서 '마녀의 진짜 모습'을 본 것이라는 트루데 부인의 한마디로 우리가 공포의 정체를 알아차리는 순간 이야기는 무시무시한 결말을 맞이한다. 트루데 부인은 마녀의 정체를 드러내고 소녀를 나무토막으로 변신시켜 불 속에 처넣는다. 그러고는 불을 쬐면서 말한다. "어이쿠, 밝기도 하지, 밝기도 해!"

얼마쯤은 주인공과 동일시하면서 이야기를 읽어온 사람은 이 같은 결말에 전율을 느끼지 않을 수 없을 것이다. 아무리 "고집 세고 건방진" 여자아이라지만 피도 눈물도 없는 마녀의 몸을 잠시 녹여주기 위해 한순간에 사라져야 하다니.

민담은 어린이들에게 교훈을 주기 위해 존재한다고 생각하는 사람, 그것도 단순한 권선징악식의 교훈을 생각하는 사람은 이런 공포스러운 결말에 어안이 벙벙할 것이다. 아니, 어쩌면 놀라지도 않고 "그러니까, 여러분은 부모님 말을 거스르면 안 됩니다"라고 어린이들에게 태연히 교훈을 주입하는 사람도 있을 것이다. 이러한 사람은 생동감 있게 움직이는 마음을 기성도덕의 갑옷으로 꽁꽁 숨기고 있는 건 아닐까. 또 그 갑옷을 더욱 견고히 하기 위해 한 발 더 나아가 이야기를 바꿔 쓰는 일까지 시도할 수도 있다. '어린이들에게 들려주기에는 지나치게 잔혹하다'는 이유로 이야기의 결말을 부드럽게 바꾸거나 때로는 해피엔드로 바꿔버리기까지 한다. 이들이 자신의 도덕관에 따라 논어나 성경을 바꿔 쓰지 않는 것이 오히려 이상할 정도다.

내가 첫번째 민담으로 「트루데 부인」을 택한 것은 다른 이유도 있지만 무엇보다 민담이 무섭다는 것을 알려주기 위해서다. 제1장에서도 언급했지만, 현대인은 합리성과 도덕성 따위로 지나치게 자신을 방어하는 탓에 두려움에 떠는 일이 거의 없다. 모든 것을 '알고' 있으며 모르는 것이나 무서운 것은 적절하게 바꿔 말함으로써 스스로를 방어한다. 죽음에 대한 현대인의 자세는 이러한 태도를 가장 단적으로 보여준다. 우리는 살아 있는 동안 가능한 한 죽음을 잊으려고 한다. 의학이라는 훌륭한 수단으로 병을 몰아냈으니 최대한 장수할 수 있다고 믿는다. 그리고 죽은 자에 대해서는 장례식이라는 연출을 통해 되도록 가까이 가지 않으려 한다. 화려한 장식, 무슨 소리인지 알아들을 수도 없는 긴 독경(녹음테이프로 틀어놓는 경우도 있다!), 그리고 잠시 분향하면서 웃고 있는 고인의 사진을 한 번 흘끗 쳐다보는 게 전부다. 그런 행위는 죽음을 망각하기 위한 연출이라는 비난을 들어도 어쩔 수 없다. 그럼에도 죽음은 엄연히 존재한다. 트루데 부인 이야기는 죽음을 잊으려는 이들에게 새삼스레 인생의 전율을 체험하게 한다.

현대인이 애써 망각하려는 죽음의 전율은 원시부족에게

는 매우 중요한 것이었다. 그들은 어린아이가 성인이 되기 위한 통과의례에 죽음의 전율을 중요한 요소로 포함시켰다. 종교학자 엘리아데Mircea Eliade는 다음과 같은 사례를 보여준다.[3] 통과의례를 치르는 오스트레일리아 위라듀리족 아이들은 느닷없이 나타난 한 무리의 남성들에 의해 어머니 곁에서 떨어지게 된다. 납치된 아이들은 신비로운 신에게 잡아먹힌다고 알려졌기 때문에 어머니와 아이는 무시무시한 공포를 경험한다. (그 후에 신이 아이를 성인으로 거듭나게 해주는 것은 보장된다.) 엘리아데는 이때 아이들이 체험하는 감정에 대해 "그들은 처음으로 종교적인 외경과 공포를 느낀다"고 설명한다. 그들은 초월자의 존재를 실감하고 그가 내리는 죽음을 체험한 후 성인으로 거듭나는 것이다. 이때 외경과 공포의 감정으로 체험한 죽음과 재생의 과정은 그들에게는 "실존 조건이 근본적으로 변혁"[4]되는 결과로 나타난다.

이러한 관점에서 민담을 보면, 인간 삶의 실존 조건이 근본적으로 변혁되는 순간을 아주 잘 포착하고 있다고 할 수 있다. 민담은 그 배후에 존재하는 죽음의 원형적 힘에 의해 무시무시해질 수밖에 없는 것이다. 아름다운 공주가 개구리를 벽에 집어 던지거나(그림 동화 「개구리 왕자」), 살려준 보답으로 은인인 여우를 쏘아 죽이고 네 다리를 싹둑 자르는(그림 동화 「황금새」) 일이 일어나는 것도 바로 그 때문이다. 이러한 점을 간과하고 단지 이야기만 바꿈으로써 죽음의 공포를 숨기는 행위는 민담의 본질을 완전히 왜곡하는 것이다. 어쨌거나 인생이란 본디 무시무시한 것이다. 그런데 우리의 주인공을 한순간에 죽음으로 몰아넣은 트루데 부인은 대체 어떤 사람일까. 우리는 인생의 어느 단계에서 그와 만나는 것일까.

어머니   2

트루데 부인은 여성이다. 여성이라 하면 곧바로 어머니를 연상하고, 어머니의 상냥함을 떠올리는 사람이라면 피도 눈물도 없는 이 트루데 부인이 여성이라는 점에 고개를 갸웃거릴지도 모르겠다. 반면, 최근 자신이 낳은 아이를 코인로커에 버려 세상을 떠들썩하게 한 어머니를 연상하는 사람도 있을 것이다. 이렇듯 신화나 민담 등에 등장하는 여성상에는 자애롭고 상냥한 어머니상과 트루데 부인처럼 무서운 마녀의 모습으로 나타나는 어머니상이 있다. 그렇다면 이 극단적인 양면성을 어떻게 받아들여야 할까.

고대인에게 '어머니'는 신비로운 존재였다. 어머니에게서 아이가 태어나고 그로 인해 종족이 유지된다. 어머니만이 생명의 원천이었다. 이와 반대로 생식에 관련하여 아버지의 의미는 명확하지 않았다. 또한 생명을 출산하는 현상은 식물이 흙에서 나고 자라는 것에서도 알 수 있었다. 더구나 겨울이 되면 식물이 말라비틀어져 흙으로 돌아가는 것을 보며 흙이야말로 '죽음과 재생'의 현상이 일어나는 모태라고 느꼈을 것이다. 원시인들이 이와 같은 작용을 초월적인 현상으로 느끼고 종교적인 감정을 품었다 해도 전혀 이상할 것은 없다. 실제로 선사시대에 숭배의 대상이었으리라고 추측되는 지모신상地母神像이 세계 곳곳에서 발견되고 있다. 이 지모신상에는 여성의 생식기 등이 강조되어 있거니와, 때로는 머리 부분이 거의 없는 것을 보면 '낳는' 모성의 기능이 매우 중시되었음을 알 수 있다. 그러나 이는 또한 죽음과 재생의 장인 흙의 신비를 반영한, 사자死者를 받아들이는 죽음의 여신이기도 했다. 즉, 지모신은 생명의 신이며 동시에 죽음의 신인 것이다. 이를 잘 보여주는 한 예로, 일본 신화의 이자나미는 일본의 모든 나라를 낳은 위대한 어머니 신인 동시에 저승을 통치하는 죽음의 신이었다.

이렇게 모성은 그 밑바탕에 죽음과 삶의 양면성을 가지고 있다. 다시 말해, 낳고 키우는 긍정적인 측면과 모든 것을 삼켜버리고 죽음에 이르게 하는 부정적인 측면이 있는 것이다. 인간의 어머니들도 내적으로 이런 경향을 지니고 있다. 긍정적인 측면은 즉시 드러난다. 하지만 부정적인 측면은 아이를 끌어안는 힘이 지나치게 강한 나머지 아이의 자립을 방해하여 결국은 아이를 정신적인 죽음으로 내모는 상태가 되어야만 드러난다. 이 두 가지 측면에는 '포함한다'는 공통적인 기능이 있는데, 이것이 삶으로 이어질 때와 죽음으로 이어질 때의 양면을 갖는 것이다.

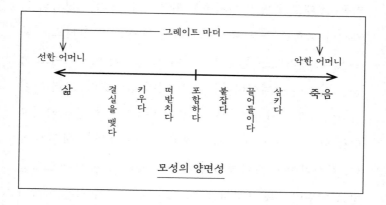

모성의 양면성

　일반적인 인간의 어머니들에게 이러한 경향이 있는 것은 납득이 되지만, 트루데 부인의 무시무시함은 문자 그대로 '인간을 벗어나 있다.' 그러나 세계의 신화와 민담에서는 이렇듯 인간이 아닌 듯한 무서운 어머니상을 곳곳에서 찾아볼 수 있다. 일본의 경우 야만바山姥*가 그 전형일 것이다. 「소몰이꾼과 야만바」[5]에 나오는 야만바는 소몰이꾼이 나르던 소금 절인 연어와 대구를 죄다 먹어버리고 소마저도 "머리부터 모조리 먹어치운다." 게다가 소몰이꾼까지

---

* 깊은 산속에 살면서 때로는 사람을 잡아먹는 마귀할멈.

잡아먹을 기세인 걸 보면 삼키는 힘이 무시무시하다. 「밥 안 먹는 여자」[6]에 등장하는 여성은 처음에는 '먹지 않는 여자'라며 시집을 오지만 실상은 소문과 다르다. 정수리 한가운데에 달린 커다란 입으로 주먹밥 서른 개와 고등어 세 마리를 선 채로 뚝딱 먹어치우는 판국이다. 그리스 신화의 헤카테나 고르곤 등도 똑같이 무서운 모성상의 현현으로 볼 수 있다. 헤카테는 죽음의 여신이다. 일본의 이자나미도 저승을 다스리는 여신이라는 것은 이미 언급했다. 그리고 이자나미가 모성의 긍정적인 측면과 부정적인 측면을 가지고 있듯 한 여성상에 두 가지 측면이 모두 존재하는 경우가 있다. 어린아이를 잡아먹던 귀자모鬼子母가 부처의 가르침을 받고 어린아이를 보살피는 귀자모신鬼子母神이 되는 이야기는 이 같은 양면성을 잘 보여준다. 그림 동화 중에서 트루데 부인과 비슷한 「홀레 할머니」 같은 이야기 역시 그러한 양면성을 여실히 보여준다.

그런데 인류 보편적으로 이와 같은 표상이 존재한다는 점에서, 융은 인간의 마음속 깊은 곳에 이러한 표상을 만들어낼 가능성이 있다고 가정하고 그것을 어머니의 원형이라고 이름 붙였다. 혹은 개개의 어머니와 구별하기 위해 인류 보편적 이미지의 원천으로서 태모太母라고도 부른다. 태모, 즉 그레이트 마더는 인간의 의식을 아득히 뛰어넘은 심층에 존재한다. 「트루데 부인」 이야기에서 소녀가 엄연히 부모가 있음에도 그 곁을 떠나 트루데 부인을 만나러 갔다는 사실은 트루데 부인의 이미지가 개인적인 어머니의 이미지를 뛰어넘었다는 것을 보여준다. 그리고 이 같은 이미지가 보편성을 띠면 띨수록 사람들 사이에 전해져 손상되지 않고 계속 살아남게 된다.

그레이트 마더의 긍정적인 측면을 보여주는 상으로 예컨대 일본인들에게는 관음상觀音像이, 기독교에는 성모 마리아가 있다. 단, 성모 마리아는 어머니인 동시에 처녀라는 점에서 관음상과는 다른 의미를 지닌다. 모성의 긍정적인 측면이 종교적 숭배의 대상이 됨으로써 공적으로 고정화될 때, 사람들은 모성의 부정적인 측면을 쉬이 잊거나 공적으로 거론하지 않게 된다. 예컨대 어머니의 자애로움이나 어머니에 대한 효도 등이 공인된 윤리로 확립되면 모성의 부정적 측면이라는 현실은 그 안으로 파고들기 어려워진다. 그래서 민담은 그렇게 버려진 현실을 포착하여 보존하는 기능을 한다. 그것은 공적인 윤리를 보상하는 민중의 지혜다.

「트루데 부인」은 단순히 어머니는 자애롭다고 믿어버리려는 사람에게 여성의, 어머니의 무서움을 이야기함으로써 충격을 안겨준다. 그러나 그 충격은 개개인이 자신의 마음속 깊은 곳에 존재하는 그레이트 마더를 발견하는 전율이어야 한다. 물론, 남성보다 여성이 자신의 그레이트 마더적인 본성을 더 쉽게 느낄 것이다. 그러나 남성 역시 조금만 주의 깊게 들여다보면 자신의 마음속 깊은 곳에서 꿈틀거리는 그레이트 마더의 움직임을 의식할 수 있을 것이다. 혹, 자신의 능력을 돌아보지 않은 채 무슨 일이든 '끌어안고' '품으려' 하다가 그것이 불가능하다는 것을 깨닫는 순간 매몰차게 내치거나, 그것을 죽음으로 내몰려 하지는 않았는가. 보살피고 키운다는 미명하에 상대의 자립을 방해하고 있지는 않은가. 우리는 이렇듯 무의식중에 무수한 '생명'을 코인로커에 내던져 죽음으로 몰아넣고 있다.

소녀의 호기심   3

트루데 부인의 무서움은 충분히 알았을 것이다. 그렇다면 주인공은 왜 트루데 부인을 만나러 갔을까. 소녀는 "모두들 트루데 부인 집은 굉장히 희한하다고 했어. 그집에 아주 이상한 것이 있다고 말하던걸. 꼭 가보지 않고는 궁금해서 못 견디겠어"라고 말한다. 소녀를 움직인 것은 잔잔한 마음에 고개를 쳐들고 나온 호기심이다. 더구나 거기에는 '꼭 가보지 않고는 궁금해서 못 견디겠어'라는 강한 의지가 깔려 있다. 이쯤 되면 부모가 아무리 말려도 소용없다. 이 강한 의지는 남성적인 냄새를 풍기는데, 여성의 마

음속에 존재하는 이러한 남성적인 경향에 대해서는 앞으로
도 누차 언급할 것이다.

한편, 자신의 호기심 때문에 희생된 소녀들의 사례가 떠
오른다. 여자아이들이 '남자들 드라이브에 따라가면 완전
신난대. 꼭 가보지 않고는 궁금해서 못 견디겠어'라고 마음
먹을 때, 낯모르는 남성이 드라이브하자고 유혹해온다면
그 유혹은 그대로 추락의 길로 이어지는 경우가 종종 있다.
때로는 처참한 죽음으로까지 이어진다.

이때 가해자는 트루데 부인 같은 여성이 아니라 남성이
라고 생각하는 사람이 있을지도 모르겠다. 그러나 주의 깊
게 살펴보면 이런 피비린내 나는 사건의 배후에는 남녀 관
계를 넘어선 죽음의 신이자 운명의 여신인 트루데가 존재
한다. 남녀 관계는 단적으로 그레이트 마더의 속성인 흙
[土]과 육[肉]으로 환원된다. 그것은 육의 관계이며, 흐르는
피이자 흙으로의 회귀다. 말하자면, 가해자로 등장하는 남
성 또한 심층에서는 그레이트 마더의 희생물인 것이다. 거
기에는 인간의 정신 따위는 개입할 여지가 거의 없다. 여기
에서 행동의 기점이 된 '알고 싶은' 호기심은 인간의 정신
작용이다. 그러나 그러한 정신 작용도 그레이트 마더가 지
배하는 자연의 힘, 즉 육과 흙을 만남으로써 홀연히 소멸해
버린다. 무장되지 않은 호기심은 자칫 몰락으로 이어질 수
도 있다.

호기심 자체를 나쁘다고 할 수는 없다. 알고 싶어 하는 인간의 욕구가 현재 우리가 누리고 있는 문화를 만들어냈다. 그렇다면 우리는 호기심을 어떻게 다루어야 할까? 민담이 훌륭한 까닭은 어떠한 물음에도 적합한 답을 반드시 어딘가에 마련해두고 있다는 점이다. 이를 증명할 예로서 러시아 민담 「아름다운 바실리사」[7]를 들여다보자.

아름다운 바실리사는 계모의 명령으로 무서운 바바 야가를 찾아간다. 바바 야가는 바로 러시아의 그레이트 마더다. 바실리사는 바바 야가를 찾아가는 도중에 얼굴과 옷과 말이 모두 하얀, 새하얀 기사가 달려오는 것을 보게 된다. 그러자 날이 밝는다. 이어서 새빨간 기사를 보자마자 태양이 떠오른다. 또 새까만 기사가 나타나더니 날이 저문다. 바실리사는 바바 야가의 집에서 일하게 된다. 바바 야가는 바실리사에게 말한다. 묻고 싶은 것이 있으면 무엇이든 물어도 좋지만 "뭐든지 다 묻는다고 해서 그게 다 도움이 되지는 않는단다. 알고 싶은 것이 너무 많으면 빨리 늙게 마련이야." 소녀가 자신이 만난 세 명의 기사에 대해 묻자, 노파는 각각 "나의 새벽" "나의 붉은 태양" "나의 어두운 밤"이라고 가르쳐준다. 바실리사는 바바 야가의 충고를 잊지 않고 그 후로는 아무것도 묻지 않는다. 노파는 "네가 우리 집 바깥에서 본 것은 묻되 집 안에서 본 것을 묻지 않은 것은 참 잘한 일이란다. [……] 너무 많은 것을 묻는 사람은 잡아먹히고 말지"라고 말한다. 이리하여 소녀는 목숨을 잃지 않았고 뒷이야기는 행복한 결말로 이어진다.

바바 야가는 바실리사의 물음에 새벽, 태양, 어두운 밤이라고 대답하며 일부러 "나의"라는 말을 덧붙인다. 이것은 그녀의 우주적인 스케일을 나타내는 것이어서 매우 흥미롭다. 바실리사는 그처럼 장대한 스케일을 가진 바바 야가에게 그레이트 마더의 '집 내부'에 대해 묻지 않음으로써 목숨을 보존할 수 있었다. 그렇다 해도 호기심을 억제하기란 매우 어렵다. 그것을 적절하게 조절할 수 있었던 것은 바실리사의 지혜 덕분일 것이다. 그와 같은 판단은 생각한다 해서 이해할 수 있는 것이 아니다. 이른바 지식에 근거한 지적 판단이 아닌 바실리사의 전숦 인격적인 반응으로서 '여기까지'라고 판단할 수 있었다 해야 할 것이다. 원형적인 것은 개인의 전 인격을 걸고 결의할 것을 요구하며, 그래야만 그 상황에 올바른 해답을 제시할 수 있는 것이다.

just so!   4

주인공이 아무리 '고집 세고 건방지다' 해도, 또 트루데 부인이 아무리 무시무시한 마녀라 해도, 이 같은 결말에 어이없다고 느끼는 사람도 있을 것이다. 여자아이

45

가 한순간에 불길로 변하고 "어이쿠, 밝기도 하지, 밝기도 해!"라는 마녀의 독백으로 끝나는 것은 너무하다 싶다. 어떻게 좀 안 될까 생각하게 된다.

그렇다면 민담이 아닌 현실의 사건을 생각해보자. 작은 호기심으로 낯모르는 남성의 유혹에 넘어간 여성이 죽임을 당한 채 버려지는 사건은 현실에서 엄연히 벌어지고 있다. 사람들이 이런 일을 보고, 어떻게 좀 안 될까 아무리 발을 동동 굴러봐도 결과는 절대 원점으로 돌아가지 않는다. 그런 일은 극히 드물다든가, 악한인 남자 탓이라고 생각하는 사람이 있다면, 한 번쯤 인간에 대한 자연의 힘을 생각해보라. 자연의 힘은 때로 인간이 만든 것을 단번에 파괴해버린다. 태풍은 피땀 흘려 일군 농작물을 하룻밤 새 쓸어버리기도 한다. 그것은 선인과 악인을 구분하지 않는다. 태풍은 누구에게나 공평하게 불어닥친다. 자연은 선의도 악의도 없이 작용하기 때문에 그에 대해 불평할 수 없다. 영어로 표현하자면 just so!다.

바로 그런 것이며, 어찌해볼 도리가 없는 것이다. 그것은 움직이기 힘든 사실로서 민담 속에 그려진다. 폰 프란츠는 이것을 민담에 나타나는 just-so-ness라고 일컫는다. 「트루데 부인」 이야기에는 그러한 느낌이 매우 잘 드러나 있다.

그림 동화에 「같이 살게 된 고양이와 쥐」[8]라는 이야기가 있다. 고양이가 쥐와 살림을 차린다. 겨울에 먹으려고 굳기름 항아리 하나를 교회 제단 밑에 숨겨두는데 고양이는 그걸 먹고 싶어 안달이다. 결국 대부代父가 되어달라는 부탁을 받았다는 거짓말을 하고 밖으로 나가 굳기름을 조금 핥아 먹고 온다. 이 사실을 알 리 없는 쥐는 갓난아기에게 어떤 이름을 지어 주었느냐고 묻고, 고양이는 '겉핥기'라고 지어 주었다고 답한다. 고양이는 이런 식으로 계속해서 굳기름을 핥아 먹고는 그때마다 '절반 날름' '깡그리 날름'이라는 이름을 지어 주었다고 말한다. 결국, 고양이는 굳기름을 모두 날름날름 먹어버린다. 겨울이 되어 쥐는 고양이와 같이 항아리를 보러 가서야 사태를 파악한다. 쥐가 "처음에는 위쪽만 살짝 핥아 먹은 거고, 그다음에는 절반을 날름 핥아 먹은 거고, 그다음에는……" 하고 말하자, 고양이는 "한마디만 더 해봐! 그땐 너를 잡아먹어 버릴 테다" 하고 위협한다. 쥐가 "깡그리 날름"이라고 말하기 무섭게 "고양이는 한걸음에 달려가 쥐를 통째로 꿀꺽 삼켜버렸습니다. 어때요, 세상은 바로 이런 거랍니다." 바로 just so! 다.

여기에는 줄거리만 간단히 소개했는데, 이 이야기를 들려주는 장면을 떠올려보자. 청자는 되풀이되는 고양이의 못된 행위 다음에는 대체 어떤 결말이 올지 기대할 것이다. 하지만 결말은 어처구니없게도 쥐의 죽음이며 고양이의 결정적 승리다. 결말이 이래도 되느냐고 묻는 사람도 있을 것이다. 이 질문에는 옛날부터 고양이는 쥐를 잡아먹게 되어

47

있지만 쥐는 고양이를 잡아먹을 수 없다는 말밖에 할 수가
없다.

그렇다고 내가 특별히 이러한 생각을 좋아하거나 찬성
하는 것은 아니다. 실제로 이처럼 자연법칙에 맞서는 과정
에서 서구의 근대 문명이 탄생했다고 할 수도 있다. 인간의
의식은 어머니인 자연의 힘에 저항하며 확립되지만, 자연
법칙에 대한 확실한 인식을 전제로 하지 않는다면 그것은
무기력하고 나약한 것이 되고 말 것이다. 인간이 자연의 힘
에 맞서나가는 과정에 대해서는 앞으로 차차 이야기할 것
이다. just-so-ness를 느끼게 하는 민담이 서구 문화 속에
서 중요한 위치를 차지하는 점이 매우 흥미롭다. 이 역시
일반적인 경향에 대한 보상 작용으로 존재하는 걸까.

보아서는 안 되는 진실   5

앞 장에서 민담에는 마음의 구조가 반영되어 있
다고 기술했다. 이 이야기에서 주인공이 부모 곁을 떠나 트
루데 부인을 만나러 간 것은, 개인적인 아버지나 어머니
의 상을 초월한 마음속 더 깊은 곳, 융이 보편적 무의식이
라 일컫는 영역을 향해 간 것이라고 해석할 수 있다. 보편
적 무의식의 내용은 인간으로 하여금 외경과 공포의 감정

을 불러일으키게 한다. 천하의 건방진 소녀도 하얗게 질려 바들바들 떨 정도였으며, 소녀는 그 존재를 검은 남자, 초록색 남자, 피처럼 새빨간 사람이라고 말한다. 아름다운 바실리사의 경우, 그녀가 본 세 명의 기사는 바바 야가의 설명으로 이해할 수 있다. 그러나 트루데가 말한 '숯쟁이' '사냥꾼' '도살꾼'은 무엇을 의미하는 걸까. 이들은 그레이트 마더가 가지고 있는 남성적인 측면을 나타내는 듯하다. 사냥꾼이나 도살꾼은 피를 좋아하는 그레이트 마더의 부하에 어울리는 존재다. 숯쟁이는, 뒤에서 기술하겠지만 그레이트 마더와 불의 관계를 보여준다. 그런데 이 부하들에 대해 말하는 동안은 아직 무사했지만, 마녀의 진짜 모습을 봤다고 말하자마자 여자아이는 목숨을 잃는다. 바실리사는 질문을 삼가 죽음을 면했다. 이 이야기들은 호기심이 아무리 강하더라도 이 세상에는 보아서는 안 되는 진실이 있으며, 설령 보았다 해도 말을 해서는 안 되는 진실이 있다는 것을 가르쳐준다.

어느 날, 정신분열증 환자로부터 발병했을 때의 체험을 들은 적이 있다. 그는 "그때 갑자기 책상 그 자체가 보였다"고 말했다. 보통 사람들은 책상이라는 사물은 보아도 책상 그 자체, 혹은 진실한 책상 같은 건 보지 못한다. 그는 누군가에게 그러한 엄청난 체험을 말하고 싶었지만 도무지 제대로 전달을 할 수 없었다고 한다. 그렇다면 '책상 그 자체'는 역시 보아서는 안 되는 진실이었을까.

보아서는 안 된다 해도 보일 때가 있다. 그렇다면 그때는 어떻게 해야 할까. 민담은 어떠한 물음에 대해서도 대답을 마련해두고 있다 했는데, 이 물음에는 그림 동화에서 「트루데 부인」 바로 앞에 실린 「대부님」이 한 가지 답을 제시해준다. 어떤 남자가 대부代父를 찾아간다. 이 대부는 트루데 부인 같은 여성은 아니지만 사실상 악마의 한 부류다. 여기서도 대부를 찾아간 남자는 이상한 광경을 목격한다. 첫번째 계단에서는 삽과 빗자루가 싸움을 한다. 두번째 계단에는 손가락이 수없이 나뒹굴고 있다. 세번째 계단에는 머리가 산더미처럼 쌓여 있고, 네번째 계단에서는 물고기가 스스로 뜨거운 냄비 속으로 뛰어들어 튀겨지고 있다. 마지막으로 열쇠 구멍으로 방 안을 들여다보니 대부의 머리에 기다란 뿔이 두 개 나 있다. 남자가 방으로 들어가자 대부는 이불을 뒤집어쓴다. 남자는 자신이 본 기묘한 것을 순서대로 말하지만 대부는 어물쩍 넘어간다. 마지막으로 "당신 머리에는 아주 긴 뿔 두 개가 나 있었어요"라고 말하자, 대부는 "무슨 소리냐! 말도 안 되는 소리다"라며 화를 낸다. 그때 남자는 쏜살같이 도망친다. 그리고 "이 사람이 도망치지 않았다면 무슨 일을 당했을지 모른다"는 말로 이야기가 끝난다.

보아서는 안 되는 진실을 보았음을 깨달았을 때는 최대

한 빨리 도망치는 게 최선의 방법이다. 인간의 얕은 지혜로 어떻게든 해보려고 안간힘을 쓰거나 미련을 가져서는 안 된다. 가진 것을 전부 버리고서라도 도망치는 것, 이것은 민담에 흔히 등장하는 꽁지 빠지게 달아나기(주적도주呪的 逃走)의 모티프로 이어진다.

그런데 우리의 주인공은 바실리사처럼 현명하지도 못했거니와 도망치지도 않았다. 그렇다면 도저히 구제할 길이 없었던 것일까.

불   6

말해서는 안 되는 진실을 말해버리고, 그렇다고 도망치지도 못한 주인공을 기다리는 것은 죽음의 운명밖에 없을 것이다. 이제 그 소녀가 한순간에 변신한 불길의 의미에 관해 살펴볼 일만 남았다.

불이 뜻하는 바는 매우 크고 방대하다. 불은 인간의 문명에서 없어서는 안 되는 것으로서 건설적인 의미를 갖는 반면, 모든 것을 다 태워버리는 파괴적인 성질도 지니고 있다. 불의 의미에 대해서는 앞으로도 여러 번 언급할 기회가 있을 텐데, 이 이야기 마지막에 나오는 불은 그레이트 마더와 결부되어 있다. 무겁고, 어두우며, 대지와 관련된 불이다. 이것은 하늘에서 빛나는 불과 좋은 대조를 이룬다. 융의 부인인 엠마는 이러한 불을 대지의 불의 정령이며, "낮은 어머니의 아들"이라고 일컫는다.[9] 앞서 어머니의 이미지에 대해 언급했듯이, 예컨대 성모 마리아가 하늘에 있는 '높은 어머니'라면, 트루데는 전형적인 '낮은 어머니'일 것이다. 이 낮은 어머니의 아들인 불은 그녀 안에도 잠재해 있는 하늘을 향한 의지를 상징한다. 그것은 하늘을 향해 타오르지만 어디까지나 땅에 연결되어 있다. 그것은 "낮고 열등한 로고스로서 특성화된다"라고 엠마 융은 말한다. 앞서 말한 '소녀의 호기심'이 이에 상응한다. 여성이라고 해서 그것을 알면 왜 안 되지? 여성인 나에게도 알려달라. 이것은 로고스의 시작이다. 그러나 하늘로 향하는 의지가 어머니 자연, 즉 낮은 어머니의 힘보다 약하면 불꽃은 한순간 주변을 밝게 비추기는 하나 다시 어둠으로 돌아가고 만다.

트루데 부인의 불은 하늘에 다다르지 못했다. 이 무시무시한 이야기와 반대로, 똑같은 '호기심'으로 인해 어려움을 당하지만, 결국 자신과 하늘을 잇는 불을 찾은 여성의 이야기를 소개하고 이 장을 끝맺고자 한다.

그림 동화 「성모 마리아의 아이」는 훌륭한 이야기다. 가난한 나무꾼의 딸이 천국에서 성모 마리아의 손에 자란다. 성모 마리아는 소녀가 열네 살이 되었을 때 여행을 떠나는데, 열세 개의 열쇠를 맡기면서 열세번째 방은 절대로 보아서는 안 된다고 단단히 이른다. 소녀는 열두 개의 문을 열어보고 그 안에 있는 열두 사도를 보고 기뻐한다. 언제나 그렇듯 소녀는 금기를 깨고 열세번째 문을 열고 거기에서 "삼위일체의 하나님이 불과 광채에 둘러싸여 있는" 모습을 본다. 소녀의 손가락이 광채에 닿자 금빛으로 변한다. 여행에서 돌아온 성모 마리아는 그 손가락을 보고 소녀가 자신의 명령을 어긴 것을 눈치채지만, 소녀는 절대로 문을 열지 않았다고 세 번을 거짓말한다. 소녀는 그 벌로 지상세계로 쫓겨나고 말을 할 수 없게 된다. 그러나 소녀를 보고 첫눈에 반한 왕이 그녀를 왕비로 삼는다. 왕비가 사내아이를 낳자 성모 마리아가 나타나 이전의 죄를 고백하면 용서하겠지만 그렇지 않으면 아기를 데려가겠다고 한다. 왕비는 이때도 고집을 피워 아기를 빼앗긴다. 아기가 없어지자 왕비가 잡아먹었다는 소문이 나돌지만 그녀는 말을 할 수 없기 때문에 항변하지 못한다. 아이가 태어날 때마다 성모 마리아가 나타나 똑같이 묻지만 왕비는 계속 부정한다. 이번에도 세 번까지!

마침내 왕비는 재판을 받고 화형에 처해진다. 불길이 점점 타오르자 왕비의 고집스러운 마음이 녹아내려 "죽기 전에, 그 문을 열어봤다고 어떻게든 고백할 수 있으면 얼마나 좋을까" 하고 생각한다. 그러자 바로 그 순간, 목소리가 터져 나와 "봤어요. 성모 마리아 님, 제가 그 문을 열어봤어요"라고 큰 소리로 외친다. 왕비의 목소리가 터짐과 동시에 비가 내려 타오르던 불이 꺼진다. 그리고 왕비의 머리 위로 한 줄기 빛이 비치고, 성모 마리아가 세 아이를 데리고 내려와 왕비를 용서해준다.

이 이야기에 등장하는 불은 지상에서 타오르지만 트루데의 불보다 고차원적인 불이다. 그 불은 하늘에서 내려오는 성모 마리아의 한 줄기 빛을 불러온다. 그렇다 하더라도, '성모 마리아의 아이'는 얼마나 고집스러운가. 예수를 세 번 부인한 베드로는 닭이 세 번 울자 예수의 말을 떠올리고 슬피 울었다고 한다. 이 소녀는 세 번을 부인한 뒤에도, 자신의 아이를 희생시키고 또다시 세 번을 부인한다. '낮은 어머니의 아들'인 불길이 한순간에 사라진 것과 견줄 때, 이 소녀의 고집스러움이 바로 '낮고 열등한 로고스'를 하늘에 닿게 했다고 할 수 있다. 소녀의 마음속에 존재하는 고집스러움이라는 남성적인 요소가 긍정적인 의미를 가질 수 있다는 점에 대해서는 '아니무스'(제9장)에 관해 기술할 때 자세히 설명할 것이다. 여기에서 불은 정화의 의미를 가진다.

다음 장에서는 어린아이가 아닌 그레이트 마더가 불길에 휩싸이는 이야기를 하고자 한다.

제3장 어머니로부터의 독립
「헨젤과 그레텔」

두 명의 주인공

「헨젤과 그레텔」은 그림 동화 중에서도 걸작으로 손꼽히는 이야기로서 전 세계에 널리 알려져 있다. 아마 일본에서도 이 이야기를 모르는 사람은 거의 없을 것이다. 여기서 이 이야기를 다루는 까닭은 앞서 「트루데 부인」에서 기술한 어머니의 원형이 지나치게 무서운 데다 초인간적이어서 감히 대항하기 어려운 느낌을 주는 데 비해, 좀더 인간적인 차원에 머무르는 이 이야기는 그에 대처해나갈 수 있는 방법을 보여주기 때문이다.

이 이야기의 특징 가운데 하나는 주인공이 헨젤과 그레텔, 두 명이라는 점이다. 일반적으로 민담의 주인공은 한 사람이며 둘인 경우는 흔치 않다. 그림 동화집에서도 그 예

를 거의 찾아볼 수 없다. 형제가 주인공인 이야기는 「오누이」 정도다. 「헨젤과 그레텔」은 그림 형제의 초고에서는 「오누이」였으나 초판을 찍을 때 제목이 바뀌면서 다른 이야기인 「오누이」가 추가되었다고 한다.[1] 그런데 오누이가 주인공인 이러한 구성은 일본의 유명한 이야기 「안주와 즈시오安寿と厨子王」[*]에 나오는 오누이를 떠올리게 한다. 한쪽은 오빠와 여동생인 데 비해 다른 한쪽은 누나와 남동생이라는 점도 흥미롭지만, 이 두 이야기는 여러 가지 점에서 대비되는 요소를 지니고 있다. 여기서 헨젤과 그레텔 이야기를 다시 읽는 독자는 「안주와 즈시오」 이야기를 염두에 두고 읽기를 바란다. 반드시 의미 있는 대비를 볼 수 있을 것이다.

민담이란 인간의 마음 세계를 표현한 것이라고 볼 때, 주인공은 인간의 자아 혹은 새로운 자아가 확립될 가능성을 보여준다고 할 수 있다. 하지만 주인공이 두 명인 이야기는, 특히 헨젤과 그레텔처럼 어린 오누이일 경우에는 아직 남성이나 여성으로 분리되고 확립되기 이전의 자아 상태를 나타낸다. 아직 어리기 때문에 그 자아는 남성성, 여성성

---

[*] 참소당하여 츠쿠바로 유배된 태수의 딸 안주와 아들 즈시오는 어머니와 함께 아버지를 찾아가던 중, 인신매매를 당하여 어머니와 남매가 각기 다른 곳으로 팔려 간다. 누나는 동생을 도망시키고 죽는데, 이후 즈시오는 교토로 올라가 원수를 갚는다는 이야기다. 중세 이래 소설이나 연극의 제재로 많이 이용되었으며, 모리 오가이森鷗外도 이 이야기를 토대로 하여 작품을 썼다.

을 그리 명백히 드러내지 않는다. 이는 그림 동화 「오누이」
에도 적용된다. 「오누이」는 계모에게 학대당하는 어린 남
매가 부모로부터 도망치는 이야기로 시작되기 때문에 「헨
젤과 그레텔」과 매우 비슷한 주제, 즉 아이가 어머니로부터
분리, 독립하는 주제를 다루고 있음을 알 수 있다.

　그림 동화 「노간주나무」의 경우, 주인공은 남자아이 한
명이지만 이복동생이 있기 때문에 이야기는 「헨젤과 그레
텔」이나 「오누이」와 비슷하게 전개된다. 「노간주나무」에
도 무시무시한 계모의 모습이 그려진다. 계모는 남자아이
가 사과를 꺼내기 위해 궤짝 뚜껑을 열고 몸을 구부리자 힘
껏 뚜껑을 닫아 남자아이의 목을 싹둑 잘라 죽인다. 이들
세 이야기는 모두 앞서 기술한 어머니의 부정적인 측면과
그에 맞서는 아이의 자아를 그리고 있다고 할 수 있다. 「안
주와 즈시오」에서 아이들이 어머니로부터 분리되는 것은
그림 동화와 달리 오히려 운명의 힘에 의해 강제적으로 이
루어지는 점이 인상적이다. 안주와 즈시오의 어머니는 일
관되게 좋은 어머니이며 부정적인 면은 드러나지 않는다.
그러나 운명의 힘이 어머니와 아이를 갈라놓으면서 분리는
결국 피할 수 없게 된다.

　　다시 헨젤과 그레텔 이야기로 돌아가 보자. 이 이야기에는 처음부터 나무꾼과 아내, 그리고 두 아이가 등장한다. 가족이 모두 나오는 것이다. 민담 도입부의 등장인물 구성은 매우 시사적이다. 아버지와 아들만 있고 어머니가 없다거나, 혹은 노부부에게 아이가 없는 설정은 어떤 '결핍된 것'의 존재를 명시한다. 그리고 그 결핍이 어떻게 채워지고, 전체 구성이 어떻게 변화해가는가에 초점을 맞추어 보는 것은 매우 뜻깊은 일이다. 이 이야기는 최초의 인물 구성상으로는 '결핍된 것'이 없지만 이야기 도입부에서 나무꾼은 가난하며 대기근까지 발생했음을 보여준다.

　가난이나 기근이라는 물질적 결여는 마음 내부적으로 보면 심적 에너지의 결여를 나타낸다. 인간의 자아는 그 활동에 적합한 심적 에너지를 필요로 한다. 그러나 그 심적 에너지가 자아에서 무의식으로 흘러가 자아가 사용할 수 있는 에너지가 적어질 때가 있다. 그러한 현상을 심적 에너지의 퇴행이라고 한다. 인간은 퇴행 상태에서는 활동이 불가능하기 때문에 의식적 통제가 약한 공상에 빠지거나 전면에 유아적인 소망이 강하게 드러난다. 퇴행 상태에 빠진 사람은 작은 친절에도 한없이 고마워하고 조금만 차갑게 대해도 극단적으로 냉혹하게 느낀다. 그것은 현실에 맞지 않는 태도지만 관점을 바꿔 생각하면 진실을 더 정확히—확대된 형태로—파악하고 있다고도 할 수 있다.

　대기근이라는 이상 상태는 가족 구성원의 실체를 확대하여 보여준다. 어머니는 아버지에게 아이를 버리자고 제안함으로써 모성의 부정적 측면을 드러낸다. 이 어머니의 말에 놀란 독자들에게, 이야기는 다음 단락에서 아이들은 "계모가 아버지에게 하는 말을 듣고 말았어요"라는 설명을 통해 그녀가 계모라는 사실을 넌지시 알려준다. 그리고 많은 독자들은 '계모'라는 한마디에 모든 것을 이해하고 안심한다. 하지만 원래는 친어머니였으며, 이것을 그림 형제가 1840년 결정판 때 '계모'로 바꾼 것은 널리 알려진 사실이다. 이 점은 악명 높은 백설공주의 어머니의 경우도 마찬가지다. 질투심 때문에 딸을 죽이려 했던 왕비가 원래는 백설공주의 친어머니였던 것이다. 이러한 내용 수정에 대해 저명한 그림 형제 연구자인 다카하시 겐지高橋健二는 "바꾸는 게 마땅할 것이다. 친어머니가 딸의 아름다움을 시샘하여 죽이는 것은 너무 비인간적이며 잔혹하다"[2]고 지적한다.

　이 문제는 깊이 파고들면 상당히 복잡해진다. 실제로 우리는 친어머니가 자신의 아이를 코인로커에 버려서 죽인 예를 알고 있고, 계모지만 아이를 훌륭하게 교육시킨 사례도 알고 있다. 여기에서 친어머니, 의붓어머니를 불문하고 어머니라는 존재 그 자체로만 생각하면 보통은 긍정과 부정의 양면을 모두 가지고 있다는 것은 이미 앞에서 지적했다. 그런데 우리 인간은 두 측면 중에서 긍정적인 측면만을 모성의 본질로 인정해왔으며, 또 그에 토대를 두고 문화와 사회를 형성해왔다. 하지만 부정적인 측면은 언제나 인간의 무의식 속에 자리 잡은 채 우리를 위협한다. 이러한 부분을 여실히 담고 있는 민담이 부정적인 측면을 모두 '어머니'의 속성으로 기술한 것도 당연하다. 다시 말해, 어머니인 아무개라든가, 우리 어머니라고 할 때의 개인을 두고 하는 말이 아니라, 모든 모성이 부정적인 측면을 가지고 있다는 것이다. 그것을 의식적으로 받아들이기 어려운 까닭에 부정적인 측면은 죄다 계모에게 떠넘겨진 것이다. 이로 인해 계모의 이미지는 실제보다 훨씬 나빠지고 말았다. 결국, 계모라는 이름으로 모성의 부정적 측면을 모두 떠안게 된 것이다. 백설공주의 어머니나 헨젤과 그레텔의 어머니도 무의식계의 차원에서는 오히려 친어머니인 편이 온당하지만 의식적 차원에서는 계모인 편이 받아들이기 쉽다는 것이다.

트루데 부인은 초인적 존재였지만 「헨젤과 그레텔」에 나오는 부모의 대화에서는 꽤 인간미가 느껴진다. 여기에서 아버지는 아이를 걱정하는 따뜻한 사람으로 그려지지만 아무런 구체적 방안도 없었기 때문에 결국은 어머니에게 설득당하고 만다. 아버지가 나약하면 어머니는 강해질 수밖에 없다. 그럴 경우, 어머니는 오히려 남성 원리의 시행자—그것도 가혹한 시행자—가 되고 만다. 네 명 모두 죽는 것보다 둘이라도 살아남는 편이 낫다는 생각은 남성 원리에 근거한 사고방식이다.

여기에서 두 아이, 특히 헨젤의 어른스러움이 이들을 구한다. 그레텔은 울고만 있었지만 헨젤의 기지로 오누이는 첫번째 난관을 벗어난다. 그리고 아이들이 부모의 말을 몰래 엿들었다는 점 역시 시사하는 바가 있다. 많은 아이들이 부모가 하는 이야기를 몰래 듣고 부모의 그림자 부분을 인식함으로써 자립을 향해 한 발짝 내딛기 시작하는 것이다. 다만, 이 그림자에 대한 충격이 너무 크면 아이들은 타락의 길에 들어서게 된다. 숲속으로 들어가면서 나누는 부모와 아이들 사이의 대화도 재미있다. 부모는 헨젤이 두리번거리자 호되게 꾸짖는다. 아침 햇살이 굴뚝에 비치는 것을 보고 고양이라고 말하는 아이가 부모의 눈에는 너무 바보 같아 보이는 것이다. 그러나 헨젤은 다른 일을 하고 있었다. 부모의 그림자를 알게 된 아이는 마음속에 부모가 모르는 세계를 지니기 시작한다. 아이는 조금씩 자립의 길을 걷는 것이다.

일단 첫번째 위험은 피했지만 같은 위험이 또 찾아온다. 이렇듯 민담 특유의 거듭되는 반복에 대해서는 다른 장에서 언급할 것이다. 두번째 위험이 찾아왔을 때는 헨젤이 애써 노력한 것도 수포로 돌아간다. 길잡이로 뿌려놓은 빵 부스러기를 수천 마리의 새들이 먹어버린 것이다. 이제 이 새의 의미를 잠깐 짚어보자.

새 3

    이 이야기에서 새의 역할은 아주 중요하다. 길잡이가 될 빵 부스러기를 먹은 것도 새고, 아이들을 과자집으로 인도한 것도 "예쁘고 눈처럼 하얀 새"다. 그리고 마녀의 숲에서 빠져나온 두 아이를 도와준 것도 하얀 오리다.

  융은 종종 새가 영혼이나 정신 따위를 나타낸다고 지적한다. 새가 인간과 달리 하늘을 자유롭게 날 수 있다는 점이 이 같은 이미지를 불러일으키는 중요한 요인일 것이다. 혹은 새의 의미는 순간적으로 번뜩이는 생각이나 사고의 흐름, 공상 등과도 연결된다.[3] 새가 영혼을 암시한다는 점은 전 세계의 수많은 이야기에서 볼 수 있다. 그럼, 여기서 다시 앞서 사례로 들었던 「노간주나무」를 살펴보자. 사내아이가 죽임을 당하고, 계모가 그 시체로 국을 끓여 아무것도 모르는 아버지에게 먹이고(얼마나 끔찍한 이야기인가!), 그 뼈를 여동생 마리아가 노간주나무 밑에 두자 그 나무에

새 한 마리가 날아온다. 그 새는 죽은 남자아이의 영혼이 분명하다.

앞서 새는 순간적으로 번뜩이는 생각을 나타낸다고도 했는데, 이와 같은 번뜩임은 무의식 속에 존재하는 심적 내용이 별안간 의식 속에 들어오면서 일어나는 현상이다. 이때 자아는 그것을 정확히 파악하여 기존의 의식 체계에 잘 연결시켜야 한다. 하지만 무의식의 활동이 지나치게 강한 나머지 방향을 잃고 흩어져버린다면, 자아는 오히려 어떻게 심적 내용을 파악하고 이용할지 몰라 곤혹스러울 것이다. 이 같은 상황에 상응하는 것이 무수한 새가 어지러이 날아다니는 양상으로, 그것은 오히려 건설적이지 못한 공상의 단편임을 보여준다. 밤에 나타난 수천 마리의 새가 빵을 쪼아 먹는 장면은 현저한 퇴행으로 인해 산만한 공상에 빠져 방향을 잃었음을 의미한다.

그레이트 마더는 무의식계에 군림하는 존재로서 종종 수많은 새와 관련된다. 그림 동화 「요린데와 요링겔」에서 마귀할멈은 소녀를 새로 만들어 새장에 가두어 키우는데 그 수가 자그마치 7천 마리나 된다.

그레이트 마더와 새의 관계를 보여주는 현대인의 꿈을 하나 살펴보자. 이것은 학교 공포증으로 인해 고등학교도 제대로 못 다녔거니와 졸업 후에도 대인 공포증으로 괴로워하던 젊은 여성의 꿈이다.

우리 집 같은데, 편하지 않고 어쩐지 으스스하다. 여기
서 빠져나가야겠다고 생각한다. 그리고 여자들이 있는데
나에게 일을 시키는 듯한 느낌이다. 나는 수녀 옷을 입고
변장하여 도망친다. 잠시 후 마귀할멈같이 생긴 사람이 쫓
아온다. 할머니가 마술을 부리자 갈색 새가 떼 지어 날아
와 내 앞을 가로막아서 걸을 수가 없다. 그래서 다시 잡혀
들어간다. (이하 생략)

이 꿈은 그레이트 마더와 새의 관계, 그리고 무수히 많은
새의 등장에 대한 공포를 여실히 보여준다. 현재 일본에서
급증하고 있는 학교 공포증은 모성적인 일본 사회의 특성
에 기인한다는 점을 나는 누누이 강조해왔다.[4] 이 꿈은 학
교에 못 가 괴로워하는 아이들이 그레이트 마더의 힘에 의
해 어떻게 밖으로 나가는 것을 저지당하는가를 아주 잘 보
여준다. 이 여성은 변장까지 하고 그레이트 마더에게서 도
망치려고 한다. 그러나 무수히 많은 새들이 앞을 가로막아
걷지 못한다. 애써 노력한 것도 물거품이 되고, 그녀는 다
시 그레이트 마더에게 잡혀 돌아간다.

헨젤과 그레텔도 새들 때문에 길을 잃고 점점 숲속 깊숙
이 들어간다. 말하자면, 이 아이들은 의식의 방향성을 잃은
것이다. 집을 나온 지 사흘째 되는 날, 그들은 아주 예쁜 새

를 만난다. 여기서도 민담에 흔히 쓰이는 숫자 3, 즉 사흘째라는 말이 나오는데 이에 관한 설명도 뒤로 미뤄두겠다. 새에게 마음을 빼앗긴 두 아이는 새를 따라가다가 과자로 만든 집을 발견한다.

여기서 길잡이가 된 새는 앞에 나온 수천 마리의 새와 달리 하나의 방향성을 예시한다. 그러나 그 방향은 무서운 쪽으로 향한다. 이는 나중에 하얀 오리가 숲에서 집으로 가는 방향을 가르쳐주는 것과 훌륭한 대조를 이룬다.

일단 퇴행이 시작되어 어느 선을 넘으면, 더 깊은 무의식의 층에 도달하게 된다. 이야기의 도입부에 묘사된 계모의 이미지는 부정적이긴 하나 조금이나마 인간적인 측면이 보이는 데 비해, 그다음에 나오는 여성은 더 보편적인 부정적 모성상을 보여준다. 즉, 사람을 잡아먹는 마귀할멈인 것이다. 그런데 이 노파는 아이들이 아주 좋아하는 과자로 만든 집에 살고 있다. "이 조그만 집은 빵으로 만들어져 있고 지붕은 과자였습니다. 창문은 반짝반짝 빛나는 설탕이었습니다." 이러한 묘사로 보건대, 헨젤과 그레텔이 좋아 어쩔 줄 몰라 했던 것도 당연하다. 그럼, 이 과자로 만든 집이 의미하는 바는 무엇일까.

흔히 그레이트 마더와 음식은 떼려야 뗄 수 없
는 관계에 있다고 한다.[5] 이는 지금까지 기술한 그레이트
마더의 특성에서도 알 수 있을 것이다. 예컨대, 트루데 부
인과 더불어 그레이트 마더의 하나로 볼 수 있는 그림 동화
「홀레 할머니」에서는 홀레 할머니 집에 가는 길에 화덕에
가득 들어 있는 빵이 "나 좀 꺼내줘, 타 죽을 거 같아"라고
소리치는 부분과, 사과를 주렁주렁 매달고 있는 사과나무
가 "나를 좀 흔들어줘, 너무 익어버렸어"라고 소리치는 부
분이 있다. 그리고 홀레 할머니를 찾아간 소녀에 대해서는
"날마다 삶은 것, 구운 것만 먹으며 즐겁게 지냈습니다"라
고 설명한다.

헨젤과 그레텔에 나오는 과자 집은 마음씨 고약한 마녀
가 아이들을 끌어들이기 위해 만들어놓은 것이다. 여기에
서, 처음에 가족이 함께 살던 집에 닥친 기근 상태와 마녀
가 사는 집의 풍요로운 먹을거리는 좋은 대조를 이룬다. 마
녀가 준비한 달콤하고 풍성한 과자는 어머니의 과보호를
연상시킨다. 과보호는 아이들의 자립을 방해한다. 헨젤과
그레텔은 단기간에 극단적인 거부(숲에 버려지는)와 과보호
를 체험한다. 이러한 거부와 과보호는 결과적으로 같은 것
이다.

나는 전문 심리치료사로서 학교 공포증이 있는 아이와 그들의 부모를 만날 기회가 많은데, 그들을 만날 때마다 「헨젤과 그레텔」을 아득한 옛날 이야기로만 볼 수 없음을 절감하곤 한다. 물론 학교 공포증에도 다양한 경우가 있기 때문에 한 가지로 싸잡아 단정할 수는 없지만 다음과 같은 전형적인 부모 유형은 존재한다.

　어머니는 아이에 대해 열심이다. 아이를 위해서라면 그야말로 과자 집이라도 만들어줄 정도로 뭐든지 다 해주려 한다. 이러한 어머니의 강한 태도가 집안 분위기를 압도하는 데 비해―혹은 그렇기 때문에―아버지는 나약하다. 대체로 아버지는 어머니가 시키는 대로 행동하는데 이런 아버지의 나약함을 보완하기 위해 어머니는 어느 정도 아버지의 역할을 하지 않을 수 없게 된다(헨젤의 어머니가 지닌 아버지적인 성격은 앞서 지적했다). 어머니는 아이를 위한다는 미명하에 더 공부하라고, 좋은 성적을 거두라고 다그치며 스스로 아버지 역할을 떠맡기 시작한다. 그렇게 되면, 어머니는 무의식적으로 그레이트 마더와도 비견될 만큼 아이를 강하게 보호하게 되고, 아버지의 강한 역할을 떠맡음으로써 무엇보다 인간적인 어머니의 역할을 소홀히 하게 된다. 즉 아이를 부드럽게 대하거나 아이의 마음을 헤아리지 못하는 것이다. 이러한 측면에서는 오히려 나약한 아버지가 그러한 부분을 깨닫고 '가엾다'고 생각하긴 하나 헨젤과 그레텔의 아버지처럼 어머니의 말에 쉽게 굴복해버린다. 아이들은 한편으로 과보호를 체험하고, 다른 한편으로는 인간적인 접촉이 결여된다는 점에서 강한 거부를 체험하게 된다. 물론 이러한 어머니는 헨젤과 그레텔의 어머니처럼 학교 공포증이 있는 아이를 절대 숲에 버리지 않는다. 그러나 아주 많은 어머니들이 '아이가 잘되게 하기 위해서' '아이를 위해서' 좋은 시설에 맡기고 싶다는 이야기를 꺼낸다. 극단적인 일체감일까, 아니면 완전히 손을 떼려는 것일까. 그리고 많은 어머니가 '아이와 함께 죽고 싶다'고 호소한다. 그레이트 마더는 죽음의 나라에 살고 있다.

이야기가 곁길로 빠진 김에 한마디 더 해두겠다. 위와 같은 상황에서, 많은 이들이 어머니의 행동의 일면을 두고 "과잉보호하면 안 되니 아이를 더 떼어놓아라"라고 충고한다. 그러나 그것은 좋지 않은 방법이다. 물질적인 과보호의 이면에는 종종 인간적인 애정이 부족한 경우가 있다. 그 점을 간과한 채 단지 아이만 떼어놓는다면 아무 소용이 없다. 단순히 과잉보호하지 않는다 해서 문제가 극복되는 것은 아니다. 아궁이의 불에 몸을 사르는 정도의 고통과, 죽음과 재생의 과정을 거치지 않으면 안 된다.

썩 중요하지도 않은 이야기를 장황하게 기술했다. 과보호에 대한 이야기는 이 정도로 해두고 다시 헨젤과 그레텔 이야기로 돌아가 보자. 아이들은 과자 집을 보고 좋아 어쩔

줄 모르지만 마녀가 곧 그 정체를 드러낸다. 그런데 "마녀
는 대개 눈이 빨갛고, 먼 곳을 잘 보지 못하지만 짐승처럼
냄새를 잘 맡기 때문에 인간이 가까이 다가오면 알아차릴
수 있습니다"라고 한다. 이 마녀도 시력이 나쁜 모양이다.

눈이 멀다   5

        인간은 '눈의 동물'이라 할 정도로 시각을 중요
하게 여긴다. 인간에게 '본다'는 것은 '안다'는 것의 전제
가 된다고까지 할 수 있을 것이다. 인간 중에는 청각형 인
간도 있지만 이들은 시각형 인간에 비해 훨씬 적다고 알려
져 있다.

 마녀가 눈이 나쁘고 후각이 발달했다는 것은 마녀의 동
물성을 나타낸다. 마녀는 보는 것을 통해 알려고 하지 않는
다. 대신 예리한 직감을 가지고 있다. '눈먼 사랑'이라는 표
현에서 알 수 있듯이 아는 것에 대한 뒷받침이 없음을 나타
내는 '눈멀다[盲]'라는 말은 일반적으로는 부정적으로 받아
들여진다. 그러나 안다는 것이 그토록 근사한 것일까. 널리
알려진 오이디푸스 이야기는 어머니와 아들의 관계 속에서
안다는 것의 비극을 그려냄으로써 우리로 하여금 '눈멀다'
라는 말의 의미를 생각하게 한다.

부지불식간에 아버지를 죽이고 어머니와 관계를 맺는 오이디푸스의 비극은 이미 모두가 아는 이야기이니 여기에서 되풀이할 필요는 없을 듯하다. 오이디푸스는 자신의 비극을 모른 채 끝까지 캐물어 모든 것을 알려고 하는데, 때마침 나타난 눈먼 예언자 티레시아스는 "아! 안다는 것은 얼마나 두려운 일인가"라고 혼잣말을 하며 오이디푸스에게 비밀을 밝히지 않는다. 눈먼 현자의 이미지는 눈먼 것에 대한 이중의 의미를 보여준다. 즉, 눈이 먼 까닭에 내계內界로 향해 열린 눈은 눈 뜬 사람보다 훨씬 많은 것을 보고, 알게 한다. 그리고 눈먼 현자는, 보는(아는) 것보다 보지 않는(모르는) 편이 행복하다는 것도 가르쳐준다. 그러나 눈먼 현자의 바람도 헛되게 오이디푸스는 모든 것을 알게 되고 자신의 눈을 찔러 장님이 된다.

오이디푸스의 비극은 자녀와 부모 간의 영원한 갈등을 그린 것으로서, 프로이트Sigmund Freud는 이를 통해 '오이디푸스 콤플렉스'라는 용어를 만들어냈다. 하지만 융은 이 문제를 가족 간 인간관계에 한정하지 않고, 개인의 보편적 무의식에 존재하는 아버지와 어머니의 원형과 관련된 것으로 이해하려 했다.

태어난 아이는 어머니의 보호를 받으며 자라게 되는데, 자라는 동안 어머니와 접촉함으로써 어머니의 원형을 체험하게 된다. 그 원형은 아이의 모든 것을 품어주고, 아이에게 모든 것을 내어주는 어머니상이다. 그러나 아이는 성장함에 따라 어머니라는 존재의 부정적 측면—즉 자립을 방해하는 힘—을 인식하고 어머니와 분리되어야 한다. 이때 성장의 한 단계로서 어머니 죽이기라는 주제가 발생한다. 이 과정이 바로 헨젤과 그레텔이 마녀를 해치우는 부분으로, 물론 이는 아이 마음의 내계에서 행해지는 것이지 실제 어머니에게 행하는 것은 아니다. 그렇다고는 해도 이 내계의 드라마는 피비린내가 난다. 앞에서 예로 들었던 「노간주나무」를 보면, 어머니는 아이의 목을 싹둑 잘라 국을 끓이고, 아이의 영혼인 새는 돌절구를 던져 어머니를 죽인다.

자아가 확립되는 과정에서 꼭 필요한 어머니 죽이기라는 주제는 특히 서양에 많다. 반면 동양에서 이 주제를 어떻게 다루고 있는지 생각하기란 매우 어렵다. 그 점에 관해 한 가지 시사점을 던져주는 꿈을 살펴보자. 이것은 나에게 분석을 받던 동양인 독신 남성의 꿈이다.

나는 미국인 여자 친구를 애무하고 있다. 그때 갑자기 어머니가 들어온다. 나는 어머니가 장님이 된 걸 알고 깊은 슬픔에 빠진다. 그리고 내가 여성과 함께 있는 것을 어머니가 알까 봐 걱정한다.

그는 자신의 꿈에서 고향의 민화를 연상했다. 그것은 젊은 남녀가 간절히 원하던 결혼을 겨우 하게 되지만 어머니가 장님이 되는 이야기라고 한다. 남성이 결혼을 하거나 연인이 생기는 것은 단적으로 자립을 보여주는 것이며 그것은 대부분 어머니 죽이기라는 주제와 결부된다. 그러나 이 꿈에서 어머니는 저절로 장님이 되어 '아는' 것의 위험에서 한 발짝 물러남으로써 공존할 수 있었다. 주인공이 느끼는 '깊은 슬픔의 감정'은 어머니 죽이기를 피한 대가로서 당연한 것이다.

이 꿈에 등장하는 눈먼 어머니의 가련함은 또 한 사람의 눈먼 어머니를 떠올리게 한다. 바로 「안주와 즈시오」의 어머니다. 장님이 되어 자식을 그리워하며 참새를 쫓는—여기에서도 어머니는 새들에 둘러싸여 있다—가련한 늙은 어머니의 모습이 가슴 아프지만, 이런 어머니의 모습은 바로 즈시오가 성인이 되어 출세하는 과정에서 꼭 필요하지 않았을까. 눈먼 어머니에게는 어머니 죽이기라는 주제가 발생하지 않는다. 그렇지만 즈시오의 성장 이면에는 누나인 안주의 죽음이 있다. 개인의 성장이 언제나 죽음과 재생의 되풀이라면 그 과정에서 어떤 죽음이 발생하는 것은 피할 수 없을지도 모른다. 그럼에도 여기에서 안주의 죽음을 어떻게 받아들여야 할 것인가는 큰 문제지만 이 책에서는 언급하지 않고 앞으로의 과제로 남겨두겠다.

안주의 죽음이라는 문제와도 관련 있으며, 지금까지 기

술해온 누나와 남동생, 새, 장님 등의 주제로 이어지는 오가와 미메이小川未明의 동화「항구에 도착한 흑인港に着いた黑んぼ」[6]을 잠깐 살펴보기로 하자.

이 동화는 피리 부는 눈먼 사내아이와 누나에 대한 이야기다. 사내아이는 피리를 매우 잘 분다. 사내아이가 피리를 불면 누나는 거기 맞춰 춤을 추면서 돈을 번다. "오누이는 부모도 없고 달리 의지할 이가 아무도 없었어요. 부모가 떠나고 이 넓은 세상에 두 아이만 남겨진 채 힘든 일을 당해도 의지할 이가 아무도 없었지요." 이 둘은 쉬 볼 수 없는 의좋은 오누이였다. 그런데 어느 날, 낯선 남자가 찾아와 자신을 부잣집 하인이라고 소개하고는 누나에게 한 시간만 같이 가자고 한다. 누나는 동생에게 한 시간 동안 기다리도록 단단히 일러두고 떠난다. 그러나 약속 시간이 되어도 누나가 돌아오지 않자 동생은 슬픈 마음을 달래려 피리를 분다. 마침 북쪽 바다에서 새끼를 잃고 슬픔에 빠진 백조가 그곳을 지나가다 피리 소리에 감동하여 내려온다. 백조는 소년을 매우 가엾게 여겨 백조로 변신시킨다. 그리고 두 마리 백조는 남쪽 나라로 떠난다. 곧이어 돌아온 누나는 동생이 없어진 것을 알고 사방을 찾아 헤매지만 찾지 못한다. 어느 날, 외국에서 배 한 척이 항구에 도착하는데 배에서 내린 사람 가운데 "난쟁이처럼 키가 작은 낯선 흑인 하나가 섞여" 있다. 그는 이 누나를 만나자 뜻밖의 말을 한다. 누나와 똑같이 생긴 소녀가 눈먼 사내아이의 피리 소리에 맞춰 노래하고 춤추는 것을, 남쪽 섬에서 보았다는 것이다. 누나는 마음 아파하며 "이 세상에 또 하나의 내가 있어. 그 나는 여기에 있는 나보다 더 친절하고 더 착한 나일 거야. 그 내가 동생을 데려간 거야" 하고 후회한다. 흑인은 남쪽 섬이 어디에 있냐고 묻는 누나에게, 그곳은 몇 천 리나 떨어진 먼 곳이어서 "쉽게 갈 수 있는 곳이 아니"라고 대답한다.

이 흥미로운 이야기에 세련되지 못한 '해석'을 덧붙일 만한 지면은 없다. 오누이, 새, 장님 등 앞서 살펴본 것들을 바탕으로 독자들 스스로 생각해보기 바란다. 단, 한 가지 짚어둘 것은 이 이야기에는 어머니가 등장하지 않는다는 사실이다. 여기서는 어머니의 부정적인 측면이 (마녀 따위의 모습으로) 인격화되지 않고 가혹한 운명으로 오누이에게 다가간 것이다. 그 모티프는 헨젤과 그레텔처럼 마녀와의 싸움이 아닌 이야기 속에 전반적으로 흐르는 '슬픔'의 감정이다. 이는 앞서 사례로 들었던 남성의 꿈 이야기에서 그가 꿈속에서 느꼈던 '깊은 슬픔'과도 통하는 것이다.

어머니상의 변천　　　　　　　　　　　　　　6

이야기가 너무 곁길로 빠졌으니 서둘러 결론을

내야겠다. 마녀가 정체를 드러낸 순간 헨젤이 갇히고 이후로는 그레텔이 활약한다. 지금까지 울기만 하던 그레텔은 재치와 용기로 마녀를 빵 굽는 화덕에 처넣는다. 「홀레 할머니」에도 등장하는 빵 굽는 화덕은 모성을 상징하는 도구로서 제격이다. 그리고 빵이 '나온다'는 점에서 그레이트 마더의 자궁에 비길 수 있는데, 특히 불에 의해 생명이 변용되는 기능이 강조된다.[7] 이 이야기에서는 특히 그 점이 잘 드러나 있으며, 마녀는 불로써 속죄를 받는다. 두 아이가 마녀의 집에서 발견한 보석과 나중에 만나는 하얀 오리는 모성이 긍정적인 측면으로 변용되었음을 나타낸다고 할 수 있다.

마녀가 스스로 빵 굽는 화덕 속으로 들어간 것은 시사적이다. 물론 그레텔이 기지를 발휘하여 마녀로 하여금 스스로 들어가게 했고 뒤에서 일격을 가하기는 했으나, 마녀가 자기소멸의 길을 선택했다는 사실이 중요하다. 이것은 동양의 어머니들이 소경이 되어 스스로 물러서는 것과 같다. 다만 그 방식에서는 상당히 큰 차이가 있지만 말이다. 마녀의 힘이 최고조에 다다랐다고 생각되는 바로 그 순간에 특징적인 상호 반전이 일어나 죽이는 자와 죽는 자, 달궈진 화덕 안으로 몰아넣는 자와 들어가는 자의 역할 교환이 이루어진다. 그레텔은 달궈진 화덕을 다루는 여성으로서 자신의 여성성을 드러낸다. 우리는 살아가면서 어떤 일이나 사물이 극점에 이르렀을 때 일어나는 상호 반전 현상을 흔히 볼 수 있다. 극점에 다다른 것은 자기소멸의 길을 걷게 되어 있다.

돌아오는 길에서 헨젤과 그레텔을 도와주는 하얀 오리는 모성의 긍정적인 면을 보여준다. 그림 동화「숲 속의 세 난쟁이」에서는 계모가 왕비를 강물 속에 던지는데, 왕비는 그 이튿날부터 밤마다 오리로 변신해 자신의 갓난아기를 찾아가 젖을 먹인다.

오리의 등에 탈 때 헨젤이 함께 타자고 하자 그레텔은 "오리가 너무 무거워할 거야. 번갈아 타는 게 좋겠어"라며 헨젤을 먼저 태운다. 이러한 그레텔의 모습은 이야기 전반부에서 울기만 하면서 오빠에게 의지하던 모습과는 전혀 다르다. 주목할 만한 역할 교환이 이루어진 후에 그레텔은 여성스러운 배려와 강한 인격을 지닌 아이로 변한 것이다.

이들이 집에 돌아갔을 때 어머니가 이미 죽었다는 사실은, 어머니와 숲속 노파의 비밀스러운 동일성을 나타낸다.[8] 계모라는 모습으로 표현된 부정적인 모성상은 이 이야기 속에서 여러 가지로 변하는데, 그 과정에서 그레텔의 태도가 변화하는 부분까지 생각한다면 이 이야기는 그레텔을 주인공으로 보아야 이해하기 쉬울 듯하다.

제4장 게으름과 창조
「게으른 세 아들」

민담은 역설로 가득 차 있다. 민담에서 매번 권
선징악적인 교훈을 읽어내려는 사람은 민담이 갖는 역설
적인 성질에 종종 당혹감을 느낄 것이다. 이번에 이야기할
'게으름'도 그중 하나다.

그림 동화 「게으른 세 아들」은 흥미로운 이야기다. 임종
을 앞둔 임금님이 세 아들 중 가장 게으른 사람에게 왕위
를 물려주겠다고 한다. 그러자 첫째 왕자는 "눈에 물방울
이 튀어 들어올 때조차 눈을 감는 것이 귀찮아서 참는다"
고 말하고, 둘째 왕자는 "발에 불이 닿아도 발을 빼는 게 귀
찮아 차라리 발뒤꿈치에 화상을 입는 게 낫겠다 생각하고
그대로 있는다"라고 말한다. 셋째 왕자는 더 철저하다. 만

약 밧줄에 목이 매여 죽을 처지에 있을 때, 누군가 밧줄 자를 칼을 손에 쥐여준다 해도 손을 들어올리느니 차라리 목이 매달리는 편이 낫다고 말한다. 임금님은 이 말에 탄복하여 셋째 왕자에게 왕위를 물려준다는 이야기다.

이 이야기를 읽으면 게으름뱅이가 어째서 그렇게 높이 평가받는지 의문이 든다. 이 의문을 풀기 위해 민담에서는 게으름뱅이들에 대한 이야기를 어떻게 전개해나가는지 잠시 살펴보자.

먼저 그림 동화 속 '게으름뱅이'를 찾아보면, 「실 잣는 세 여인」에 게으름뱅이 여주인공이 등장한다. 게으른 데다 실 잣기를 지독히 싫어하는, 빈둥거리는 여자아이가 있었다. 어머니가 너무나도 게으른 딸을 보다 못해 꾸짖자 딸은 큰 소리로 울어댄다. 때마침 그곳을 지나가던 왕비가 우는 까닭을 묻자, 어머니는 딸이 실 잣는 일을 좋아하여 쉬지 않고 일만 하기에 그만하라고 혼냈더니 울고 있노라고 둘러댄다. 그 말을 곧이곧대로 믿은 왕비는, 자신에게는 그렇게 일하는 사람이 꼭 필요하다며 딸을 성으로 데려가 실 잣는 일을 실컷 하도록 명령을 내린다. 딸이 어쩔 줄 모르고 울고 있자 이상하게 생긴 세 여인이 나타난다. 그들은 실 잣는 것을 아주 좋아하는 사람들이었다. 첫번째 여인은 물레바퀴를 밟느라 발이 굉장히 크고, 두번째 여인은 실을 빠느라 입술이 크고, 세번째 여인은 실을 꼬느라 엄지손가락이 넓죽했다. 세 여인은 딸 대신 실을 자으며 말하기를, 이 일로 칭찬을 받아 왕자와 결혼하게 될 터이니 그러면 결혼식에 자신들 셋을 초대해달라고 했다. 딸이 그러마고 약속하자 세 사람은 더욱 열심히 일했고, 그 결과를 보고 흐뭇해진 왕비는 세 여인의 예언대로 딸을 왕자의 신붓감으로 삼는다. 결혼식 날, 딸은 세 여인과의 약속을 지켰는데, 왕자는 손님들의 이상한 모습에 놀라 그 까닭을 묻는다. 세 여인이 저마다 실을 잣느라 이렇게 되었노라고 답하자, 깜짝 놀란 왕자는 자신의 신부에게는 절대로 실 잣는 일을 시키지 못하도록 명령한다. "그리하여 여자아이는 그리도 싫어하던 실 잣는 일을 하지 않게 되었습니다." 이야기는 이렇게 끝난다. 결국, 이 이야기에서도 게으름뱅이가 보기 좋게 성공한 것이다.

예부터 실잣기는 여성이 하는 일 가운데서도 여성성의 상징[1]이 될 정도로 중요했다. 그런데 실 잣는 일이 싫다며 울던 딸이 왕자와 결혼한다는 것은 너무 상식 밖의 이야기다. 그림 동화 중에는 또 「게으름뱅이 실 잣는 여인」이 있다. 이 이야기의 주인공도 몹시 게을러서 남편에게 잔소리를 듣는다. 남편이 실을 얼레에 감아두라고 하자 이 아내는 또 얼마나 잘 둘러대는지, 얼레가 없으니 숲에 가서 만들어 오라고 말한다. 그리고 숲에 가는 남편을 몰래 뒤따라간다. 남편이 나무를 잘라 얼레를 만들려고 하자 이 게으름뱅이 아내는 뒤에 숨어서 "얼레 만들려고 나무를 베는 놈은 죽을 것이다"라고 위협한다. 남편이 두려워서 하던 일을 내팽개치고 집으로 돌아오자, 아내는 지름길로 먼저 집에 돌아와 시치미를 뚝 떼고 있었다는 이야기다. 뒷이야기는 생략하겠지만, 이런 식으로 게으름뱅이 아내는 교활하게 요리조리 피해 다니며 일을 하지 않는다. 다만, 이야기가 너무 지나치다 싶었던지 화자는, "그런데 이래도 괜찮겠니? 이런 사람은 정말이지 쓰레기 같은 여자란다" 하고 끝에다 한마디를 덧붙여놓았다.

게으름뱅이가 성공할 뿐 아니라 교활한 지혜까지 더해진 이야기라면, 아마도 일본인들은 금세 일본의 민담 「삼 년 잠보三年寢太郎」를 떠올릴 것이다. 이 이야기에는 여러 가지 변종이 있지만 여기서는 야마나시 현 니시야쓰시로 군에서 채집한 것을 살펴보자.[2]

옛날 어느 곳에 두 집이 나란히 있었다. 동쪽 집은 부자였고 서쪽 집은 가난했다. 서쪽 집에는 아버지가 죽고 어머니와 아들 단둘이 살고 있다. 그런데 이 아들이 얼마나 게으른지 늘 먹고 자고 먹고 자는지라, 사람들은 그를 '먹고자고'라 불렀다. 이 게으름뱅이 아들은 스물한 살이 되자 활약하기 시작한다. 신사의 신관 차림을 하고 동쪽 부잣집에 몰래 들어가 불단 뒤에 숨는다. 그리고 저녁밥 먹

을 때 내려와서는, "나는 이 고을의 수호신이다, 네 딸과
서쪽 집 아들이 부부가 되게 하라"라고 명한다. 이 게으름
뱅이의 꾀가 감쪽같이 성공하여 그는 부잣집 딸과 결혼하
고 으리으리한 집을 짓고 살았다.

　이것은 민화 속의 게으름뱅이인데, 일본에는 비슷한 이
야기가 많다. 오토기조시*인 「게으름뱅이 타로物くさ太郎」 등
이 대표적이다. 이 이야기에 대해서는 일문학자 사타케 아
키히로佐竹昭広가 문학적으로 흥미롭게 해명해놓은 것이 있
으니,[3] 관심 있는 독자는 그 글을 참고하기 바란다. 나의 이
론도 사타케나 그의 글 속에 소개된 오카베 마사히로岡部政裕
의 이론과 겹치는 부분이 있지만, 오로지 게으름의 의미에
만 초점을 맞춰 다른 민담을 참고하면서 이야기를 펼쳐나
가고자 한다.

소망 충족　　　　　　　　　　　　　　　　　2

　　　민담에서 흔히 나오는 게으름뱅이의 성공담에
관해 누구나 생각할 수 있는 가설은 우선 소망 충족일 것

* 무로마치 시대의 동화풍 소설.

85

이다.

알려진 바대로 프로이트는 『꿈의 해석』에서 꿈은 개인의 무의식 속에 있는 소망을 충족시켜주는 의미가 있다고 주장했다. 제1장에서 기술한 것처럼 민담이 민중의 마음속 깊은 곳에서 생겨났다고 본다면, 민담에 민중의 소망 충족 기능이 있다고 볼 수 있을 것이다. 이렇게 생각하면 일반 민중이 오로지 근면을 덕으로 삼고 일해야 했던 시대의 사람들은 무의식 속에 게으름에 대한 강한 소망을 품는 것도 당연할 것이다. 중세 유럽에서 특히 중노동을 하던 평민이나 농노들 사이에서는 '게으름뱅이의 천국'이라고도 불리는 일종의 유토피아적인 심상이 강하게 존재했다는 것은 널리 알려진 사실이다. 화가 피터르 브뤼헐Pieter Brueghel의 그림은 우리에게 그러한 이미지를 생생히 전달해준다.

매일매일 실 잣는 일에 지친 여인들이 앞서 기술한 것처럼 이야기 속에 저마다의 소망을 담거나 민담의 해학에 위로받으며 즐겁게 이야기에 빠져드는 광경을, 공감하며 마음속에 그려볼 수 있을 것이다. 어쩌면 「게으름뱅이 실 잣는 여인」의 마지막에 덧붙여진 한 줄은 훗날 누군가가 이런 경향이 지나치게 강해지는 것을 두려워한 나머지 덧붙인 것이 아닐까. 하지만 민중들은 견고한 도덕의 무게를 훌훌 벗어버린 게으름뱅이 여성의 활약을 웃음으로 받아들였을 것이다.

이러한 관점에 딱 들어맞는 이야기는 오히려 「게으른 세 아들」보다 그림 동화 「게으름뱅이 열두 하인」일 것이다.

"남자 하인 열두 명이 하루 온종일 아무 일도 하지 않은 주제에, 날이 저물었는데도 일할 생각은 하지 않고 풀밭에서 뒹굴거리며 자신들의 게으름을 자랑하고 있었습니다." 이렇게 시작되는 이야기는 열두 명의 사내가 게으름을 피웠던 모습을 저마다 즐겁고 유쾌하게 자랑하는 내용이다. 사람들은 이 이야기 하나하나를 들으면서 배꼽을 쥐고 웃어대며 그날의 피로를 풀었을 터인데, 이와 같은 소화笑話 는 앞서 언급했던 중세 유럽의 유토피아 이미지의 편린을 보여준다.

소화로서의 게으름뱅이 이야기는 일본에도 이본이 많이 존재한다. 예컨대, 나가노 현 시모이나 군에서 채집된 「두 게으름뱅이二人の無精者」[4] 같은 이야기가 대표적이다.

옛날 어느 곳에, 몹시 게으른 사내가 있었다. 그는 주먹밥을 목에 매달고 팔짱을 낀 채 마을로 나갔다. 배가 고팠지만 주먹밥을 목에서 푸는 게 귀찮아서 누구라도 만나면 부탁할 참이었다. 때마침 사내 하나가 입을 크게 벌린 채 걸어왔다. 상대도 배가 몹시 고플 것이라 생각하고 "이보시오, 내 목에 주먹밥이 매달려 있는데 손을 꺼낼 기력이 없구려. 당신이 이 주먹밥을 풀어준다면 절반을 나누어 주겠소" 하고 부탁한다. 그러자 이 사내는 "나는 아까부터 갓끈이 풀려 갓이 벗겨질 지경이라오. 한데 끈을 묶을 기력이 없어 누구라도 묶어줄 사람이 나타나지 않을까 싶어 갓이 떨어지지 않게 입을 벌리고 있는 참이올시다"라고 말한다.

이런 소화를 읽을 때면 옛날 민중의 건강한 웃음소리가 들려오는 듯하다. 그렇지만 앞에서 본 「게으른 세 아들」이나 일본의 민담 「삼 년 잠보」 등을 단순히 소망 충족만으로 설명하기에는 어딘지 미흡한 구석이 있다. 실제로 이처럼 게으름을 피워보고 싶어도 현실은 냉엄한 데다 그리 녹록지 않다. 때문에 이 같은 게으름에 대한 소망을 민중의 무의식 속에 존재하는 그림자로 본다 해도, 그것은 민중의, 혹은 무의식의 지혜라고 할 정도는 아니다. 이 점에 관해서는, 앞서 말한 게으름에 대한 소화로 보이지만 실은 좀더 깊은 의미를 지닌 그림 동화 「게으른 하인츠」를 예로 들어 살펴보겠다.

무용지용無用之用   3

하인츠는 게으름뱅이다. 자신이 기르는 염소

한 마리를 날마다 목장에 내놓는 것이 귀찮아서 트리네라는 여자와 결혼한다. 하인츠가 그녀와 결혼한 까닭은 그녀도 염소를 치고 있으니 자신의 염소도 함께 목장에 내놓아 줄 거라 여겨서다. 그런데 트리네 역시 하인츠 못지않은 게으름뱅이였다. 트리네는 염소 치는 것이 귀찮아 하인츠를 설득해 염소를 꿀벌과 바꾼다. 꿀벌은 손이 많이 가지 않기 때문이다. 트리네는 채취한 벌꿀을 단지에 담아 선반 위에 올려놓고, 쥐를 쫓을 몽둥이를 침대 옆에 둔다. 하인츠는 트리네가 혼자서 꿀을 먹어버릴까 봐 꿀을 팔아 거위를 사자고 제안한다. 그러자 트리네는 자신은 거위를 돌보는게 싫으니 거위를 돌볼 아이가 생기기 전에는 안 된다고 말한다. 하인츠가 요즘 아이들은 부모 말을 잘 듣지 않는다고 말하자, 그 말에 흥분한 트리네는 그런 아이는 때려줘야 한다며 몽둥이를 휘둘러댄다. 그 바람에 꿀단지가 벽에 부딪혀 산산조각이 나 선반에서 떨어진다.

이때 하인츠가 하는 말이 재미있다. "꿀단지가 내 머리 위로 떨어지지 않은 게 천만다행이지, 이게 다 하늘의 운이야. 꿀은 포기할 수밖에." 말은 이렇게 했지만 깨진 꿀단지 조각에 꿀이 조금 묻은 것을 보고는 "이봐, 여기 남은 꿀을 먹자고. 그러고 나서, 너무 놀랐으니 좀 편히 쉬어야겠소" 라고 말하자, 트리네도 맞장구치며 남아 있는 꿀을 맛있게 먹었다는 이야기다.

이 이야기에서 아주 인상적인 부분은 말할 필요도 없이 애써 모은 꿀을 먹지 못하게 되었는데도 화를 내거나 한탄하지 않고 오히려 꿀단지가 머리 위로 떨어지지 않은 걸 천만다행으로 여기고 남아 있는 꿀을 만족스레 먹는 부분이다. 이런 태도는 '운명의 향수享受'라고 할 수 있을 것이다. 인간이 운명에 맞서 싸우며 살아온 것도 사실이지만, 인간으로서 운명을 주어진 그대로 받아들이는 것도 중요하다. 후자와 같은 생각의 전형으로서 우리는 노장사상을 알고 있다.

『장자』의 「인간세人間世」 편에는 인상 깊은 '무용지용無用之用'이라는 장이 있다. 여기에 그 부분을 소개하겠다.

목수 장석匠石은 길을 가던 중, 신목神木으로 받드는 커다란 상수리나무를 본다. 그 둘레는 백 아름이나 되고, 높이는 산을 내려다볼 정도이며, 나무 그늘은 수천 마리의 소가 쉴 정도다. 그러나 장석은 이 나무에 눈길도 주지 않는다. 왜냐하면 이 나무로 배를 만들면 가라앉고, 널을 짜면 썩어버리고, 기둥으로 세우면 벌레가 먹는다는 사정을 알기에 아무짝에도 쓸모없는 나무라고 생각했기 때문이다.

하지만 장석이 집으로 돌아온 날 밤, 꿈에 그 상수리나무가 나타나 다음과 같이 말한다.

"너는 왜 나를 쓸모없다고 하는가, 어차피 인간에게 도움이 되는 나무와 비교했겠지. 그러나 생각해보면, 과실이 열리는 나무는 그로 인해 가지가 꺾여 천수를 다하지 못한다네. 결국은, 자신의 장점이 명을 재촉하는 거지. 쓸모 있으려다 어리석은 일이 되는 법. 그런 까닭에 나는 스스로 쓸모없어지기 위해 애써온 것일세.

　내가 이미 쓸모없음을 구한 지 오래, 여러 차례 죽을 고비를 맞았으나 이제까지 뜻을 이루어 큰 쓸모로 삼았다네. 내가 쓸모 있었다면 이처럼 크게 자랄 수 없었을 걸세.”

　장석은 상수리나무의 말을 듣고 그제야 무용지용, 즉 쓸모없음의 쓸모라는 의미를 깨닫는다.

　인간의 의식은 늘 진보와 효용 증가를 이루고자 끊임없이 노력해왔다. 그러나 그것은 자칫 단면적이 되어 안정성을 잃을 수도 있다. 이에 반하여 목수 장석이 상수리나무에게서 배운 것은 자신의 운명을 소박하게 충족시키며 사는 것, 또 무엇인가를 위해서라는 생각을 하지 않는 삶이 얼마나 위대한가 하는 것이었다. 이것이 무위사상無爲思想이다. 노자가 강조한 무위의 중요성도 같은 사고의 기반에 서 있다고 볼 수 있을 것이다. 무위에 관해 설명하는 『노자』48장은 ‘무위이무불위無爲而無不爲’ 즉 “아무것도 하는 것 없지만 하지 못함이 없다”라고 역설한다.

　그런데 이렇듯 무위의, 즉 게으름의 의미는 동양사상에

서 많이 이야기되는 데 비해 서양의 지성은 오히려 무엇인가를 하는 것에, 즉 효율 증대에 중점을 두어왔다. 그런 측면에서 생각하면, 서양 민담 속에 「게으른 하인츠」와 같은 이야기가 존재하는 게 매우 흥미롭다. 이는 지금까지 강조해왔듯 민담이 문화와 사회의 공적인 사고—융이 말하는 보편적 의식—에 어떤 보상 작용을 하고 있음을 나타낸다고 할 수도 있다.

지금까지 기술해온 것을 바탕으로 앞에서 예로 들었던 「게으른 세 아들」을 다시 살펴보자.

창조적 퇴행   4

「게으른 세 아들」의 도입부에는 임금님과 세 아들이 등장한다. 왕비는 등장하지 않는다. 즉, 남성들만의 세계이며 여성은 없다.

사람이 살아가는 데에는 서로 대립되는 수많은 원리가 작용하는데 남성 원리와 여성 원리도 그중 하나다. 이 문제에 관해서는 앞으로도 여러 번 언급하겠지만, 앞서 운명에 대처하는 삶의 방식에 대해 기술한 것을 다시 한 번 생각해 보자. 자신에게 닥친 운명에 맞서 적극적으로 싸워나가는 것은 남성 원리다. 이에 반해 운명을 받아들이는 것은 여성 원리다. 둘 중에 어느 쪽이 옳고 어느 쪽이 그르다 할 수는 없다. 더구나 양립하기도 어렵다. 더욱이 여기에서 남성 원리, 여성 원리라고 명명한 것은 비교적 남성이 전자의 사고 방식이나 삶의 방식을 이해하기 쉽고 여성은 후자 쪽에 친근감을 느끼는 것을 의미하지만, 반드시 남성이 전자를, 여성이 후자를 선택해야 한다든가 선택하지 않으면 안 되는 것은 아니다. 이상적인 형태로는 양립하기 어려운 이 두 원리가 한 사람의 인격 속에 통합적으로 존재하는 것이다.

그럼 이 이야기에서 왕이 죽음을 앞두고 있다는 것은 무엇을 의미할까? 이는 남성 원리에 의해서만 유지되던 왕국의 규범성에 위기가 닥쳤음을 의미한다. 요컨대, 이제까지 왕국을 유지해왔던 최고의 원리가 무너지고 새로운 것이 도입되어야만 진정한 갱신이 일어난다는 것은 분명하다.

심리치료사를 찾아오는 많은 사람들이 바로 그러한 상태에 있다. 지금껏 신조로 삼았던 것이 무너져 어떻게 살아야 할지 막막해진 것이다. 그래서 심리치료사와의 상담을 통해 좋은 방법을 얻으려 한다. 그러나 우리 심리치료사가 할 수 있는 건 '무위'다. 바로 이것이 최상의 방법이다. 스스로 해결점을 찾지 못하고 치료사한테도 의지할 수 없음을 깨달을 때, 즉 완전히 막다른 골목에 다다랐을 때 그는 퇴행 현상을 경험하기 시작한다. 지금까지 무의식에서 의식 쪽으로 흐르던 심적 에너지가 거꾸로 의식에서 무의식 쪽으로 흐르기 시작하는 것이다.

이제껏 의존해왔던 의식의 규범에 의지할 수 없게 되면 그에 대립하는 것이 무의식 내에 형성되고, 그 대립으로 인해 심적 에너지의 흐름이 흐트러지면서 역류가 일어난다. 이때 그 사람은 그야말로 '게으른' 상태가 된다. 혹여 행동을 하더라도 지극히 어리석거나 유치한 행동을 하는 데 그친다. 심리치료사로서 이 같은 퇴행 현상을 지켜보면, 퇴행이 정점에 달했을 때 에너지의 흐름이 뒤바뀌어 무의식 내의 심적 내용이 의식 속으로 흘러 들어가 새로운 창조적인 삶이 개시되는 경우가 많다.

퇴행에 관해 좀더 설명해보자. 퇴행은 본디 병적일 때 생겨나는 현상으로서 정신분석 연구 초기 단계에는 그러한 부정적인 측면만이 강조되었다. 그러나 일찍이 융은 앞서 기술한 것처럼 창조적인 측면도 존재한다는 점을 인정하고, 병적인 퇴행과 창조적인 퇴행이 있다고 주장했다. 반전 현상 없이 계속되는 퇴행은 병적이다. 하지만 창조적인 경우는 의식이 무의식적인 힘에 완전히 패배하지 않고 후에 통합을 이룰 수 있는 강한 자아를 가지고 있어야 가능하다. 융은 이 같은 주장과 더불어 퇴행이 많은 창조적인 활동에 들어맞는다고 지적했다.[5] 한 가지 예를 들자면, 일본의 유수한 수학자인 오카 기요시岡潔 박사는 다변수해석함수론을 발견하기 전에 매일같이 친구인 요시다 요이치吉田洋一

박사 집을 찾아가 소파에서 잠만 잤다고 한다. 그래서 요시 다 박사 부인이 기면성 뇌염이라는 별명을 붙여주었다는 에피소드는 이 사실을 아주 잘 말해준다.[6]

게으름이 창조적 퇴행으로 이어지는 예로, 게으름뱅이가 동물 소리를 듣거나 우연히 일어난 사건을 잘 이용하여 성 공하는 이야기가 있다. 일본의「층층나무가 하는 말みず木の 言葉」[7]이라는 이야기에 나오는 몹시 게으른 주인공은 감이 먹고 싶지만 나무에 올라가기가 귀찮아 감나무 밑에 거적 을 깔고 입을 쩍 벌린 채 누워 있다. 그야말로 "행운은 누워 서 기다려라"[8]라는 말을 몸소 실천했다고 하겠다. 그런데 그는 그렇게 누워서 까마귀 두 마리가 나누는 말을 듣고 그 대로 해서 부자가 된다. 여기에서 중요한 것은, 까마귀들이 말하는 소리가 다른 사람의 귀에는 들리지 않고 이 게으름 뱅이의 귀에만 들렸다는 점이다. 상식적인 세상에서 바쁘 게 일하는 사람은 하늘의 소리를 들을 수 없다. 게으름뱅이 의 귀는 하늘의 계시를 향해 열려 있다. 이런 이야기를 할 때면 내 마음속에는 늘 '일을 향해 도피'하는 많은 현대인 들의 모습이 떠오른다. 이들은 열심히 일하고 바쁘게 살아 야 한다는 구실로 내면의 소리 듣기를 거부한다.

이제, 임종을 맞은 왕이 가장 게으른 아들에게 왕위를 물 려주려 했던 비밀이 밝혀졌다. 남성 원리만으로 유지되어 온 왕국이 새로운 변혁을 필요로 하고 있으며, 변혁을 위해서는 여성 원리가 필요한 것이다. 그런데 이 여성 원리를 가장 잘 받아들일 가능성이 있는 자는 최고의 게으름뱅이다. 게으름을 위해 목숨까지 버릴 수 있는 사람만이 왕위를 계승할 자격이 있는 것이다.

이렇게 생각하면 이 역설적인 이야기도 이해할 수 있으며, 우리의 주인공 '삼 년 잠보'가 여성을 얻을 때가 되자 갑자기 행동적으로 변하는 점도 이해할 수 있다. 남성과 여성이 결합하기 이전에 존재하는 게으름의 의미와 낭만적인 발전 과정은 요제프 폰 아이헨도르프Joseph von Eichendorff의 유명한 소설 「방랑아 이야기」에 아름답게 표현되어 있다.

이제 「게으른 세 아들」에 나오는 숫자 3의 의미에 관해 잠깐 살펴보자. 「삼 년 잠보」도 3과 관련된다. 「실 잣는 세 여인」도 마찬가지다. 그림 동화 제목에는 3이라는 숫자가 압도적으로 많이 나온다. 3의 상징적 의미에 관해서는 우선 정반합 도식에 근거한 대립물의 통합, 그리고 기독교의 삼위일체 상징과 결부시켜 정신적 통일을 나타내는 것으로 강조되었다. 이에 반해 융은 꿈 내용 분석을 통해 무의식에서 산출되는 상징으로서는 오히려 숫자 4가 완전한 통일을 나타내는 경우가 많으며, 3은 4에 도달하기 전의 역동적인 상태를 반영한다고 주장했다.[9] 「게으른 세 아들」은 융의 주장에 더욱 합치된다. 세 아들의 3은 다음의 왕위—따라서 누군가 여성을 찾아 왕비로 삼는 것—를 물려받기 이전 단계이며, 「삼 년 잠보」에서 3년이라는 세월도 주인공이 여성을 찾아 활동하기 이전의 상태를 설명하기에 적합하다고 생각된다. 민담에서는 이처럼 3이라는 숫자를 인상적으로 사용하는 경우를 많이 볼 수 있다.

지금까지 이야기해온 것을 정리하면, 게으름뱅이가 등장하는 민담은 단순히 민중의 소망 충족을 반영하는 것도 있지만 인간의 의식적인 노력 평가에 대한 안티테제로서 무위사상을 이야기하는 깊이를 지니고, 의식과 무의식이 만나 새로운 창조를 이루고자 하는 자기실현에 대한 고도의 준비 상태를 그리는 것도 있다고 하겠다.

게으름의 양면성　　　　　　　　　　　　　5

민담 속의 게으름에 대한 의미 탐구가 상당한 게으름뱅이 예찬이 되고 말았는데, 그렇다고 내가 게으름의 부정적인 측면을 잊은 것은 아니다. 인간의 삶이란, 앞서 기술한 남성성과 여성성의 원리처럼 서로 대립되는 수많은 원리가 미묘하게 얽혀 성립하는 것이기 때문에 어떠한 경우에도 통용되는 하나의 원리를 찾을 수는 없다. 이러한 관점에서 민담을 보면 어떤 주인공은 약속을 지켜 성공하고, 어떤 주인공은 약속을 어겨 성공한다. 혹은 위험에 맞서 성공한 자, 위험을 피해 성공한 자 등 상반되는 경우는 반드시 존재한다. 이 점에 대해 폰 프란츠는 "동화 속에서 유일한 방책을 이끌어낼 수는 없다"고 확언한다.

게으름뱅이의 경우도 마찬가지로, 게으름뱅이가 실패하고 몰락하는 이야기는 얼마든지 있다. 이쪽이 오히려 상식적인데, 그 좋은 예가 그림 동화「게으른 자와 바지런한 자」다. 또한 앞서 소개한 사타케 아키히로는 게으름뱅이가 몰락하는 예로, 일하지 않고 먹을 수 있는 유토피아를 바란 건 아니나 속아서 실컷 먹은 결과 다리 난간에 거꾸로 매달린 채 밑에 피워놓은 숯불에 의해 기름으로 짜이는 무시무시한 이야기를 든다.[10] 이렇듯 한순간에 극락에서 지옥으로 추락하는 까닭은, 사타케도 지적했듯이 지나치게 허약한 주인공의 현실 파악 능력에서 기인한다. 퇴행이 창조적인 것이 되기 위해서는 현실을 파악하는 자아의 힘이 강해야 한다.

민담은 아주 잘 만들어져 있다. 게으름뱅이를 예찬하는 이야기가 있는가 하면, 부정적인 측면을 그린 것도 반드시 있으니 말이다. 나약한 자아로 인해 상황에 휩쓸려버리면 모처럼 게으름을 피운 것도 무의미해진다는 교훈은 일본 민화「하늘로 날아간 아들 天にのぼった息子」[11]에 잘 묘사되어 있다. 한 젊은 남자가 너무나도 게을러서 부모에게 의절

을 당한다. 그는 일거리를 얻기 위해 인력시장에 나가 "제발 내게 일을 시켜주시오" 하고 소리치다 그만 통장수 마을까지 날아가 통장수 밑에서 일하게 된다. 젊은이는 이런 식으로 여기저기 날아다니는데, 하늘에 올라가든 용궁에 가든 가는 곳마다 "제발 일 좀 시켜주시오" 하고 청하여 일은 하게 되지만 오래가지는 못한다. 결국에는 용궁에서 마당을 쓸다가 어부의 그물에 걸려 고향으로 돌아가게 된다. 마지막은 "그 후로, 부모님 말씀 잘 듣고 바지런히 일하게 되었다지. 아주아주 옛날에 있었던 일이야"라는 말로 끝맺는다. 이런 종류의 민담은 끝에 교훈적인 말을 붙이는 것이 특징인 듯하다.

하늘로 날아간 젊은이는 우여곡절 끝에 용궁까지 가지만 결국은 아무런 창조적인 일도 발생하지 않은 채 본래의 장소로 되돌아온다.

한편, 게으름 중에서도 적극적인 게으름이 아닌 단지 타인을 흉내 낼 뿐인 게으름은 자신의 창조성을 포기한다는 점에서 소극적인 게으름이라고 볼 수 있다. 민담이 이에 대해서는 매우 혹독한 벌을 내린다는 것은 널리 알려진 사실이다. 이를테면, 「혹부리 영감」 이야기에서 첫번째 할아버지는 성공하지만 두번째 할아버지는 실패한다. 실패할 뿐 아니라 혹이 하나 더 생기는 벌까지 받는다. 이런 패턴의 이야기는 많은데, 두 주인공의 대조적인 성격을 두드러지게 하기 위해, 또한 나중에 벌 받는 것을 합리화하기 위해 후자가 욕심이 많다든가 나쁜 사람이라는 말을 덧붙이기도 한다. 그러나 원래 이야기에는 애초에 그런 수식이 없는 것도 많다.[12] 요컨대, 흉내 내는 행위를 창조성의 포기로 간주한다면 그것은 창조성으로 이어지는 적극적 게으름의 이면이기 때문에 호된 벌을 받아 마땅한 것이다.

제5장 그림자의 자각
「두 형제」

두 사람

제3장에서 「헨젤과 그레텔」을 논하면서 민담에 주인공이 두 명인 예는 매우 드물다고 기술했다. 이 장에서 다룰 「두 형제」 이야기도 제목만 봐서는 두 형제가 주인공이라고 생각할 수 있겠으나, 이야기를 읽어보면 그리 간단히 결론 내릴 수 없을 것이다.

제목에는 '두 명'이 나오지만 이야기의 주인공은 둘 중 어느 한쪽이라는 사실이 뚜렷이 드러나는 예로는 그림 동화 「믿을 수 있는 페르디난트와 믿을 수 없는 페르디난트」가 있다. 이 이야기에서 주인공은 누가 봐도 '믿을 수 있는 페르디난트' 쪽이다. 두 페르디난트의 성격이 다르다는 것은 제목만 봐도 확실하다. 한쪽은 정직하고 성실한 데 비해 다른 한쪽은 나쁜 계략을 꾸미고 무슨 일이든 알아내고야 마는 인간이다. 이 두 사람이 왕의 시중을 들 때 믿을 수 있는 페르디난트는 믿을 수 없는 페르디난트 때문에 여러 번 궁지에 몰리지만, 너끈히 빠져나와 결국 왕비와 결혼하여 왕이 된다. 요컨대, 이 이야기의 경우 한 사람이 주인공이며 다른 한 사람은 주인공의 어두운 반쪽 측면을 나타내는 존재인 것이다.

이처럼 두 형제가 대비되는 민담은 전 세계에 걸쳐 존재하는데, 그 오래된 형태가 이미 기원전 12세기 이집트에 존재했다는 사실이 밝혀졌다.[1] 이집트의 파피루스에 기록된 이야기에는 형의 이름이 '진실'이고 동생의 이름은 '거짓'으로, 둘의 성격 대비가 명확하다. 이 형제는 누가 더 강한지를 두고 언쟁을 하는데 동생은 칼날이 산처럼 크고 칼자루가 나무 한 그루만 한 거대한 칼이 있다고 거짓말을 한다. 그 때문에 형은 싸움에 져 죽임을 당하게 된다. 그런데 형 '진실'의 아이가 자신은 커다란 소를 가지고 있으며, 그 소가 아몬 호수에 서면 꼬리는 파피루스 밭까지 닿고, 한쪽 뿔은 서쪽 산에, 다른 쪽 뿔은 동쪽 산까지 닿는다고 말한다. 그러자 동생 '거짓'은 진위를 밝히기 위해 아이를 신들의 법정으로 끌고 간다. 거기서 '진실'의 아이는 신들에게 이전에 '거짓'이 말한 커다란 칼은 정말로 존재하느냐고 호소한다. 그리하여 '거짓'은 신들에게 벌을 받아 장님이 된다. 이것이 이집트의 「두 형제」 이야기다.

라이엔은 기원전 1300년경 이집트에서 쓰인 또 하나의 형제 이야기, '아누브와 바츠' 이야기를 소개했지만 여기서는 생략한다.[2] 어쨌거나 오랜 옛날부터 두 형제 이야기가 있었다는 사실은 이런 테마가 인간 본연의 모습과 얼마나 깊은 관련이 있는지 잘 보여준다고 하겠다.

여기서 일본의 두 형제 이야기로 눈을 돌려보자. 세키 게이고関敬吾의 『일본민담집성日本昔話集成』에는 두 편의 대표적인 두 형제 이야기와 이본이 수록되어 있다.[3]

　　사내아이 둘이 계모의 학대에 못 이겨 집을 나간다. 형이 동쪽 장군님의 양자가 되겠다고 하자 동생은 서쪽 장군님의 양자가 되겠다고 한다. 그리하여 서로 가지고 있는 활시위가 끊어지면 한쪽이 죽은 걸로 알기로 하고 각각 북쪽과 남쪽으로 떠난다. 세월이 흘러 동생은 어느 곳에서 10년간 일을 하고 칼 한 자루를 받는다. 그 칼은 상대방의 코끝에 들이대기만 해도 상대방을 죽일 수 있는 신기한 칼이다. 동생은 그 칼로 오니를 물리치고 오니의 보물인 '생회초리'를 손에 넣는다. 이 생회초리는 한 번 휘두르면 죽은 사람이 즉시 살아나는 신기한 회초리다. 어느 날, 동생은 자신의 활시위가 툭 끊어진 걸 보고 날아가듯 동쪽 장군님에게 가자 형의 장례식이 막 시작된 참이다. 동생은 즉시 생회초리를 한 번 휘둘러 형을 살려내고, 둘은 바라던 대로 "형은 동쪽 장군님의 양자가 되고, 동생은 서쪽 장군님의 양자가 되어 평생 동안 행복하게 살았다."

이 이야기는 그림 동화 「두 형제」와 상당히 유사한데, 활시위라는 생명의 지표가 사용된 점이 매우 흥미롭다. 그럼 『일본민담집성』에 수록된 또 하나의 이야기를 소개하겠다. 오키노에라부 섬에서 채집한 이야기다.

옛날, 류큐*의 부잣집에 사내아이가 둘 있었다. 어머니가 죽고 나자 두 아이는 학교를 그만두고 농사를 짓게 되었다. 두 아이는 학교 선생님에게 훌륭한 활을 받고 활쏘기에 정신이 팔려 농사일을 게을리한다. 그로 인해 형제는 아버지에게 꾸지람을 듣고 집을 떠난다. 어느 마을에 도착하자 아리따운 처녀가 울면서, 내일이면 오니에게 잡아먹힐 거라고 말한다. 형제는 힘을 합해 우슨이라는 산에 있는 배나무 오니를 물리친다. "형은 나무 밑동을 쏴, 나는 줄기 한가운데를 쏠게. 그리고 형은 쏘자마자 왼쪽 벼랑으로 뛰어내려, 나는 힘이 세니까 뛰어서 도망칠게." 이리하여 형제가 오니를 물리친 뒤 동생은 형에게, 그 처녀와 결

* 현재의 오키나와를 가리킨다.

혼하고 아버지를 모셔 와 잘 보살펴드리라고 당부하고 자신은 계속 떠돌아다닌다. 동생은 다음 마을에서 또 오니를 퇴치하고 그곳 처녀와 결혼하여 형네와 서로 왕래하며 지금까지도 사이좋게 살고 있다고 한다.

여기에는 앞의 이야기에 없는 결혼 모티프는 있으나 생명의 지표는 나오지 않는다. 이 두 이야기를 합치면 그림 동화 「두 형제」와 비슷하지 않을까. 더욱이 그림 동화에서 형제의 총 쏘는 연습과 유사하게 이 이야기에서는 활이 나오는 것도 흥미롭다. 총과 칼 모두 남성적인 싸움의 기능이라는 의미에서 공통점이 있다. 그런데 일본의 두 형제 이야기에서 형제의 성격 차이는 거의 드러나지 않는다. 다만, 두이야기 모두 동생이 적극적인 역할을 하는 것은 분명하다. 그림 동화 「두 형제」에서도 두 사람의 성격 차이는 거의 드러나지 않으나 도입부에 나오는 두 형제의 아버지와 큰아버지의 성격이 매우 대조적으로 묘사되어 있다. 이제, 이렇듯 완전히 상반되는 성격 대비에 대해 좀더 생각해보자.

그림자   2

그림 동화 「두 나그네」는 대조적인 성격을 가진

두 인물 이야기인데 도입부가 매우 인상적이다. "산과 골짜기는 만날 걱정이 없건만, 인간은 그것도 선인과 악인은 자칫하면 만나게 되는 법이거든." 서로 비슷한 사람끼리 모인다는 말이 진리임에는 틀림없으나 반대로 그와 상반되는 "자칫하면 만나게 되는 법"이라는 것도 또 하나의 진리다. 주위의 친구 관계나 부부 관계 등을 떠올려보면 의외로 상반된 성격을 가진 멋진 커플을 볼 수 있을 것이다. 이러한 현상을 설명하기 위해 분석심리학자 융은, 인간의 마음에는 상보성相補性의 원리가 작용한다고 주장한다. 즉, 인간의 마음속에는 상반되는 사람들끼리 서로 보완해주며 하나의 전체성을 추구하려는 경향이 있다는 것이다.

인간 마음의 상보성은 두 사람 사이에서보다 한 사람의 마음속에서 먼저 작용한다. 의식적 태도가 단면적일 때, 무의식 속에는 그것을 보완하려는 경향이 형성된다. 가령, 평소에는 소심하여 자기주장을 못 펴던 사람이 술에 취하면 돌변해 의외로 강력하게 주장하는 경우가 있다. 이러한 사례는, 술에 취해 자아의 통제가 약해졌을 때 무의식 내에 형성되어 있던 의식에 반하는 경향이 표면에 떠오른 것이다. 이 같은 경향이 가장 극적으로 드러나는 것이 잘 알려진 이중인격 현상이다. 이중인격이란 한 개인에게 서로 다른 두 인격이 번갈아 나타나는 것으로 둘 사이에는 의식의 연속성이 없다. 이러한 현상은 19세기 후반부터 20세기

초에 걸쳐 수없이 보고되어왔다.

그중에서 모턴 프린스Morton Prince가 발표한 비첨이라는 여성의 사례를 보자. 비첨은 23세의 여대생으로 도덕적이고 양심적이며 종교적인, 한마디로 '성자'로 불릴 정도의 인격을 가진 사람이다. 그런데 이러한 비첨이 별안간 전혀 다른 인격—이 인격은 자신을 샐리라고 이름 붙였다—으로 바뀐다. 샐리는 밝고 말괄량이며 어린아이 같아서 비첨이 생각지도 못한 향락생활을 즐긴다. 비첨은 샐리의 존재를 모르며, 샐리가 활동하는 동안에는 완전히 기억을 못 하는 상태지만 샐리는 비첨에 대해서 알고 있고 나중에 그녀가 곤혹스러워할 행동을 하며 기뻐한다. 이중인격은 매우 이상한 현상이지만, 잘 생각해보면 제2의 인격은 제1의 인격의 단면성을 보상한다는 의미가 있다. 인간의 마음은 이중인격이라는 이상한 현상까지 드러내면서 전체성을 회복하고자 하는 것이다.

융은 이 같은 현상에 주목하여 꿈을 분석한 결과, 수많은 사람의 꿈속에 자신이 부정하거나 거부하고 싶어 하는 인물이 자주 등장한다는 사실을 밝혀냈다. 그것은 앞서 언급한 민담에서 믿을 수 있는 페르디난트가 믿을 수 없는 페르디난트와 길동무가 되거나, 「두 나그네」에서 활달한 재봉사와 농담조차 그냥 넘기지 못하고 얼굴을 찡그리는 구두장이가 함께 다니는 것과 같다. 융은 이렇듯 어떤 개인의 자아가 부정하고 쉽게 받아들이지 못하는 모든 경향을 그 사람의 '그림자'라고 일컫는다. 모든 사람은 그 자신의 그림자를 가지고 있다. 그림자는 곧 자신의 또 다른 어두운 반쪽이다.

『장자』에 「그림자와 망량」이라는 흥미로운 구절이 있다. 망량이란 그림자의 바깥쪽 가장자리에 나타나는 엷은 막을 말하는데,[4] 그 망량이 그림자를 향해 "걷는가 싶으면 멈춰서고, 앉았나 싶으면 일어서는군. 왜 그렇게 자주성이 없나?"라고 비판한다. 이에 대해 그림자가 대답한다.

> 너는 내가 주인이 움직이는 대로 움직인다 하여 비난하는데 정말 그럴까? 과연 우리 주인은 자신의 의지로 움직일까? 어쩌면 우리 주인 역시 다른 무언가에 의해 움직여지고 있어, 형태는 있지만 껍데기나 마찬가지일지도 모르지. 우리는 우리가 왜 움직이는지 알 수 없다네.

언뜻, 그림자는 주인이 움직이는 대로 움직이는 듯 보이지만 주인 역시 자신의 의지로 움직이는 것인지 알 수 없노라고 그림자는 항변한다. 여기서 이중인격 현상을 떠올려 보면 그림자의 말에 수긍할 수 있을 것이다. 실제로 우리는 자신의 행동이 오히려 그림자에게 이끌려 가는 느낌도 경험한다. 그럴 생각이 없었는데 타인과 싸우거나 거짓말을 할 때가 있다. 이때의 행동 주체는 그림자가 아니었을까.

그림자를 꼭 나쁜 것이라고 할 수는 없다. 내향적인 사람에게 외향적인 삶은 그 사람의 그림자가 된다. 그러나 외향적인 것이 나쁜 것은 아니다. 오히려 외향적인 측면도 더불어 갖기 위해 노력하는 쪽이 인간적으로 더 풍부하게 만들어줄 것이다. 「두 나그네」이야기에서 두 사람이 숲을 빠져나가자 두 갈래 길이 나오는데, 한쪽은 일주일이 걸리고 다른 한쪽은 이틀이면 갈 수 있다. 이때 빵을 며칠분 준비하느냐의 문제로 두 젊은이가 다투는 부분이 있다. 성격이 활달한 재봉사는 이틀분이면 충분하다고 하지만 비관적인 구두장이는 일주일분을 준비하자고 한다. 결국 각자 따로 빵을 준비하는데, 실제로는 일주일 걸리는 길로 갔기 때문에 재봉사는 굶어 죽을 뻔했지만 구두장이 덕분에 죽음을 면한다. 뒤에 전개되는 이야기에서는 구두장이에게서 악인의 요소가 강하게 드러나기는 하나, 그렇다 하더라도 이 그림자가 주인공의 목숨을 구한 것이다. 이렇게 보면 그림자는 상대적인 것이며, 여기서 재봉사는 구두장이의 그림자이고, 구두장이는 재봉사의 그림자라고 할 수 있다. 그리고 어느 쪽이 선이고 악인지 판단하기는 쉽지 않다.[5]

하지만 개인이 살아오지 않은 다른 반쪽 측면은 살인 따위의 악까지 포함한다. 그래서 융은 그림자에도 개인적인 것과 보편적인 것이 있다고 생각했다. 어떤 개인에게 자신의 성격과 반대되는 경향으로서의 개인적인 그림자가 존재하는 한편, 보편적인 그림자는 만인에게 공통되는 것으로서 모든 사람이 받아들이기 힘든 악惡과 같은 의미다. 이러한 보편적인 그림자는 민담에서는 주로 악마의 모습으로 나타난다.

우리 인간은 모두 그림자를 가지고 있다고 말했다. 이에 대해 융은 "살아 있는 형태가 석고상으로 보이기 위해서는 깊은 그림자를 필요로 한다. 그림자가 없으면 단조로운 환영에 지나지 않는다"[6]라고 말한다. 그림자는 성가신 것이지만 그것이 없으면 인간미가 부족한 사람이 된다는 것이다. 그렇다면 우리는 「두 형제」 이야기를 통해 이렇듯 중요한 그림자에 대해 무엇을 배울 수 있을까.

되풀이 _____ 3

이야기 첫 부분에 나오는 두 형제의 모습은 매우 대조적이다. 부자에 성미 고약한 형과 가난하지만 착한 동생. 그러나 이야기는 이 형제 사이에서는 발전하지 않는다. 이 형제는 기점을 만들어줄 뿐이고 이후로는 동생의 두 아이들을 중심으로 전개된다. 게다가 두 아이의 성격 대비는 그다지 뚜렷하지 않다. 이 형제는 쌍둥이인데 "마치 두 개의 물방울처럼 똑같이 생겼습니다"라고 이야기된다. 그 렇다면 이 둘을 간단히 주인공과 그림자의 관계로 볼 수는 없다.

후에 쌍둥이 형제가 활약한다 해도 이야기 전개를 준비 하는 것은 처음에 등장하는 형제의 대비되는 성격이다. 정 직한 동생은 황금새를 찾는 행운을 얻지만, 그 깃털과 알과 새를 형의 금과 바꾼다. 지나치게 불공평한 거래인 듯하지 만 여하튼 형제 사이에서 에너지의 교류가 일어난 것이다. 대극성對極性이 있는 곳에서는 에너지가 흐르지만 완전히 동등한 것 사이에는 에너지의 흐름이 없다. 이 불공평한 거 래를 공평하게 돌려놓으려는 듯 정직한 자의 아들들은 모 르고 황금새의 심장과 간을 먹는다. '황금새'의 이미지는 이 세상과 다른 속성임을 시사하는데, 쌍둥이 아이들은 그 심장과 간을 먹고 문자 그대로 신성한 쌍둥이Die göttlichen Zwillnge[7]가 된다. 이를 알게 된 부자 형은 화를 내며 동생으 로 하여금 쌍둥이를 집에서 쫓아내도록 하는데, 이 부분도 영웅에게 걸맞도록 여행 떠나는 장면을 꿰어 맞춘 느낌마 저 든다. 그림자는 부지불식간에 영웅의 성장을 준비한다. 다만, 그 길은 언제나 영웅을 죽음으로 인도할 위험성을 안 고 있다.

이 이야기에서는 숫자 '2'가 무척이나 강조된다. 제목에 서도 이미 드러나고, 동물들도 두 마리씩 등장한다. 융은 2

113

의 상징성에 관해 중세 철학자의 생각을 접목시켜 인간의
최초의 수는 1이 아니라 오히려 2가 아닐까 하는 의문을 제
기했다.[8] 즉, 1이 1인 한 우리는 '숫자'로 의식하지 않는다
는 것이다. 어떤 의미에서는 최초의 전체적인 것에서 분할
이 생겨 거기에 대립 혹은 병치되는 '2'의 의식이 발생해야
만 '1'의 개념도 발생한다는 것이다. 이렇듯 2는 분할과 대
립을 가정하기 때문에 갈등으로 이어지기 쉽다. 이러한 의
미에서 2는 그림자의 문제와 깊은 관련이 있는 숫자다. 정
립과 반정립, 이 역동성에서 새로운 것이 창조된다. 이로
인해 다음에 나오는 숫자 3이 큰 의미를 지닌다는 것은 앞
장에서 이미 기술했다.

　2라는 테마와도 결부되지만 이 이야기에는 되풀이가 많
은 것이 특징이다. 최초의 형제 사이에서 새의 깃털, 알, 새
를 금과 교환하는 되풀이를 필두로 뒤에 나오는 동물들, 즉
사자, 곰, 늑대, 여우, 토끼 사이의 다양한 되풀이, 마지막
에는 쌍둥이 형제와 마녀 사이에서 티격태격 충돌하는 모
습까지 되풀이된다. 뤼티가 소개한 스웨덴의 이본에서는,
공주를 구하고 괴물을 물리치는 에피소드가 세 번이나 되
풀이되는 점에서 철저함이 느껴진다.[9] 뤼티는 이 이야기의
되풀이에 대해 "말을 거의 바꾸지 않는 되풀이 자체가 민
담의 엄격한 문체에 꼭 들어맞는다. […] 민담에 내재된
문체의 의지가 판에 박은 듯한 되풀이를 거듭 요구한다"라

고 그 의미를 지적하고, "문자 그대로 되풀이하는 것은, 바로 민담에 종교적 의식과 같은 것이 더해져 있어서다. 따라서 편집자나 번역자가 현대 독자에 맞게 그 부분을 완화하거나 어떤 뉘앙스를 덧붙이는 것은 가장 큰 해악이다"라고 경고한다.

뤼티는 민담의 되풀이에 대해 문예학적인 입장에서 말했다. 그렇다면 심리학적으로 보면 어떨까. 내담자로부터 살아온 이야기를 들어보면 같은 일이 되풀이되는 것을 발견할 때가 많다. 몇 번이고 사고를 당하는 사람이 있는가 하면, 항상 손해만 보는 사람도 있다. 이러한 되풀이는 스스로 그 사실을 깨달을 때도 있지만 내가 지적한 뒤에야 비로소 깨닫고 놀라는 경우도 있다. 게다가 그러한 되풀이는 때로는 대를 이어 계속되기도 한다. 이러한 사실은 이른바 운명이라든가 귀신이 있다고 믿는 민간신앙을 번성시키는 토대가 되었다. 그러나 심리학자로서는 인간의 무의식 속에 이 같은 되풀이를 강요하는 경향이 있다고 볼 수밖에 없다. 프로이트는 이러한 경향을 반복강박이라고 명명했고, 이것은 난해한 '죽음 본능설'로까지 발전한다.

나는 반복강박은 인정하지만 여기서는 프로이트와는 다른 관점에서 이 현상을 살펴보겠다. 예컨대 이것은 프로이트도 주목했던 바인데, 처참한 전쟁 체험을 한 사람이 몇 번이고 반복해서 전쟁 꿈을 꾸는 일이 있다. 꿈에서 불쾌한 체험을 되풀이하는 것은 프로이트의 소망 충족 이론에 합치되지 않는다. 이에 그는 고심 끝에 반복강박설을 들고 나온 것인데, 이를 다음과 같이 생각해보면 어떨까. 지나치게 처참한 전쟁 체험을 했을 경우, 자아는 그 체험을 자신의 것으로 받아들이지 못한다. 그래서 소화되지 못한 상태로 끝난 체험을 반추하는 의미로, 그것이 꿈속에서 반복되는 것이라고. 실제로 그러한 꿈에 대해 분석가와 이야기를 나누면서 그 체험을 받아들여 가면 반복되는 꿈이 멈춘다고 융은 지적한다.

전쟁 체험은 밖으로부터 주어진 것이다. 그러나 어떤 의미로 인해 마음속의 원형이 활성화되어 의식에 영향을 미칠 때, 개인의 의식이 그 의미를 명확히 파악하지 못하면 전쟁 체험이 되풀이되는 게 아닐까. 그것은 바그너Richard Wagner 오페라의 라이트모티프leitmotif처럼 삶의 결정적인 장면에서 되풀이해서 울려 퍼지게 된다.

목 베기   4

집을 나온 쌍둥이 형제는 사냥꾼에게 총 쏘는 법을 배운다. 그들의 친아버지는 못된 형에게 좌지우지된 사람이지만, 반대로 이 양아버지는 총을 쏜다는 점에서 강한 남성성의 소유자라는 것을 알 수 있다. 이것은 오키노에라부 섬의 두 형제가 선생님에게서 활을 받는 것과 같다. 여기에서 아버지상의 이중성이 드러난다. 한쪽은 인간으로서의 아버지이고, 다른 쪽은 초월적 기능과 관련된 한층 높은 차원의 부성父性을 나타낸다. 쌍둥이 형제는 이러한 높은 차원의 부성과 만난 후에 동물들을 만난다. 주인공이 앞으로 일어날 큰 사건, 즉 괴물을 물리치고 공주와 결혼하기 위해서는 부성적으로 강해져야 할 뿐만 아니라 동물들의 협력까지 필요하기 때문이다. 여기서 동물들은 주인공의 한층 더 본능적인 그림자의 측면을 나타낸다. 일본의 「모모 타로桃太郎」처럼 주인공이 동물을 이끌고 다니는 이야기는 많다.

어느 날, 동물들을 거느린 쌍둥이 형제는 헤어져 서로 다른 길을 향해 간다. 이때부터 동생이 확실하게 주인공으로 활약하기 시작하는데, 일본의 두 형제 이야기에서도 마찬가지로 동생이 더 적극적인 역할을 한다. 헤어질 때 생명의 지표로 남겨둔 단도 한 자루는 이 쌍둥이가 결국은 하나의 생명을 공유하고 있음을 암시한다. 두 사람은 둘이면서 한 사람인 것이다. 여기서부터 동생은 용을 물리치는 이야기의 중심으로 진입한다. 이 장면은 아주 중요한 부분이나 지금은 그림자에 관해 논하고 있기 때문에 차후의 문제로 남겨둔다.

용을 퇴치한 후, 주인공은 잠들어버리고 망보던 동물들도 차례차례 잠이 든다. 동물들이 차례대로 약한 동물들에게 망보는 일을 떠맡기고 잠들어가는 모습은, 우리가 일어나야 한다고 생각하면서도 어쩔 수 없이 수마睡魔에 빠져버리는 과정을 생생히 보여준다. 일이 성취되었다고 생각했을 때 방심하게 되고, 방심한 틈을 타 그림자가 나타난다. 주인공의 목을 베고 공주를 빼앗은 대신은 그림자이기는 하나 여기서는 보편적인 의미가 강하다. 이야기의 도입부에 등장하는 형제의 대비는 개인적인 그림자상으로 볼 수 있지만, 여기에 그려진 대신의 상은 악에 가깝다. 이 대신이 공주를 빼앗으려던 용과 밀접한 관련이 있는 것은 확실하다.

한편, 토끼의 활약으로 주인공의 목이 다시 붙지만 앞뒤 방향이 바뀌어 다시 한 번 목을 베었다 붙이게 된다. 이 같은 목 베기 테마는 다시 한 번 되풀이된다. 동생은 자신을 구해준 형을 오해하여 "질투로 인해 속이 부글부글 끓어올라, 칼을 뽑자마자 형의 목을 쓱 베어버린" 것이다. 물론 동생은 땅을 치고 후회했고, 토끼의 도움으로 다시 형을 살려내지만 이렇게 되풀이되는 목 베기 테마에는 무슨 의미가 있는 것일까.

신화나 민담에 흔히 나오는 목 베기 테마에 대해, 프로이트 학파는 거세불안 현상이라고 주장한다. 사내아이는 성장하면서 어머니에게 애정을 품고 아버지에게는 적대감정을 지니게 된다. 하지만 아버지는 권력을 가진 무서운 존재이기 때문에 아버지에 대한 두려움이 생긴다. 그때 남자아이는 여자에게 남근이 없는 것을 알고 자신도 아버지에게 거세당하는 벌을 받아 여자처럼 될까 봐 불안해한다. 이것이 바로 프로이트가 말하는 거세불안으로, 목 베는 것을 거세의 상징적 표현으로 본 것이다. 용을 물리친 후 잠시 방심한 주인공이 대신에게 목이 잘리는 것을, 성장 과정에서 느끼는 남성의 거세불안 현상으로 볼 수도 있다. 그렇다면 어째서 그의 목이 두 번씩이나 잘리고, 후에 동생이 형의 목을 베는 일, 바꿔 말하면 스스로 자신의 목을 베는 일이 일어나는 것일까.

여기에는 융 학파의 분석가인 에리히 노이만Erich Neumann이 강조하는 자기거세self-castration라는 견해를 적용할 수 있을 듯하다.[10] 인간이 성장 과정에서 결정적인 변혁을 행할 때, 그것은 죽음과 재생이라는 내적 체험으로서 경험된다. 인간의 자기실현 과정을 그리는 민담 속에 죽음과 재생의 테마가 종종 등장하는 것도 당연하다. 영웅은 재생으로 이어지는 죽음을 선택하기 위해 스스로를 거세한다고 노이만은 주장한다. 자신을 뛰어넘는 위대한 존재 앞에서 자아는 자신의 왜소함을 알고 스스로 거세한다. 「두 형제」의 동생은 용을 물리치는 위업을 이룬 뒤에 자기거세를 경험해야 했다. 처음에는 잠든 사이에 목이 베어졌기 때문에 무의식중의 거세 체험이지 자기거세라고 보기 어렵다. 그는 자각하고 난 뒤에 그것을 '의식하고' 체험해야 했다.

질투심에 사로잡힌 동생은 자신을 구해준 형을 죽인다. 이처럼 목 베기가 되풀이되는 저변에는 그림자의 문제가 자리 잡고 있다. 이야기 시작 부분의 아버지 형제에서는 형이 동생의 그림자라는 것을 명료하게 보여준다. 그러나 동생은 답답할 정도로 형의 말에 고분고분 따르는데, 이런 형제 관계에서는 어떤 대결 구도도 찾아볼 수 없다. 그림자의 존재를 자각하고 그것과 대결하는 과제는 완전히 피한 채 다음 세대, 즉 동생의 아이들에게 넘겨진다. 회피한 과제는 항상 확대되어 보편적인 성질을 띠게 된다. 실제로 자녀가 부모의 그림자 문제를 안고 있는 예는 수없이 많다. 흔히 성인군자 같은 부모를 둔 아이가 이른바 비행청소년이 되면 모두들 이상히 여기지만, 사실 아이는 부모가 피해 지나온 그림자의 문제를—확대된 형태로—안고 있는 것이다.

동생은 형을 죽이고 나서 뼈저리게 후회하며 비통에 잠긴다. 이때 동생은 자신의 그림자의 존재를 또렷이 자각하고 체험하게 된다. 우리는 모두 카인의 후손임을 자각해야 한다. 이처럼 혹독한 자각 후에 구원이 이루어지고, 진정한 결혼이 성사되는 것이다.

　　지금까지 숨 가쁘게 달려왔는데 다시 이야기를
되돌려보면, 동생은 대신을 죽이고 공주와 결혼한 후 또다
시 위험에 빠진다. 그를 유혹한 암사슴에 대해서는 언급하
지 않겠으나 그를 돌로 만들어버린 할머니는 우리에게는
이미 낯익은 여성이다. 집을 나온 쌍둥이 형제가 숲에 들어
갔을 때, 그들은 헨젤과 그레텔과는 달리 부성 원리의 시행
자인 사냥꾼을 만난다. 그 후로 동생은 계속 성공을 거두지
만, 반드시 한 번은 이런 부정적인 모성과 대결해야 했다.
그가 돌이 되는 석화石化 테마에 대해서는 제7장의 「충신
요하네스」 이야기에서 논하겠다. 이 「두 형제」와 크게 유
사한 그림 동화 「황금 아이들」에도 사슴이 등장하고 돌로
변하는 에피소드가 있다.

　형은 생명의 지표를 보고 동생이 위험에 빠진 것을 알게
된다. 동생은 형의 도움으로 위험에서 벗어날 수 있었다.
그렇다면 동생에게 형은 어떤 의미일까. 그림자로 보기는
어렵다. 그러나 형이 동생의 분신 같은 존재인 것은 분명하
다. 그림자 문제를 논하는 데 있어 단순한 성격 대비를 보
여주는 두 사람 이야기가 아니라 이 「두 형제」를 예로 든
까닭은, 쉽지 않은 이 문제에 대해서도 한번 짚어보기 위해

서였다.

내가 알고 있는 나, 내가 의식할 수 있는 만큼의 나는 하나로 통합된 형태이며 그 나름의 주체성을 갖는다. 융은 그러한 통합 및 주체성의 중심을 자아라고 명명한다. 그리고 한 걸음 더 나아가, 인간의 마음은 의식과 무의식을 포함하는 하나의 전체성을 가지고 있으며, 그 중심에 자기self; selbst가 존재한다고 가정한다. 이 장 서두에서 든 이중인격 사례에서처럼, 비첨으로서의 자아가 지나치게 일면적일 때 자기自己는 그 전체성을 유지하기 위해 샐리라는 제2의 인격, 즉 그림자를 등장시킨다고 본 것이다. 이러한 융의 견해는 그 당시 이상성異常性이 강조된 이중인격 등의 현상을 자기실현의 발로로 보는 목적론적 관점을 취했다는 점이 특징적이다.

그런데 마지막에 동생을 구하러 나타난 형의 상像을 동생의 자기상自己像으로 볼 수는 없을까. 그 존재는 자아가 활약하고 성공할 때는 대체로 전면에 등장하지 않는다. 완전한 무위로 보이기까지 한다. 「황금 아이들」에서는 형제의 역할이 바뀌어 있는데, 처음 두 사람이 여행을 떠나려는 시점에 많은 사람들 앞에서 모두에게 조롱을 당할 때 형은 여행을 계속하지만 동생은 세상으로 나가기를 포기하고 아버지 집으로 되돌아간다. 하지만 무위로 보이는 이 존재가 주인공이 위기에 처하자 활약하기 시작한다. 「두 형제」이야기에서도 형은 훌륭하게 동생을 구해낸다.

여기서 큰 문제는, 동생이 그런 형의 행위를 오해하여 목을 벤다는 점이다. 구원자로서의 형이 동생에게는 그림자로 느껴진 것이다. 우리 마음속에 나타나는 '또 하나의 나'가 자기실현으로 향하는 걸음을 재촉하는 자기상인지, 아니면 자신을 몰락시키는 유혹의 그림자상인지 구분하기란 실제로는 거의 불가능하다. 폰 프란츠는 다음과 같이 말한다.[11]

꿈에 어두운 상像이 나타나 무엇인가를 원할 때, 그것은 단순히 우리의 그림자 부분을 인격화한 것인가, 아니면 자기의 인격화인가. 어쩌면 양쪽 모두인지도 모른다. 그 어두운 동반자는 우리가 극복해야 할 결점을 상징하는가, 아니면 받아들여야 할 의미 있는 삶의 한 방식을 상징하는가를 미리 판단한다는 것은 우리가 개성화 과정에서 마주치는 가장 어려운 문제 중 하나다.

분명 '미리 판단한다'는 것은 거의 불가능하다. 여기서 동생이 악이라고 느낀 형의 목을 베고, 그 후에 깊은 슬픔을 체험하는 행위를 통해 그림자를 자각하고 구원받은 점은 시사하는 바가 크다. 우리는 체험을 통해 대상을 판단하는 법을 배운다. 그런데 여기에서는 동생을 구한 후의 형에 관해서는 이야기되지 않는다. 우리는 동생이 공주와 결혼해 행복하게 살았다는 것은 알지만 형의 행방은 모른다. 자기自己는 필요한 때에 어디선가 나타나 임무가 끝나면 어디론가 떠나간다. 동생은 나중에야 형이 자신의 아내와의 사이에 양날 검을 놓고 잠을 잔 것을 알고 형의 훌륭함을 깨닫는다. 침대에 놓인 양날 검은 형의 결연한 의지를 나타낸다. 참된 구원자는 여성과의 신체적 접촉을 가져서는 안 되었던 것이다.

제6장 **사춘기**
「들장미 공주」

이야기의 변천

　　그림 동화 「들장미 공주」를 모르는 사람은 있어
도 「잠자는 숲속의 미녀」라면 모르는 사람이 거의 없을 것이
다. 「잠자는 숲속의 미녀」는 그림 동화보다 먼저 1697년에
프랑스의 샤를 페로Charles Perrault가 출판한 동화집에 제1화
로 수록되었고, 일본에는 「들장미 공주」보다 이 이름으로
더 잘 알려져 있다. 어쩌면 차이콥스키Pyotr Ilyich Tchaikovsky
의 발레 음악을 통해서 알게 된 사람도 있을 것이다. 이 이
야기를 채집한 야코프 그림Jakob Grimm도 초고에다 "이것은
페로의 잠자는 숲속의 미녀로부터 남겨진 듯하다"라고 덧
붙였다고 한다.[1] 볼테Johannes Bolte와 폴리프카Georg Polívka가
쓴 유명한 그림 동화 주석서에 따르면, 이 이야기의 근원

은 14세기로까지 거슬러 올라간다.[2] 그중 프랑스에서 채집
된 것은 페로의 이야기로 결실을 맺었지만, 이탈리아에서
채집된 이야기는 17세기 초 잠바티스타 바실레Giambattista
Basile가 편찬한 『펜타메로네』에 수록된 「해와 달과 탈리아」
이야기로 남아 있다.

「들장미 공주」 이야기는 이렇듯 그 기원이 오래되었지
만 어느새 민중의 마음속에서 잊힌 존재가 되어 있었다. 하
지만 그림 형제가 동화집을 발표하자마자 많은 이들의 마
음을 사로잡았고, 볼테와 폴리프카가 지적했듯이 시인들은
앞다투어 그 이야기를 인용했으며, 민담 연구자들도 그에
관한 많은 논문을 발표했다.[3] 폰 프란츠가 이 이야기를 평
하여, 이 이야기 자체가 마치 100년의 잠에서 깨어난 공주
와 같은 운명을 보냈다[4]고 기술한 부분은 매우 인상적이다.
실제로, 많은 사람들의 흥미를 불러일으킨 이야기답게 라
이엔[5]과 뤼티[6]도 이 이야기에 관해 논했다. 특히 라이엔이
이 이야기를 소재로 민담에 대한 접근방식이 연구자에 따
라 제각기 다른 것을 보여준 부분은 매우 흥미롭다. 아름다
운 공주가 100년 동안 잠을 잔 후 왕자가 입을 맞추자 잠에
서 깨어나는 이야기는 낭만적인 이미지를 자아낼 만하다.
그림 형제도 같은 생각을 했던지 초고에 비해 결정판에서
는 꽤 많은 손질을 가했다. 이른바 에렌베르크의 초고에서
는 불과 36줄밖에 되지 않던 짧은 이야기가 초판에서는 두

배 이상이 되었고, 완성 원고에서는 세 배로 늘었다고 한다.[7] 그러나 완성 원고는 1812년에 마리 할머니에게 들은 것으로 되어 있고, 초고는 1810년에 쓰인 것이니 반드시 그림 형제가 고쳐 썼다고 할 수만은 없을 것이다.

참고로, 초고 마지막 부분을 (아이자와 히로시相沢博의 번역으로) 읽어보자.[8]

그런데 왕자가 가시 울타리에 다가가자 그 앞에서 장미 꽃이 활짝 피었습니다. 왕자에게는 꽃처럼 보였지만 왕자가 지나가자 다시 가시로 돌아갔습니다. 왕자는 성 안으로 들어가 잠자는 공주에게 입을 맞추었습니다. 그러자 모든 것이 잠에서 깨어났습니다. 그리고 둘은 결혼했습니다. 만약 두 사람이 죽지 않았다면 아직도 살아 있을 겁니다.

이는 표현이 너무도 간결해서 이 책에 수록된 「들장미 공주」의 결정판에 견주면 그 차이가 확연히 드러난다. 특히 공주가 잠들어 있는 부분의 묘사에는 문학적인 조탁이 상당히 많이 가해졌음을 알 수 있다. 하지만 나처럼 민담의 심리적 측면에 한정해 연구하는 이들에게는 초고에 토대를 두든, 결정판에 토대를 두든 결과는 그다지 바뀌지 않는다. 이야기의 뼈대가 중요하지, 살을 붙이고 안 붙이고는 크게 상관없기 때문이다. 다만, 「들장미 공주」 이야기에는 이본

이 존재하며 변천되었다는 사실이 분명하고, 흥미롭기도
하여 서두에 소개한 것이다. 이 문제는 일단 이 정도로 접
어두고 이야기 해석으로 넘어가 보자.

개구리   2

우선 이야기 도입부의 인물 구성에 주목해보자.
도입부에는 아이가 없어서 입버릇처럼 "아, 아이가 하나
있으면 좋으련만"이라고 말하는 임금님과 왕비가 그려진
다. 임금님과 왕비 부부가 등장하지만 둘 사이에는 아이가
없다. 새로운 가능성의 탄생을 소망하지만 좀처럼 얻지 못
하는 상태인 것이다.

그런데 왕비가 목욕할 때 개구리 한 마리가 나타나 왕비
에게 공주가 태어날 것을 예언하고 그 예언이 성취된다. 이
런 사실은 태어나는 아이와 개구리가 큰 관련이 있음을 시
사한다. 그럼, 개구리의 의미에 대해 잠시 생각해보자.

그림 동화 「들장미 공주」의 초고에서 아이의 탄생을 예
언하는 것은 개구리가 아니라 게다. 개구리와 게의 공통적
인 특성은 둘 다 물과 땅, 양쪽에서 살 수 있다는 점이다.
물과 땅 사이를 왕래하는 이미지는 의식과 무의식을 이어
주는 것, 혹은 무의식 내에서 의식계로 나타나리라는 것을

짐작케 한다. 융은 개구리를 냉혈동물 단계에 있는 인간이라고 말했는데, 이는 개구리가 앞서 말한 특성 외에도 작은 앞발의 형태가 인간과 닮았기 때문일 것이다. 즉 개구리의 이미지는 "무의식적인 충동으로 인해 의식화되는 뚜렷한 경향을 지닌 존재"임을 나타낸다.[9] 이와 같은 개구리의 의미는 그림 동화 「개구리 왕자」에서 분명하게 나타난다.

「개구리 왕자」에서는, 공주가 샘에 황금 공을 빠뜨리고 울고 있을 때 개구리가 나타난다. 공주는 개구리에게 공을 건져 주면 놀이 친구가 되어주겠다고 약속한다. 어차피 실행 불가능하다고 생각하고 경솔하게 약속해버린 것이다. 하지만 개구리는 예상과 달리 공주의 방까지 찾아가고, 참다못한 공주가 마침내 개구리를 벽에 집어 던지자 개구리는 멋진 왕자로 변신하여 둘은 행복하게 결혼한다. 여기서 개구리에게 거짓 약속을 하고, 개구리가 약속을 지킬 것을 요구하자 화를 내며 벽에 집어 던지는 공주가 큰 행복을 얻는 것은, 지금까지 종종 지적해온 민담의 역설성을 여실히 보여준다. 하지만 지금은 그 문제는 접어두고 개구리의 이미지에만 초점을 맞춰 살펴보자. 여기서 개구리는 수중 세계에서 육지 세계로 침입해온 존재로서 아주 적합한 역할을 하고 있다. 싫어하는 공주를 뒤쫓아 '폴짝폴짝' 뛰어가는 모습은 무의식적인 충동의 집요함과 의식에서 느끼는 불쾌함을 잘 보여준다.

일본의 신화에서는 스쿠나히코나少名毘古那 신*이 바다에 나타나지만 아무도 그 이름을 모르고, 또 스쿠나히코나 자신도 이름을 말해주지 않는다. 그런데 두꺼비가 "구에비코(허수아비)가 알아요"라고 말한다. 이 구에비코로 인해 스쿠나히코나의 비밀이 밝혀지는데, 두꺼비가 그 같은 지식을 지닌 존재로 등장하는 점이 흥미롭다. 스쿠나히코나에 관해 상세히 기술할 수는 없으나, 그는 이즈모 신화에서 중심을 차지하는 오쿠니누시大国主**와 상보적인 역할을 하면서 그 그림자 부분을 떠맡고 있는 것은 분명하다. 오쿠니누시를 중심으로 어느 정도 완성된 문화에 새로운 가능성을 더해주는 존재로서의 스쿠나히코나, 거기에 도달하는 길을 알고 있는 존재로서의 두꺼비가 등장한 것이다.

「개구리 왕자」에서는 개구리가 남성으로 변신하지만 일반적으로는 여성으로 나타나는 경우가 많은 듯하다. 일본의 개구리 색시 이야기[10] 등에서도 알 수 있듯이, 대체로 개구리의 보은담으로서 긍정적인 이미지를 보여준다. 이에 반해 중세 유럽에서는 여성상과 관련된 개구리는 오히려 부정적인 악마나 마녀로 나타나며, 성적인 욕망과도 관련이 있다고 보았다.[11] 이는 기독교적 도덕관의 이면에 존재

* 일본 신화의 다카미무스비노미코토高皇産靈尊라는 신의 아들. 몸집이 작고 민첩하며 인내력이 있어서 오쿠니누시와 협력하여 국토를 경영했고, 현대에는 의약, 온천, 농업, 주조의 신으로 숭배된다.
** 일본 최초의 나라를 세운 신.

하는 것으로서 보상적인 의미를 지니고 있는 게 분명하다.

악惡

개구리의 예언으로 태어난 아이는 아름다운 공주님이었다. 개구리의 추함과 공주의 아름다움은 대조적이지만 개구리가 갖는 의미는 계속 공주를 따라다닌다. 즉, 공주도 아름답고 어머니도 착한 사람이지만, 이들 앞에 악의 화신과도 같은 요정이 등장하는 것이다.

축하 잔치에 초대받은 요정은 열두 명이었는데 초대받지 못한 요정이 하나 있었다. 「들장미 공주」의 이본에서는 초대받지 못한 요정이라는 주제는 빠지지 않고 등장하지만, 초대받은 요정의 수와 남은 요정을 초대하지 않았던 까닭은 다양하게 이야기된다. 예컨대, 페로 동화에서는 초대받은 요정의 수는 일곱 명이며, 초대받지 못한 요정은 50년 전부터 탑에 갇혀 있었기 때문에 세간에는 이미 죽었거나 모습을 감추어버린 걸로 여겨졌다고 나온다. 14세기 무렵의 프랑스 이본에서는 요정이 세 명이었다. 이 '잊힌 여성'이 주인공에게 악운을 가져다주는데, 그렇다면 이 악은 주인공에게 무엇을 의미하는 걸까.

악이 등장하기 전에 요정들은 저마다 선의의 선물을 한

다. 그림 동화에서는 "한 사람은 덕을, 또 한 사람은 아름다움을, 세번째는 부를" 주었다고 이야기된다. 페로 동화에서는 첫번째는 미, 두번째는 영리함, 세번째는 정숙함을 선사하고, 이어서 춤을 잘 추고, 노래를 잘 부르고, 악기를 잘다루는 등의 능력을 선물한다. 이는 "무릇 세상 사람들이 바라는 것을 빠짐없이 선물로 바쳤다"고 할 수 있을 텐데, 그림과 페로 이야기의 선물이 다르다는 점이 재미있다. 게다가 그것은 세상 사람들이 바라는 것이기는 하나 한결같이 여성적이라는 점도 분명하게 드러난다.

현세에서 바라는 모든 것을 충족했다고 생각할 즈음에 초대받지 못한 여성이 찾아와 주인공에게 죽음을 선물한다. 인간은 누구나 죽는다. 그러나 열다섯 살의 죽음은 너무 이르다. 앞서 살펴본 대로 이 이야기의 이본들마다 요정의 수가 다양하지만 내가 보기에 특히 그림 동화에서의 숫자 13은 시사적이다. 숫자 12는 천체 12궁 따위로 표현되듯이 완전수로서의 의미가 크다. 12로서 완전한 것, 거기에 이질적인 1이 더해짐으로써 진정한 완성이 이루어지는 것은 아닐까. 열둘의 선의에 하나의 악이 더해짐으로써 하나의 완성된 상이 만들어진다고 할 수 있다. 실제로 열세번째 요소가 침입함으로써 비로소 이 「들장미 공주」 이야기가 앞으로 나아가고 또 완결될 수 있는 것이며, 악은 이야기의 원동력이 되는 것이다. 민담에서는 이 같은 경향을 수없이 많이 볼 수 있다. 바로 백설공주의 어머니(원작에서는 계모가 아닌 친어머니라는 것은 이미 앞에서 지적했다) 등이 좋은 예다.

폰 프란츠는 하나의 존재가 악에 의해 완결된다는 점을 이 민담의 배경이 되고 있는 기독교 사상과 결부시켜 설명하려 했다. 기독교는 부성 원리를 강조하는 종교다. 이 점에 관해서는 여기서 자세히 다룰 수 없지만 도식적으로 정제된 설명을 해보자. 모성적인 종교는 지금까지 태모太母에 대해 기술한 바를 떠올려보면 알 수 있듯이 모든 것을 포용하고 모든 것을 판단하지 않고 구원하고자 하는 종교다. 이에 비해 부성 원리에 토대를 둔 종교는, 신과의 계약을 지키는 것과 지키지 않는 것을 구분하여 전자에는 구원을 약속하지만 후자는 이교도로서 배척한다. 하늘인 아버지를 섬기는 기독교의 엄격함은 정신성을 강조함과 동시에 이에 대립하는 육체는 저급한 것으로 여기기 때문에 섹스에 대해서도 심한 억압을 한다. 이러한 문화에서는 하늘-아버지-정신이라는 결합에 반해 땅-어머니-육체라는 결합이 존재하는데, 후자는 종종 악과 동일시되는 경향이 있다. 물론 이러한 경향을 보상하기 위해 성모 마리아의 존재를 강조하는 것이며, 그 점은 융도 인정했던 바다. 그러나 앞서 기술한 것처럼 일반적인 경향에서 생각하면, 이 열세번째 요정을 기독교 문화에서 잊힌 어머니 여신의 일면을 나타낸다고 볼 수도 있지 않을까. 또한 그녀의 강한 복수심도 모성 원리를 여실히 드러낸다. 설령 '초대받지 못한' 것을 악으로 판단한다 해도 부성 원리에 따르면 충분히 그에 상응하는 벌을 (법에 따라서) 줄 수 있다. 그러나 그녀는 그에 맞서 공주를 죽이는 것으로 복수하려 한다. 이는 원한이라는 여성 원리에 근거할 때만 납득할 수 있다. 원한은 죽음을 부른다. 그것은 자연과 밀착된 감정의 차원에서 수긍된다. 그러나 부성 원리에 따를 때는 법에 따른 심판만이 가능하다. 일본 사회도 법에 의해 규제되고 있다. 그러나 우리는 법의 차원을 넘어 초대받지 못하거나 잊힌 원한이 얼마나 무서운지 잘 알고 있다. 모성 원리에 바탕을 두는 한 그것은 죽어 마땅한 것이다.

문화적인 배경까지 탐구한 폰 프란츠의 고찰은 상당히 흥미롭다. 실제로 예수와 열두 사도는 모두 남성이었다. 이 이야기에 등장하는 열세 명의 여성은, 열세번째 악한 요정을 중심으로 하여 천상의 남성을 보상하는 배치를 이루고 있다고 볼 수도 있겠다.

운명   4

이야기가 다소 일반적인 차원으로 확대되었다.

이제 다시 개인적인 차원에서 들장미 공주 개인에 대해 생각해보자. 공주에게는 열다섯 살에 죽어야 하는 운명이 주어진다. 그러나 다행히도 열두번째 요정이 그것을 100년 동안의 잠으로 바꿔준다. "당장 이 저주를 풀기는 어려우나 가볍게 할 수는 있습니다"라는 말은 나처럼 심리치료에 종사하는 이들의 마음을 울린다. 나와 같은 심리치료사들은 고된 운명을 짊어지고 살아가는 사람들을 수없이 만난다. 당연히 그 운명을 없앨 수는 없지만 가벼이 해줄 수는 있지 않을까. 어린 나이에 부모와 이별한 아이. 교통사고로 사랑하는 자녀를 잃은 부모. 우리는 그들에게 무엇을 해줄 수 있을까. 이 이야기에서는, 왕이 단지 요정 열세 명을 모두 초대하지 않은 것이 잘못이라면 잘못이라 할 수도 있다. 그것을 강조하는 한, 운명이라기보다는 부모의 부주의에 관한 이야기가 될 것이다. 그런데 앞에서 소개한 바실레의 『펜타메로네』이야기에는 잊힌 요정에 대한 이야기는 없고 태어난 아이의 운명이 애초부터 결정되어 있던 것으로 나와 있다.

심리치료사로서 잠시 이야기를 다른 곳으로 돌려보겠다. 뒤에서 기술하겠지만 딸의 100년 동안의 잠을 하나의 노이로제 현상으로 본다면, 그 원인을 잘못된 부모의 태도(즉, 요정을 초대하는 방식)로 돌릴 수도 있고, 단지 운명이어서 원인 같은 것은 (적어도 인간의 합리적 사고로는) 찾을 수 없

다고 할 수도 있지 않을까. 혹은 폰 프란츠처럼 문화적 배
경을 생각하면 문화의 병을 앓는 노이로제도 있다고 생각
할 수 있지 않을까. 이러한 경우, 우리로서는 그 사람의 과
거로 거슬러 올라가 본인이나 가족의 행위 속에서 그 원인
을 찾기보다 미래를 향해 극복해나갈 방법을 생각하는 편
이 현명할 듯하다. 그럼, 이 문제를 극복해나갈 방법을 역
시 민담 속에서 찾아보자.

우선 「들장미 공주」이야기에서는 운명에 대항하고자 노
력하는 아버지의 모습이 그려진다. "온 나라의 물레란 물
레는 모조리 태워 없애라고 명령했습니다"라는 말에서 집
작할 수 있듯이 왕의 조치는 단호하다. 이러한 조치는 어쩌
면 아버지로서는 당연할 것이다. 이에 관해 뤼티는, 이랬으
니 딸은 성인이 될 때까지 물레를 본 적이 없기 때문에 오
히려 호기심이 생겨 열다섯 살 때 할머니가 가지고 있는 물
레를 만져보고 싶었던 것이라고 지적하고, "운명을 피하려
는 시도가 더더욱 운명을 끌어당기게 된다"[12]는 인상적인
주장을 한다. 아버지를 죽일 운명을 짊어지고 태어난 그 유
명한 오이디푸스도 운명을 피하려다 오히려 운명에 이끌려
갔다는 것은 주지의 사실이다.

그렇다면 대체 어떤 방법이 있는가. 일본의 민화 「태어
날 아이의 운명生れ子の運」[13]은 한 가지 시사점을 던져준다.
옛날, 어떤 남자의 아내에게 아이가 생기자 순산을 관장하

는 단바 지역의 지장보살에게 빌러 간다. 그러나 거기서 태어날 아이의 수명이 열여덟 살까지이며, 아이가 열여덟 되는 해 교토에 있는 가쓰라 강의 주인에게 빼앗긴다는 것을 알게 된다. 얼마 후 그 남자는 교토 가쓰라 강을 돌보는 관리가 되었고, 아이는 자라면서 효자가 되었다. 아이가 열여덟 살이 되는 해에 가쓰라 강에 홍수가 나자, 효자 아들은 아버지를 대신하여 둑을 막으러 가겠다고 하고 아버지는 한사코 말린다. 여기에서 아버지가 "절대로 가면 안 된다"라고 말리는 부분은 「들장미 공주」와 같지만 그 뒷이야기가 재미있다. 결국 아들은 아버지의 눈을 피해 나가고, 나중에야 이 사실을 알게 된 아버지는 "친척들을 불러 모아 장례 준비를 하자"고 말한다. 아내는 영문을 모르는 터라 반대하지만 남편은 장례 준비를 강행한다. 한편, 가쓰라 강으로 가던 아들은 배가 고파 떡집에 들른다. 그러면서 떡집 한 켠에 앉아 있는 어여쁜 처녀에게 떡을 권하자 이 처녀가 떡을 마구 먹어대더니 자그마치 백 관*이나 먹어치운다. 아들이 그 처녀와 함께 가쓰라 강둑에 가자, 처녀가 갑자기 "나는 이곳의 주인이다"라고 밝히고는, "너의 수명이 열여덟 살까지라 여기서 죽어야 하나 나를 잘 먹여주었으니 수명을 예순한 살로 연장해주겠다"라고 말한다. 아

---

* 1관은 대략 3.75킬로그램에 해당한다.

들이 집에 돌아오자 장례를 치르려던 부모가 크게 기뻐했다는 이야기다.

여기서 아들이 나가려 하자 절대로 안 된다고 만류하지만 나간 사실을 알고 난 뒤에는 곧바로 '장례 준비'를 하는 아버지의 태도. 또 낯선 처녀가 요구하는 대로 백 관이나 되는 떡을 먹게 해주는 이미지에서 드러나는 자연에 순응하는 태도. 결국 이러한 태도들로 인해 운명이 바뀔 수 있었다고 봐야 할 것이다. 운명을 받아들이는 태도에 관해서는 앞서 게으름에 대해 논할 때도 기술한 바 있지만, 「게으른 하인츠」의 독백은 이를테면 서양 문화 이면에서의 중얼거림인 것이다. 그에 반해 일본의 경우, 운명을 받아들이는 태도는 의젓하게 앉아 백 관의 떡을 먹는 처녀의 이미지로 표면에 드러나는데, 이는 기교를 부리지 않은 유머로서 더없이 훌륭하게 느껴진다.

잠   5

공주가 운명의 열다섯 살이 되던 날, 부모는 공주를 두고 성 밖으로 나간다. 민담에 종종 등장하는 열다섯이라는 나이는 사춘기에 이르렀음을 의미한다. 사춘기는 운명적인 시기다. 그런데 딸에게 열다섯이라는 나이가 얼마나 중요한지 익히 알고 있을 왕과 왕비가 왜 딸을 혼자 두고 나갔을까. 아마도 두 가지로 해석할 수 있을 것이다. 우선, 아이의 무서운 운명을 알고 부단히 주의를 게을리하지 않던 부모도, 그 주의가 너무 과할 때 누구나 경험하는 일종의 에어포켓air pocket 같은 현상에 빠진 것은 아닐까 생각해볼 수 있다. 유치원생 손자가 혹여 교통사고라도 당하지 않을까 두려워 날마다 손자를 마중 나가는 할머니가 있었다. 유치원에서는 그럴 필요 없노라고 충고했지만 할머니의 불안을 잠재우지는 못했다. 그러던 어느 날, 할머니는 집안일에 빠져 그만 마중 나가는 것을 잊었고, 그날 손자는 교통사고를 당했다. 과도한 염려가 주의의 에어포켓을 만든 것이다.

또 다른 해석은 부모의 부재를 내적 사건으로 보는 견해다. 즉, 부모가 아무리 열다섯 살짜리 소녀를 주의 깊게 따라다닌다 해도 딸은 언젠가 '고독'한 날을 맞이할 것이며, 그것은 위험으로 이어진다는 견해다. 소녀는 성장하기 위해 반드시 위험을 체험해야만 한다. 고독은 호기심을 자극한다. 여기서 「트루데 부인」 이야기를 할 때 언급했던 '소녀의 호기심'이라는 주제가 등장한다. 호기심이 발동한 소녀는 탑에 올라가 실 잣는 노파를 만난다. 실 잣는 일은 여성의 일이며 예부터 운명의 여신은 운명의 실을 자았다. 이 실 잣는 노파는 소녀의 운명을 조종하는 존재로서 열세번째 요정과 비밀스런 동일성이 있음을 시사한다. 소녀가 그런 사실을 모른 채 물레에 손을 대자, 운명에 저항하고자 발버둥쳤던 왕의 노력에도 불구하고 열세번째 요정의 저주가 성사된다. 이리하여 공주는 100년 동안 잠에 빠지게 된다.

물레 바늘에 한 번 찔림으로써 100년 동안 잠을 잔다는 것은 우리에게 많은 시사점을 던져준다. 소녀의 잠이라는 주제는 북유럽 신화에도 있기에 '브륀힐트 모티프'라고도 불린다. 북유럽 신화에서 브륀힐트는 오딘의 분노로 인해 불길에 휩싸인 채 길고 긴 잠에 빠져 영웅 지크프리트가 등장할 때까지 잠에서 깨어나지 못한다. 또한 그림 동화에서 백설공주가 유리 관에 들어가 계속 잠만 자는 것도 같은 모티프라고 할 수 있다. 백설공주는 악한 어머니가 건넨 사과를 먹고 잠에 빠진다. 들장미 공주에게 나쁜 운명을 준 요정에 대해서는 이미 기독교 문화와 모성의 대립이라는 관점에서 논했다. 그럼 들장미 공주를 열다섯 살짜리 소녀의 개인적인 문제로 생각한다면 이 잠은 어떤 의미를 갖는 것일까.

「백설공주」의 어머니나 「들장미 공주」의 악한 요정은 모성의 부정적인 측면을 보여준다. 딸이 부정적인 어머니 콤플렉스를 가진다면 거기에는 두 가지 위험한 방향이 존재한다. 하나는 어머니로부터 얼른 떠나고 싶은 마음이 지나치게 강한 나머지 남성과 빨리 관계를 맺고 싶어 한다는 것이다. 그것은 때로 육肉의 세계로의 추락, 즉 흙인 어머니와 일체화하려다 결국은 부정적인 모성의 희생물이 되는 결과를 초래한다. 다른 하나는 어머니에게 부정적인 콤플렉스를 가진 나머지, 딸은 어머니가 되기를 두려워하며 자신의 여성성조차 부정하려 드는 것이다. 이 경우, 우리가 흔히 임상에서 접하는 것은 사춘기 거식증이다. 거식증에 걸린 소녀는 식사를 완전히 거부하여 뼈만 앙상한 상태가 되며 때로는 죽음에 이르기까지 한다. 또한 유리 관 속 소녀의 모습은 이인증離人症의 증상을 연상케 한다. 이인증이란 현실감이 희박해져 자신과 타인의 감정을 생생하게 느끼지 못하는 것을 말한다. 즉, 바깥세상을 그림처럼 느끼거나 자신과 현실 사이에 유리 벽이 있는 것처럼 느끼는 병이다.

모든 사춘기 거식증이나 이인증을 단순히 부정적인 어머니 콤플렉스만으로 설명할 수는 없다. 그러나 이 증상들의 배후에서 이런 마음의 메커니즘을 발견하는 경우가 많다. 여기서 주의해야 할 점은, 앞서도 기술했듯이 이런 병증의 원인을 곧바로 그 사람의 유아기 경험이나 어머니와의 관계로 돌릴 수만은 없다는 것이다. 들장미 공주의 어머니는 착한 사람이다. 어머니가 아무리 좋은 사람일지라도 딸은 마음속 깊은 곳에 보편적인 모성의 문제를 안고 있을 수도 있다.

공주는 물레 바늘에 한 번 찔림으로써 긴 잠에 빠진다.

이 잠은 여차하면 죽음을 초래할 수도 있다. 부정적인 모성의 무시무시함에 대해서는 이미 「트루데 부인」이야기에서 밝혔다. 그것은 호기심에 이끌린 소녀를 한순간에 죽음으로 내몬다. 들장미 공주가 트루데 부인 집을 찾아간 소녀와 다른 점은 부모의 강력한 보호 아래 있다는 점일 것이다. 부모의 보호하는 힘과 딸의 자립하려는 경향이 미묘한 균형을 이루며 그 위에서 딸은 성장하게 되는데, 이 균형이 무너질 때 딸은 무분별한 성의 세계에 빠져들거나, 아니면 반대로 유리 관으로 둘러싸인 세계에 갇히게 될 것이다.

이처럼 여성의 사춘기 발달과 관련지어 생각해보면, 들장미 공주는 의외로 모든 정상적인 여성의 심리 발달 과정을 그린 이야기로 볼 수도 있다. 모든 소녀는 열다섯이 되었을 때 한 번 죽는다고 해도 이상하지 않을 듯하다. 즉, 어린 시절이 끝나고 결혼이 가능한 처녀로 변신하는 것이다. 그럼 여기서 그 계기가 된 물레 바늘에 한 번 찔리는 것은 무엇을 의미하는가. 많은 여성이 아이에서 처녀로 변할 때 물레 바늘에 찔리는 경험을 하지 않았을까. 물론 그것은 여러 가지로 해석될 수 있다. 생리적인 차원에서 초경으로 볼 수도 있을 것이다. 혹은 남성이 처음으로 말을 걸어오거나 가방 속에 들어 있는 뜻밖의 연애편지에 놀란 경험이라고 할 수도 있다. 혹은 이것을 마음의 문제로 본다면 여성의 마음속에 존재하는 남성적 경향에서 오는 자극으로 볼 수도 있다. 왜 남성과 여성이 구별되어야 하는가, 여성도 남성과 똑같이 독립해서 일을 하는 것이 뭐가 나쁜가…… 등등의 생각을 이 무렵의 여성은 거듭하게 된다. 여성의 마음속에 있는 남성은 모성을 적대시한다. 아무리 좋은 어머니를 두었더라도 사춘기 소녀가 어머니를 지겨워하는 경우는 흔히 있다. 그것은 개인적인 감정을 초월한 것이며, 성장 과정으로서 반드시 필요한 것이기도 하다.

하지만 소녀는 그 후 한동안 잠을 자야 한다. 여성성이 눈부시게 꽃피는 '어느 시기'가 올 때까지 그녀는 가시의 보호를 받는다. 이 보호가 없는 소녀는 불행하다. 100년은 지나치게 길지만 소녀의 잠을 이렇듯 발달 과정에 필요한 것으로 간주한다면, 「들장미 공주」이야기는 일반적인 여성이 경험하는 것과 별반 다르지 않다. 라이엔은 원시부족이 사춘기 소녀들을 일시적으로 어딘가에 가둬두는 풍습을 이야기하면서, 그림 동화 「라푼첼」에서 소녀가 탑에 갇히는 것이나 들장미 공주의 잠을 같은 의미로 해석한다.[14] 이는 지금까지 서술한 나의 주장과도 상통한다.

때   6

공주의 잠을 앞서 기술한 대로 생각하면, 이것

도 한 여성의 발달에 필요한 하나의 시기가 왔음을 알리는 것이라고 볼 수 있다. 페로 이야기에서는 이 부분을, 공주가 잠에 빠지자 왕과 왕비는 100년 후의 일을 생각하고 착한 요정에게 부탁하여 신하들을 모두 공주와 함께 잠들게 하고 성을 나간다고 되어 있는데, 이 점은 시사하는 바가 매우 크다. 즉, 부모는 딸의 발달에 필요한 모든 일을 마치고 조용히 떠난다는 것이다. 그 후로 공주를 지키는 것은 장미 가시이며 부모는 그것을 믿는다. 나는 이 이야기를 읽고 어느 내담자 여성의 부모를 떠올렸다. 딸의 행복을 위해 많이—때로는 너무 과하다 싶을 정도로—애써온 부모가 있었다. 이들은 딸이 진정으로 행복해진 게 확실해지자 얼마 후 같은 날 병으로 나란히 세상을 떠났다. 이 부모의 죽음은 부모의 역할에 대해 깊이 생각하는 계기가 되었고 나는 큰 감동을 받았다.

100년이 지나자 멋진 왕자 하나가 나타난다. 왕자가 다가가자 가시 울타리가 저절로 열려 왕자는 상처 하나 입지 않고 공주에게 가서 입을 맞춤으로써 공주는 잠에서 깨어난다. 이 왕자가 성공하기 전에 숱한 이들이 성 안으로 들어가려다가 처참한 죽음을 당했다고 이야기되는데, 그 점을 생각하면 이 왕자는 진정한 행운아라 하지 않을 수 없다. 남성이든 여성이든 결혼에 이르기까지는 그에 상응하는 일을 해야 한다는 것은 민담에 흔히 등장하는 주제다.

여기서 왕자가 아무 일도 하지 않고 결혼에 성공하는 것은 약간 의외이기는 하나, 이 이야기의 강조점은 어디까지나 100년의 잠과 '때'가 찬 것의 의미에 있다고 하겠다.

민담에서는 '때'를 훌륭하게 강조한다. 뤼티는 앞 장에서 논한 「두 형제」에 관해, 동생이 위기에 처했을 때 형이 때 맞춰 나타나는 점을 지적하면서, 민담에서는 주인공이 정확히 때를 맞춰 등장한다며 감탄한다.[15] 그러나 우리 인생에도 이 같은 '때'가 있다. 시계로 계측할 수 있는 시간으로서의 크로노스kronos와 시곗바늘에 관계없이 마음속에서 성취되는 때로서의 카이로스kairos를 구분할 줄 알아야 한다. 시계에 구애받는 사람은 중대한 카이로스를 잃는다. 그림 동화에서 왕자를 처음 본 공주는 초면임에도 "진심으로 그리운 듯 왕자님을 바라보았다"라고 쓰여 있다. 이것이 페로 동화에서는 더 극적으로, 잠을 깬 공주가 "당신이었군요? 왕자님, 오래 기다렸어요"라고 반갑게 말을 건넨다. 초면인 사람에게 확신을 가지고 "당신이었군요"라고 말하기 위해서는 100년을 기다리는 동안 성숙된 지혜와 카이로스를 가지고 있어야 한다. 이렇게 생각하면, 100년이라는 표현도 계측할 수 있는 크로노스로서의 100년이 아니라 카이로스가 도래하기를 기다리는 내적인 길이임이 분명해진다.

페로 동화에서는 이야기가 계속 이어지는데, 왕자의 어머니가 사람을 잡아먹는 사람이라는 엄청난 에피소드도 나온다. 이는 부정적인 모성의 강력함이 여전히 극복되지 않은 것으로도 해석 가능하다. 그러나 그 부분은 페로가 다른 이야기를 결합시켰을 테고, 여기서는 소녀의 잠이라는 주제에 강조점을 두고 기술해왔기 때문에 거론하지 않고 접어두겠다.

제7장 **트릭스터의 활약**
「충신 요하네스」

왕의 죽음과 충신의 역할

늙은 왕이 병이 들어, "나도 이제 죽을 때가 됐구나" 하고 생각했다. 「충신 요하네스」는 이렇게 시작된다. 그리고 왕은 임종 직전 충신을 불러 아들을 부탁한다.

늙은 왕의 임종은 민담 도입부에 흔히 등장하는 장면이다. 우리는 이미 그것을 「게으른 세 아들」에서 보았다. 그때 언급했듯이 왕의 죽음은 그 세계의 규범이 붕괴됨을 의미한다. 특히 원시부족들에게 왕은 단순히 정치적인 우두머리만이 아니라 도덕적, 종교적인 모든 세계의 우두머리로서 신과 가까운 — 때로는 육신을 입은 신으로서의 — 존재이기 때문에 왕의 죽음과 왕위 계승 문제는 매우 심각한 사안이었다. 원시부족들에게 왕의 자연사는 왕의 영혼이 떠나 돌아오지 않음을 의미하며, 그것은 부족민에게 중대한 위험을 초래한다고 믿었다. 그래서 그들은 왕의 세력이 쇠하기 전에 왕을 죽이고 적절한 후계자를 세우는 방법을 생각해냈다. 그리하여 프레이저가 상세하게 소개한 것처럼 왕위 계승을 위해 왕을 죽이는 의식이 행해졌다.[1] 물론 이 같은 무시무시한 의식은 역사와 함께 소멸되어갔다. 그러나 왕권 세습 제도가 확립되면서 왕위 계승 문제는 또 다른 어려움에 봉착하게 되었다.

세습 제도에 따를 때는 누가 왕위를 이어받을지 명확하지만, 과연 그 계승자가 과거로부터 이어져 내려온 규범의 체현자 역할을 감당할 수 있는가 하는 문제가 발생한다. 특히 왕위 계승자가 어리거나 나약할 때는 충신의 존재가 매우 중요해진다. 결국 왕위는 왕자가 계승하지만 규범의 계승자로서는 한동안 충신이 책임을 떠맡게 된다. 임종을 앞둔 늙은 왕은 요하네스에게 아들을 부탁하며 "네가 내 아들에게 알아야 할 일은 무엇이든 다 가르쳐주고 양아버지가 되어주겠다고 약속하지 않는다면, 나는 안심하고 눈을 감을 수 없노라"라고 말한다. 요하네스는 "제 목숨 바쳐 충실히 모시겠습니다"라고 맹세하여 왕을 안심시킨다.

이러한 광경은 민담뿐 아니라 현실에서도 흔히 볼 수 있다. 딱히 왕이 아니더라도 어린 아들을 두고 세상을 떠나는 아버지가 누군가에게 아들의 후견인을 맡아달라고 부탁하는 일은 흔히 있다. 죽은 아버지의 뜻을 받든 충신의 활약으로 어린 아들에게 악행을 꾀하려던 자가 응징을 당하는 이야기도 아주 많다. 이러한 이야기는, 일본의 경우 전설이나 모노가타리物語*에서 즐겨 이용하는 테마지만 흥미롭게도 민담에서는 발견되지 않는다. 표면적으로 지나치게 많은 테마라서 민담이나 민화로까지 발전될 필요가 없었을 수도 있겠으나, 어쩌면 나의 견문 부족일 수도 있다. 하긴, 이 이야기의 충신 요하네스도 뒤에서 기술하듯이 보통의 충신과는 다른 활약상을 보여준다.

왕은 임종을 앞두고 규범의 계승자 요하네스를 얻자 안심하고 기묘한 유언을 남긴다. 그 유언이란, 왕자에게 성 안의 모든 곳을 다 보여주되 긴 복도 끝에 있는 방은 보여주지 말라는 것이었다. '보아서는 안 되는 방'은 민담의 단골 테마다. 융은 이에 대해 "금지만큼 호기심을 자아내는 것은 없다. 금지는 이른바 위반을 촉구하는 가장 확실한 방법이다"[2]라고 기술한다. 금지는 호기심을 유발하고, 호기심은 위험으로 이어진다. 그 위험을 극복하고 큰 성공을 거두는 자와 위험에 빠져 파멸하는 자가 있다는 사실은 이미 앞에서 살펴봤다. 이 이야기도 마찬가지로 호기심이 위험으로 이어지지만, 늙은 왕이 이미 그 위험성을 꿰뚫어보고

* 일본 고전문학 장르의 하나로 오늘날의 소설에 해당된다.

있었다는 점이 특징적이다. 왕자는 금지된 방에 보관된 황금 궁전에 사는 공주의 초상화를 보는 순간 공주에게 매혹당할 수밖에 없는 운명인 것이다. 늙은 왕은 대체 왜 그토록 위험한 것을 방에 들여놓았을까. 늙은 왕에게 공주의 초상화는 자신의 규범성에 포함시킬 수 없는 요소였다. 그럼에도 필요성을 예견하고 보관해두었지만 그 위험성을 아는 까닭에 손을 대지 못했던 것이다.

죽어가는 왕이 아들에게 기대하는 바에는 딜레마가 있다. 그는 의식적으로는, 자신이 만든 거나 다름없는 규범과 통합성으로 자신의 왕국이 변함없는 형태로 영속되기를 바란다. 반대로 무의식적으로는, 아들이 자신의 은밀한 유도에 넘어가 금기를 깨고 자신이 하지 못했던 일—즉, 황금 궁전의 공주를 자신의 나라에 데려오는 것—을 해내기를 기대한다. 여기서 충신으로서의 요하네스도 왕의 딜레마를 떠맡은 자로서 양극성을 띤 행동을 할 수밖에 없다. 요하네스의 활약에 관해 고찰하기 전에 잠시 늙은 왕이 숨겨두었던 공주의 초상화에 관해 생각해보자.

초상화 아내   2

늙은 왕이 죽은 뒤, 요하네스는 젊은 왕에게 충

성을 맹세하고 장례가 끝나자 곧바로 성 안을 돌며 안내해
준다. 당연한 일이지만 젊은 왕은 금지된 방에 들어가고 싶
어 한다. 충신 요하네스는 늙은 왕의 명령에 따라 만류하지
만 결국은 뜻을 굽히게 된다. 요하네스의 충의는 늙은 왕에
대해서인가, 젊은 왕에 대해서인가. 그는 딜레마에 빠지면
서도 청년의 강한 욕망에 물러설 수밖에 없었을 것이다. 청
년의 마음에 존재하는 강한 충동은 언제나 낡은 것을 파괴
해나가기 마련이다. 요하네스는 문을 열어주지만 어떻게든
공주의 초상화를 감추려고 한다. 그러나 "임금님은 발꿈치
를 들고 서서 요하네스의 어깨 너머로 그림을 보고 만다."
소녀의 초상화를 본 순간, 왕은 기절하여 쓰러진다. 그리고
정신을 차리자마자 요하네스에게 그 소녀를 향한 뜨거운
사랑의 마음을 털어놓는다.

　모든 남성은 마음속 깊은 방 하나에 한 소녀의 초상화를
지니고 있다. 그 초상화를 닮은 여성을 만나면 마음이 흔들
리게 되고 그녀를 차지하려 든다. 이렇게 남성의 마음속에
존재하는 여성상을 괴테Johann Wolfgang von Goethe는 '영원한
여성'이라 불렀다. 융은 남성의 꿈속에 등장하는 여성상의
깊은 의의를 탐구한 결과, 그것을 마음 혹은 영혼의 상像으
로 보고, 그 상의 원형을 가정하여 아니마anima라고 불렀다.
융이 말하는 엄밀한 의미에서의 아니마는 무의식 깊은 곳에
있는 원형으로서 우리는 그 존재를 알 수가 없다. 다만, 그

원형이 어떤 문화나 사회를 배경으로 하는 개인의 의식 속에 하나의 이미지로 각인될 때, 우리는 그것이 아니마상이라고 알 수 있을 뿐이다. 그래서 엄밀히 말하면, 황금 궁전 공주의 초상화도 아니마상 중 하나로 봐야 할 것이다. 왕은 그것을 언뜻 봤을 뿐인데도 기절해 쓰러질 정도로 매혹되었다. 즉, 왕의 영혼을 사로잡은 것이다.

한 남성이 살아가기 위해서는 남성에게 어울리는 역할을 익혀야 했다. 패배했다 해서 금세 울거나 타인을 부러워해서는 안 된다. 그는 자기 힘으로 적극적으로 행동해야 한다. 그는 망설이지 않고 결단을 내려야 한다. 그러나 이러한 것들을 몸에 익혀나가는 동안 그는 수많은 감정을 억눌러야 할 것이다. 그가 남성으로서의 역할을 수행해나가는 동안 마음속에 갇혀 있는 감정은 켜켜이 쌓여 하나의 인격으로 굳어질 정도가 된다. 이것은 늙은 왕이 비밀의 방에 가둬둔 공주의 초상화와 마찬가지로 여성상으로서 형상화된다. 그리고 그 이미지가 황금 궁전 공주에게 가는 인도자가 되었듯이 그것은 남성이 더욱 깊은 미지의 세계를 향해 가는 데 중개자로서의 역할을 한다. 실제로 많은 남성이 여성에게서 창조적 활동에 대한 자극을 받는다. 아니마는 남성을 미지의 세계로 이끈다. 그러나 그것은 위험한 길이다. 여성의 유혹에 빠져 파멸한 남성의 사례는 얼마든지 들 수 있다. 그러나 이는 현실 속 여성의 유혹만을 의미하는 건 아니다. 내계內界에 존재하는 여성상이 우위에 서면 남성은 종종 힘을 잃는다. 남성이 판단하고 단행하려 할 때, 그녀는 미혹하는 말로 속삭인다. 이때 남성은 창조와 파멸의 기로에 서게 된다. 제5장에서 '그림자'에 관해 살펴볼 때도 살아보지 못한 반쪽 측면이라는 표현을 사용했다. 그러나 그림자로 의식되는 부분은 오히려 통합되기 쉽다. 아니마 상과 관련되면 더 큰 어려움이 초래된다.

아니마가 일으키는 가치 전도에 따른 위험성은 일본의 「초상화 아내」 이야기에서 훌륭하게 그려내고 있다. 니가타 현 간바라 군의 이야기[3]에 따르면, "조금 모자란 곤베" 라는 사람이 "근방에서 볼 수 없는 아리따운" 여성과 결혼한다. 곤베는 아내를 얼마나 사랑했던지, 밭일하러 가서도 보고 싶어 견디지 못한다. 일하다가도 몇 번이나 아내를 보러 집에 들락거리니 일이 제대로 될 리 없다. 하는 수 없이 아내의 초상화를 가지고 나가 그것을 보면서 일을 하는데, 어느 날 큰바람이 몰아쳐 초상화가 날아가 버린다. 그것은 영주의 마당에 떨어졌고, 초상화에 매혹당한 영주는 하인으로 하여금 곤베의 아내를 찾아내게 하여 자신의 아내로 삼는다. 곤베는 슬펐지만 아내가 시킨 대로 세밑에 가도 마쓰門松*를 팔러 성 앞으로 간다. 평소에 웃지 않던 부인이

---

* 새해 아침에 집 앞에 다는 장식. 상록수인 소나무와 생명력이 강한 대나무로 만들며, 건강과 장수를 기원하는 의미를 담고 있다.

가도마쓰 장수 목소리에 싱글벙글 웃자 영주는 가도마쓰 장수인 곤베를 성 안으로 불러들인다. 부인이 가도마쓰 장수를 보고 좋아하자 영주는 곤베의 옷을 빌려 입고 "가도 마쓰요, 가도마쓰요!" 하고 소리치며 팔러 다닌다. 그렇게 영주가 성문 밖으로 나가자 부인은 하인에게 명령하여 문을 닫아버린다. 영주는 놀라 소리쳤지만 때는 이미 늦었다. 그 뒤로 곤베와 부인은 성 안에서 행복하게 살았다는 이야기다.

그렇다면, 이 이야기를 초상화에 매혹된 영주의 처지에서 보면 어떨까. 그는 초상화 여인에게 반하는 바람에 영주에서 소나무 장수가 되는 극단적인 가치 전도를 체험해야 했다. 아니마에 이끌렸을 뿐인데 그는 영주 자리를 포기하지 않으면 안 되는 것이다. 이렇게 생각하면 「충신 요하네스」 이야기에서, 죽어가는 왕이 젊은 아들에게 공주의 초상화를 보여주지 않도록 배려한 마음도 납득할 수 있다. 아마도 늙은 왕은 공주의 모습에 매혹되면서도 그 위험성을 알기에 그것을 방 안에 감춰두었으리라. 그러나 젊은 아들은 아버지의 의도에 반해 그것을 보고 말았다. 그는 아버지의 의식에 거스름으로써 무의식적인 소망을 성취하는 운명을 짊어지고 있었던 것이다. 그러나 젊은 왕 홀로 그 위험을 극복하기란 불가능하다. 그 상황에서 충신 요하네스의 도움이 필요했던 것이다.

요하네스의 활약에 대해 거론하기 전에 한마디 덧붙여 둘 것이 있다. 여성의 마음속에 존재하는 남성상도 똑같이 큰 의미를 가지는데, 융은 그것을 아니무스animus(아니마의 남성형)라고 불렀다. 여성에게도 역시 아니무스와의 관계는 위험하면서도 동시에 중요하다. 이에 관해서는 제10장에서 자세하게 살펴보기로 한다. 더욱이, 앞 장에서 살펴본 「들장미 공주」에서 왕자가 입 맞추는 마지막 부분은 아니무스 문제와 관련이 있다. 아니무스를 받아들이기 위해 공주가 해낸 일, 즉 100년 동안 무위無爲의 잠을 잔 것도 위대한 일이나 남성이 아니마를 얻기 위해서는 더 적극적으로 활동해야 한다. 그 점에 관해 계속 살펴보기로 하자.

트릭스터   3

　　늙은 왕의 의지와 젊은 왕의 의지, 양쪽 모두에 충실히 따르려는 요하네스는 심각한 갈등에 직면한다. 그는 해결 방법으로서 방문을 여는 동시에 공주의 그림을 자신의 몸으로 감춘다. 공주를 보고 싶어 하는 젊은 왕의 뜻에 반하는 자로서의 요하네스는 '그림자'이며, 한편 늙은 왕의 의지를 체현하는 자로서의 요하네스는 아버지상의 의미도 지닌다. 그러나 청년은 아버지나 그림자의 어깨 너머

로 발돋움하여 아니마의 모습을 보아버린다. 아들은 발돋
움하여 아버지를 뛰어넘으려 하는 것이다. 그러한 힘을 불
러일으키는 존재가 아니마다. 왕이 공주의 초상화를 본 뒤,
"나무에 붙은 이파리란 이파리가 모두 다 혀가 된다 한들
어찌 이 사랑을 다 이야기할 수 있겠는가. 목숨을 걸고 저
사람을 손에 넣겠다"라고 말하는 부분에서는 아니마상에
빼앗긴 남성의 마음이 여실히 드러난다.

충신 요하네스는 젊은 주인의 소망을 이루어주기 위해
한 가지 묘안을 짜낸다. 공주가 황금을 좋아한다는 점에 착
안하여, 자신들이 황금 세공품을 파는 상인으로 변장하여
몰래 공주를 배에 태워 데려오는 것이다. 이 기발한 착상이
감쪽같이 성공하여, 처음에는 상인에게 속은 걸 알고 죽고
싶다던 공주도 상대가 왕이라는 것을 알고는 기꺼이 왕비
가 되기로 약속한다. 요하네스의 대활약으로 왕의 소원이
성취된 것이다. 그럼 요하네스가 완수한 역할에 대해 생각
해보자. 우선 그는 늙은 왕과 젊은 왕, 두 사람 사이에서 딜
레마에 빠진다. 이는 결국 늙은 왕의 의식과 무의식의 딜레
마라고 할 수도 있고, 낡은 것과 새로운 것의 대비라고 할
수도 있다. 그는 배를 타고 황금 궁전 공주의 나라로 찾아
가는, 말하자면 이쪽 나라와 저쪽 나라를 이어주는 존재다.
그는 황금을 갖가지 세공품으로 바꾸는 재주도 보여준다.
이어서, 왕과 함께 상인으로 변장하여 공주를 속여 데려옴

으로써 왕과 공주의 결합을 성사시킨다. 그런데 여기에 열거한 요하네스의 활약은 바로 트릭스터의 활약이다.

트릭스터란 많은 신화나 전설 등에서 활약하는 장난꾸러기, 사기꾼이다.[4] 일본에서는 주로 히코이치彦市라든가 기쓰치요무吉よむ라는 주인공이 등장하는 이야기가 이에 해당된다. 이러한 이야기의 일례를 보자.[5] 고치 현의 이야기에서는 주인공의 이름이 다이사쿠大作라고 불렸는데, 그 다이사쿠라는 자가 산에서 부엉이 우는 소리를 들었다고 헛소문을 퍼뜨린다. 소문을 들은 영주가 그 소리를 듣기 위해 산으로 이어지는 길을 닦게 한다. 그리고 산에 가서 들으니, 구구구구 하는 소리뿐이다. 이에 다이사쿠를 불러 물으니, 구구구구 하는 소리를 그만 부엉이 우는 소리로 알았단다. 화가 난 영주는 저건 산비둘기 소리가 아니냐며 다이사쿠를 호되게 꾸짖는다. 그러나 그 덕분에 잘 닦인 산길이 생겼다는 이야기다. 짤막한 이야기지만 트릭스터의 성질이 훌륭하게 드러나 있다.

먼저 이 이야기에서 알 수 있는 것은 주인공 다이사쿠의 속임수다. 부엉이 소리가 들린다고 영주를 속인다. 더구나, 나중에는 구구구구 하고 우는 게 부엉이인 줄 알았다고 발뺌한다. 이처럼 기묘한 꾀를 쓰는 것이 트릭스터의 특징이며, 속임을 당하는 상대는 대체로 영주, 마을 촌장, 지방 관리 같은 사람들이다. 그는 속임수를 써서 권위에 저항하고 때로는 극단적인 상하上下의 전도를 야기한다. 이 이야기에서도 다이사쿠가 영주를 원하는 대로 조종한다고 할 수도 있다. 그리고 그 결과로 새로운 길이 건설된다. 이처럼 트릭스터의 활약으로 인해 건설이나 통합 등이 이루어지는 일이 많다. 그러나 이때 다이사쿠에 대한 영주의 분노가 클 경우 그가 죽임을 당하지 않으리라는 보장도 없다. 트릭스터는 항상 위험에 노출되어 있다. 트릭스터 이야기 중에는 실패하여 몰매를 맞거나 죽음 직전까지 이르는 장면을 그린 것도 있다. 트릭스터는 낮은 차원에서는 단순한 장난꾸러기 파괴자이지만, 그의 고차원적인 활약은 새로운 질서나 건설을 초래하는 영웅적 행위가 된다. 사람을 속이는 것, 하물며 영주를 속이는 것은 악惡임에는 틀림없지만 그것이 결과적으로 길이 건설되는 선善으로 변화되는 점이 트릭스터 활약의 특징적인 장점이다. 그는 선악의 판단에 구애받지 않는다. 이 점에 관해 트릭스터 연구자인 야마구치 마사오山口昌男는 이렇게 말한다.

'트릭스터'는 도덕적 선에 구애받을 필요가 없기 때문에, 일상생활에서는 부負의 가치를 구성하는 것 안에 숨어 있는 행위 가능성을 상징적으로 이끌어낸다. 그리고 도덕적 관심에서 이원적 가치 규준인 부의 부분을 배제함으로써만 성립되는 일상생활의 불완전한 일관성(세계상)에 대

해, 부의 부분까지도 포함한 세계에 대한 전체적인 감수성을 가능케 한다.[6]

요하네스는 상인으로 변장하고 공주를 배로 유인하여 자신의 나라로 데려가는 속임수를 쓴다. 이러한 속임수만이 일상 속의 왕을 비일상적인 세계의 공주, 즉 황금 궁전의 공주와 결합시켜 새로운 전체성을 창조할 수 있게 한다. 이때의 '변장'도 트릭스터가 흔히 사용하는 기술이다. 트릭스터는 자유자재로 변신하는데, 아메리칸인디언 트릭스터의 경우 남자가 여자로 변신하기까지 한다.[7] 공주를 얻기 위해 왕이 상인으로 변장하는 것은 가치 전도를 나타내며, 이때 이야기가 「초상화 아내」처럼 전개된다면 그 가치 전도는 돌이킬 수 없게 된다. 트릭스터는 항상 위험한 다리를 건넌다. 그러나 위험이 따르지 않는 창조란 거의 없다. 요하네스가 늙은 왕의 의지를 계승하면서도 결국은 새 왕의 의지를 따르는 부분도 인상적이다. 이러한 트릭스터의 역할은 일본의 고단講談[*]에 등장하는 오쿠보히코자에몬[**]에게서 전형적으로 나타난다. 그는 도쇼구 님[***]의 위엄을 빌려 그에 따르

---

[*] 관객들에게 이야기를 들려주는 일본의 전통예능.

[**] 16세부터 도쿠가와 이에야스 가문을 섬긴 무사로서 도쿠가와의 신뢰가 깊었다고 한다. 그의 인품과 경력이 세월이 흐르면서 전설적인 인물로 과장되어 고단 등에서 다루어지게 되었다.

[***] 도쿠가와 이에야스.

면서도 새로운 세대의 개혁에 협력하며 신출귀몰하고 기묘한 계책을 쓰며 활약한다. 그는 요하네스가 늙은 왕과 젊은왕 사이에서 한 것과 같은 역할을 한다.

충신 요하네스의 활약상은 왕의 역할이 거의 필요 없을 정도다. 왕은 요하네스만 따르면 된다. 우리 마음속에도 트릭스터가 존재한다. 새로운 창조 활동을 하려 할 때, 마음속 트릭스터의 움직임에 몸을 내맡기는 것이 중요하다. 그러나 문제는 트릭스터의 파괴력이 강하면, 낡은 질서를 파괴할 뿐 아니라 새로운 건설의 가능성까지 송두리째 빼앗아버릴지도 모른다는 것이다. 우리는 그것이 단순히 폭력적인 파괴자인지, 창조적인 영웅인지 구분하지 못한다. 어쨌거나 왕은 반드시 트릭스터가 지닌 이 곤란한 양면성에 직면하게 된다.

귀환   4

공주는 왕에게 마음이 끌려 왕비가 되기로 약속한다. 그러나 이로써 모든 것이 끝나지는 않는다. 비일상적인 공간으로 여행한 사람은 귀환할 때 종종 커다란 문제에 직면하곤 한다. 가장 전형적인 인물이 그리스의 오르페우스다. 그는 저승으로 내려가 어렵사리 죽은 아내를 이승에 데려올 수 있게 되는데, 돌아보지 말라는 금기를 어겨 아내를 데려오지 못한다. 현대에서도 이처럼 다른 세상으로부터 귀환할 때 문제가 발생하는 예로서 전쟁에서 돌아온 군인이나, 그다지 강렬하지는 않으나 오랜 유학생활에서 귀국한 학자 등의 경우가 있다. 조지프 헨더슨Joseph Henderson은 제2차 세계대전에 참가했던 미국인 용사가 귀국 후에 적응하지 못하는 예를 통해, 현대에도 원시부족 사회에서 행해졌던 퇴장의례rite de sortie가 필요하다고 지적한다.[8] 저쪽 세계에서는 사람을 죽이는 것이 칭찬거리였을지 모르나 이쪽 세계에서는 단지 죄악일 뿐이다. 다른 세상으로 가든 이쪽 세상으로 돌아오든 거기에는 그에 걸맞은 통과의례가 필요하다.

까마귀의 이야기를 들은 요하네스는 공주를 데리고 돌아오는 것이 몹시 힘든 여정임을 알게 된다. 그럼 까마귀에 대해 잠시 살펴보자. 까마귀는 신화나 민담 속에서 미래를 예고하는 존재로 자주 등장한다. 제4장 「게으름과 창조」를 논할 때 예로 들었던 일본 민담 「층층나무가 하는 말」에서는 게으름뱅이 주인공이 까마귀의 대화를 듣고 부자가 되는 법을 알게 된다. 또 제5장 「그림자의 자각」에서 언급한 그림 동화 「두 나그네」에서도 재봉사가 목매달린 사형수의 말을 듣는 장면에서 사형수 머리 위에는 까마귀가 앉아 있다. 이렇듯 까마귀가 예지력을 지닌 존재로 등장하는 것은,[9] 예로부터 까마귀를 태양과 관련지어 생각했기 때문일 것이다. 까마귀와 태양의 관련성에는 역설적인 느낌이 들긴 하나, 예컨대 중국에는 태양이 까마귀에 올라타고 있다거나, 까마귀가 태양에서 산다는 이야기도 존재한다. 삼족오三足烏는 태양을 상징한다.[10] 아메리칸인디언과 오스트레일리아의 신화에서 까마귀는 이 세상에 불과 빛을 가져다주는 존재로 일컬어진다.[11]

까마귀의 말을 들은 요하네스는 주인의 불행과 자신의 죽음 사이에서 갈등하지만, 결국 목숨을 버리더라도 주인을 구하기로 결의한다. 이처럼 확고하게 결의를 다지는 데 이르면 요하네스의 이미지는 트릭스터라기보다 영웅의 모습에 가까워진다. 트릭스터는 낮은 차원일수록 자신의 행위를 덜 의식하게 된다. 요하네스가 해야 할 일은 세 가지다. 그것은 지금까지 여러 번 언급했던 숫자 3의 상징성과 관련이 있다. 첫째는, 왕이 적갈색 말을 타지 못하게 하고 그 말을 총으로 쏘아 죽이는 일이며, 다음은 신랑이 입을 멋들어진 속옷을 불 속에 던져 태워버리는 일이다. 그리고 마지막은 신부의 젖가슴에서 세 방울의 피를 빨아 뱉어내는 일이다. 요하네스는 처음 결심한 대로 타인의 비난에도 아랑곳하지 않고 이 일들을 해내는데, 그렇다면 이 일들이 의미하는 바는 무엇일까.

요하네스에게, 아니 본래 젊은 왕에게 부과된 이 세 가지 일의 의미에 관해서는 상세히 파고들면 알 수도 있겠으나 너무 세부적인 상징성을 찾고 싶지는 않다. 마음에 와닿지 않는 일에 힘을 쏟아봐야 억지스러운 결과가 나올 뿐이다. 그러나 전체적으로 보면 말이나 속옷, 젖가슴이나 피처럼 오히려 정신성과 거리가 먼 존재들이 문제가 되고 있음을 알 수 있다. 아니마는 남성에게 영혼의 중개자라고 기술했는데, 아니마에도 긍정적인 측면과 부정적인 측면이 있다. 혹은, 영혼이란 정신과 육체가 합해지는 영역이라고 해도 되지 않을까. 아니마와 관련된 문제가 어려운 것은 거기에 높은 차원의 것과 낮은 차원의 것이 섞여 들기 때문이다. 아름다운 것은 쉽게 얻을 수 없다. 그것을 얻는 데에는 온갖 어려움이 뒤따른다. 트릭스터의 활약에 어느 정도 의지할 수밖에 없는 것이다. 적갈색 말은, 아마도 아름다운 황금 궁전 공주의 동물적인 측면일 것이다. 결혼식도 올리기 전에 그에 올라타는 것은 위험한 일이다. 여기서 말안장 옆에 권총이 달려 있다는 점이 흥미롭다. 자신을 소멸시키는 것을 몸에 달고 있는 것이다. 이것은 「헨젤과 그레텔」에서 마녀가 스스로 빵 굽는 화덕에 들어간 것에 대해, 마녀 스스로 자기소멸의 길을 택했다고 기술한 것과 같다. 아니마의 부정적 측면에 대해서는 제9장에서 상세히 다루겠지만, 요하네스가 공주의 젖가슴에서 빨아내야 하는 세 방울의 피는 그녀가 결혼하기 전에 속죄해야 하는 어두운 측면의 존재임을 암시한다.

왕과 공주는 요하네스의 활약으로 위기를 모면한다. 그렇다면, 요하네스가 일을 마칠 때까지 왕은 아무 일도 하지 않았을까. 그에게는 반드시 해야 할 중대한 일이 있었다. 바로 요하네스의 행위를 절대적으로 신뢰해주는 것이었지만, 가장 마지막 단계에서 무너지고 만다. 요하네스가 '일'을 해나가는 동안 왕의 신하들은 비난을 쏟아낸다. 그에 대해 왕은 "아무 말 말고, 그가 하는 대로 두라. 다른 누구도 아닌 충신 요하네스가 하는 일이다……"라고 언명한다. 모든 신하들의 비난에도 요하네스에 대한 왕의 신뢰는 흔들림이 없다. 그러나 타인의 행위를 진정으로 믿는다는 것은, 스스로 그 행위를 하는 것과 다를 바 없는 심적 에너지가 필요한 법이다. 끝내 세번째에서 왕의 힘도 다해버리고, 그의 실패는 충신 요하네스를 석화石化로 이끈다.

석화란 생기 있는 존재가 생기를 잃고 돌로 변하는 것이다. 그러나 이것은 소멸이 아니다. 오히려 그 형태는 변하지 않은 채 보존된다. 죽은 이의 공적을 기리기 위해 석상을 세운다는 점에서, 돌 그 자체를 꼭 부정적인 것으로 볼 필요는 없다. 오히려 그 불변성으로 인해 긍정적으로 받아들여지는 측면도 있다. 다만, 지금까지 살아 있던 것이 돌로 변할 때 생명력을 잃는다는 점에서 애석히 여기는 감정은 온당하다. 요하네스의 움직임은, 말하자면 젊은 왕의 무의식의 움직임이며 그로 인해 새로운 세계상이 나타나려하고 있었다. 그 시점에서 요하네스는 왕의 신뢰를 잃었고 그 즉시 돌이 되어버린다. 즉, 무의식의 움직임을 받아들이는 자아의 태도가 적절치 않을 때 석화되는 것이다. 여기에서 요하네스가 죽지 않고 돌이 된 채로 그 모습이 남겨지는 것은, 실패한 모습 그대로 고정되어 속죄받지 못한 채 남겨져 있음을 뜻한다. 왕과 왕비는 항상 침실에 둔 요하네스의 석상을 보면서 마음의 고통을 되새겨야 하는 것이다. 석상의 존재는 망각을 거부한다.

미나모토노 요시쓰네*의 충신 무사시보 벤케이에게도 다분히 트릭스터적인 요소가 있었다. 이 점에 대해서는 언급하지 않겠지만, 벤케이가 마지막에 선 채로 죽는 것은 석화 모티프와 유사성이 있는 듯하다. 그는 언제나 그 자리에 서 있음으로써 사람들로 하여금 요시쓰네의 원통한 죽음을 망각하지 않도록 한다. 혹은, 요시쓰네의 죽음을 몹시 가슴

---

* 헤이안 말기의 장군으로 일본 역사상 최고의 영웅 중 한 명으로 손꼽힌다.

아파한 모노가타리 작가의 마음속에서 선 채로 죽는 충신 벤케이의 이미지가 생겨났다고 해야 할까.

제5장에서 다룬 「두 형제」 이야기에서, 주인공은 거듭 성공하지만 부정적인 모성상이 나타나자 곧바로 돌이 되어버린다. 그 고정된 상황을 진전시키기 위해서는 '또 하나의 나 자신'이 활약해야 했다. 「충신 요하네스」에서는 속죄를 위한 어린아이의 희생이라는 모티프가 나온다. 요하네스가 왕에게 "두 아드님의 목을 베어 그 피를 저에게 발라주시면 저는 다시 숨을 쉴 수 있습니다"라고 요구하자 왕은 "몸서리를 친다." 하지만 이내 요하네스의 충의를 떠올리고는 손수 아이들의 목을 베고 그 피를 석상에 발라준다. 폰 프란츠는, 이쯤 되면 요하네스는 신상神像이 된 것이라고 지적한다. 자식의 목숨을 희생시킬 수 있는 건 신에게 바칠 때뿐이다.[12] 융은 트릭스터에 대해 "남을 속이는 버릇, 때로 밝고 때로 악의적인(독성의!) 장난을 좋아하는 습성, 변신하는 능력, 반신반수半神半獸의 양면성, 온갖 고문에 처해지는 존재, 그리고—마지막으로 결코 가벼이 볼 수 없는 것인데—구세주의 상과 비슷해 보인다"[13]라고 말한다. 요하네스의 상도 구세주상과 비슷하다. 요하네스가 결의를 다지고 왕을 구하는 모습은 영웅상에 가깝다고 했는데, 이런 점에서 보면 요하네스는 트릭스터로서는 매우 고차원적인 존재이며 자기상自己像에 근접해 있다고 이해할 수 있다.

요하네스는 아이들을 살려내지만 왕은 그 사실을 숨기고 왕비의 마음을 확인한다. 왕비는 두 아이의 목을 베어야 한다는 말을 듣고 얼굴이 새파래져 몸서리치면서도 기꺼이 아이들을 희생시키는 데 찬성한다. 지금까지 요하네스와 왕의 뜻에 따라 인형처럼 움직이는 듯했던 왕비가 보여주는 이러한 분명한 의지는 왕의 의지와 합치한다. 돌로 변한 요하네스를 침실에 두고 밤낮으로 마음 아파했던 부부는 때가 이르자 참된 행복을 얻게 된다. 늙은 왕이 공주의 초상화를 손에 넣었을 때부터 아니마와의 접촉이 시작되었다고 본다면, 여기에 도달하기까지 아주 오랜 시간이 걸린 셈이다. 하지만 충신 요하네스라는 트릭스터의 활약 없이 그저 시간만 흘렀다면 아니마와의 진정한 접촉은 불가능했으리라.

제8장 아버지와 아들
「황금새」

아버지라는 존재

민담의 짧은 표현 속에는 많은 것이 담겨 있다. 그림 동화 「황금새」의 첫 몇 줄에는 아버지로서의 왕의 역할이 잘 묘사되어 있다. 성 안 정원에는 황금 사과나무가 자라고 있다. 왕은 사과가 얼마나 열렸는지 세어두곤 했는데, 어느 날 사과 하나가 없어진 걸 알고 왕은 사과나무를 지키도록 명령했다고 한다. 왕이 소유한 황금 사과는 아마도 왕권의 상징일 것이다. 혹은 태양과 결부시켜 생각할 수도 있다.[1] 세상을 비추는 유일한 존재가 태양이듯, 왕은 세상 모든 것을 밝혀주는 존재다. 게다가 왕은 모든 것이 질서정연하기를 기대한다(사과의 수를 체크한다). 만일 질서가 흐트러진 것을 알게 되면 바로잡기 위한 수단을 강구해야 한다. 실제로 왕은 아들들에게 사과를 지키라고 명령한다.

지금까지 어머니라는 존재에 관해 여러 차례 기술해왔다. 어머니는 모든 것을 감싸고 양육하는 기능을 한다. 이에 비해 아버지라는 존재는 절단切斷의 기능을 한다. 어머니가 일체화하는 기능을 하는 데 반해 아버지는 사물을 분할하고 분리한다. 선과 악, 빛과 어둠, 부모와 자녀 등의 세계를 나누고 질서를 세운다. 아버지는 질서와 규범성의 수행자로서의 권위를 통해 아이들이 규범을 지킬 수 있도록 훈련시킨다. 모든 것을 구분하지 않고 감싸는 어머니의 기능과, 선악 등을 구분하는 아버지의 기능 사이에 적절한 균형이 유지되어야만 인간의 삶이 원활히 영위된다.

아버지의 엄격함이 삶에 긍정적인 의미를 갖는 것을 보여주는 민담으로서 앞서도 거론했던 그림 동화 「개구리 왕자」를 들 수 있다. 주인공 공주는 오로지 샘에 빠뜨린 황금공을 건질 생각으로 개구리와 건성으로 약속해버린다. 친구가 되어 무엇이든 함께하겠다고 약속했지만, 공주는 개구리가 정말로 찾아올 줄은 몰랐다. 하지만 개구리는 성까지 찾아와 약속을 지키라고 촉구한다. 이에 대해 공주의 아버지인 왕은 "약속한 것은 그게 뭐든 반드시 지켜야 한다"고 딸을 타이른다. 한 발 더 나아가, 공주 침대에서 함께 자고 싶다는 개구리의 말에 공주가 무서워 울음을 터뜨렸을 때는 딸을 호되게 꾸짖는다. "누가 됐든, 어려울 때 도와준 사람을 나중에 무시하고 상대해주지 않는 건 도리가 아니다"라는 것이 왕의 주장이다. 여기에서 아버지라는 존재의 기능이 명백히 드러난다. 은혜를 입으면 갚아야 한다. 약속을 하면 지켜야 한다. 그것은 예외를 허용하지 않는 절대성을 가진다. 설령, 상대가 추한 개구리일지라도 변명은 용납되지 않는다. 그러나 이런 부성 원리가 갖는 엄격함은 나중에 공주가 개구리 왕자와 결혼하게 되는 행복을 가져다준다.

어머니라는 존재에 긍정과 부정의 양면이 있듯 아버지에게도 양면성이 있다. 예외를 허용하지 않는 엄격함이 가혹해질 때는 목숨마저 앗아가는 부정성으로 이어진다. 그림 동화 「손 없는 소녀」에서 그 예를 볼 수 있다. "물레방앗간 남자는 점점 가난해져 방아 찧는 물레방아와 뒤뜰에 있는 커다란 사과나무 한 그루 말고는 아무것도 없게 되었습니다." 이 이야기는 이렇게 시작되는데, 흥미롭게도 사과나무 한 그루가 나오는 점이 「황금새」와 유사하다. 그런데 이 가난한 물레방앗간 남자는 낯선 노인에게, 부자가 되게 해주는 대가로 "물레방아 뒤에 서 있는 것"을 주겠다고 약속한다. 남자는 금세 부자가 되지만 물레방아 뒤에 서 있는 건 그의 딸이었다. 낯선 노인은 악마였으며 이런 간계를 써서 물레방앗간 딸의 영혼을 빼앗으려 했던 것이다. 남자는 약속을 지키라고 다그치는 악마의 말을 거역하지 못한다. 게

다가 악마의 명령에 따라 악마로부터 벗어나려 발버둥치는 딸의 두 손을 잘라버린다. 이쯤 되면 약속을 지키는 것이 파괴성을 띤다. 부성 원리가 지나치게 강조되면 여성성의 기능을 잘라버리게 된다. 규범 이행에 대한 지나친 강조는 인간의 원초적 감정을 억압한다. 그것이 여기에서는 아버지가 딸의 두 손을 자르는 행위로 표현된다.

다시 「황금새」 이야기로 돌아가면, 사과의 수를 세어두도록 했다는 것은 이 왕이 규범성을 중시한다는 사실을 여실히 보여준다. 그러나 밤마다 사과를 하나씩 도둑맞는다. 이는 규범에 대한 도전이다. 도둑질이라는 행위 자체는 분명 규범에 대한 도전을 의미한다. 왕국의 체제를 유지하는 규범을 개선하라고 강요하는 것이다. 이러한 상태는 제4장에서 언급한 「게으른 세 아들」의 첫 부분에서 단적으로 드러난다. 왕은 죽음을 앞두고 세 아들 중 누군가에게 왕위를 물려주어야 한다. 왕과 세 아들(왕비에 대한 언급은 없다)이라는 인물 구성은 민담이 매우 좋아하는 형태다. 「황금새」의 이본에서도 왕의 병을 낫게 하려면 불사조의 울음소리를 듣는 것 말고는 방법이 없다. 그리하여 세 아들이 새를 찾으러 떠난다.[2] 이 이야기의 또 다른 이본 「하얀 비둘기」에서도 마찬가지로 왕과 세 아들이 등장한다. 앞서 말한 숫자 3의 역동적인 의미[3]에 생각이 미친다면, 이러한 이야기 구성은 이제껏 규범성의 체현자였던 왕이 어떤 의미에서

위기에 처했으며, 이러한 위기를 타개하는 구원으로서 새로운 남성성의 역동적인 활약이 필요한 상태임을 반영한다고 볼 수 있다.

동물의 조력   2

왕은 사과를 도둑맞은 사실을 알고 아들들에게 사과를 지키도록 명령한다. 하지만 첫째 아들과 둘째 아들은 기대에 부응하지 못한다. 그리하여 주인공인 셋째 왕자가 등장하는데, 아버지는 이 아들을 그다지 신용하지 않았다고 한다. 이 이야기의 이본 「하얀 비둘기」에서는 지능이 떨어진다는 이유로 막내아들을 '멍청이'라 부른다. 가장 열등한 존재가 최고의 존재로 이어진다는 역설은 민담이 즐겨 쓰는 방식이다. 이는 기존 체제의 눈으로 보는 한, 체제를 개혁할 수 있는 존재는 어리석어 보일 수밖에 없음을 의미한다. 또한 개인적 차원에서는 자신 없고 열등한 기능이 인격을 바꿔나가는 데 가장 큰 도움이 된다는 것을 보여주기도 한다. 실제로 나처럼 심리치료나 교육에 종사하는 이들로서는 자신의 결점이 전혀 생각지 못한 방법으로 유용하게 작용하는 경험을 할 때가 있다. 자신의 장점에만 의지하려 한다면 참된 교육을 펼칠 수 없다.

셋째 왕자는 잠을 이기고 황금새를 발견한다. 그리고 활을 쏘아 깃털을 하나 얻게 된다. 왕이 신하들에게 그 깃털에 대해 묻자 "이 깃털은 왕국 전체보다도 값어치가 있사옵니다"라고 대답한다. 황금새는 왕이 아끼는 황금 사과보다도 훨씬 가치 있는 것이었다. 왕이 지배하는 나라를 개인의 마음속에 있는 의식 영역으로 간주한다면, 이는 무의식 영역에 의식계를 아득히 초월하는 것이 있음을 의미한다. 셋째 왕자가 활을 쏘아 얻은 깃털 하나는 그러한 무의식계의 내용의 편린이다. 황금 사과가 도둑맞았다는 사실은 의식계의 심적 에너지가 무의식을 향해 조금씩 흐르기 시작했음을 의미한다. 이것을 병적인 퇴행에 이르지 않고 창조적으로 흐르게 하기 위해서는 무의식계로 깊숙이 들어가 그 안에 있는 보물을 꺼내와야 한다.

임금님은 "깃털 하나는 아무짝에도 소용없다. 반드시 그 새를 통째로 손에 넣겠다"라고 말한다. 왕은 결여된 것에 예민하며 언제나 완전을 목표로 명령한다. 그리하여 아들은 왕의 명에 따라 여행을 떠나야 한다. 아버지라는 존재는 아들을 혼자 여행 보내려 한다. 그러나 무의식계로의 여행을 강요받은 아들에게 강력한 조력자가 나타난다. 말하는 여우가 첫째 왕자에게 충고해주지만 왕자는 이를 무시한 채 뻔히 알면서도 위험한 길을 선택한다. 둘째 왕자도 여우의 조력을 활용하지 못하고 형과 완전히 똑같은 길을 걷는다. 셋째 왕자는 두 형과 달리 여우의 조언을 순순히 받아들여 이후 여행하는 내내 필요할 때마다 여우의 도움을 받는다. 이처럼 동물의 조언을 순순히 받아들이는 모습이 왕의 눈에는 미덥지 못했을 것이다. 하지만 왕국의 발전에는 바로 그러한 측면이 필요했다.

민담에는 주인공을 돕는 동물이 자주 나온다. 동물은 인간이 전혀 생각하지 못하는 '지혜'를 지니고 있다. 예컨대 일본인에게 친숙한 민담 「꽃피우는 할아버지花咲か爺」에서는 개가 "여길 파요, 멍멍" 하고 보물이 있는 곳을 알려준다. 이러한 동물상은 인간의 더 본능적인 부분, 또는 무의식적인 부분에서 아직 명확히 의식화되지 않은 내용을 나타낸다. 특히 동물들이 인간의 말을 할 때는 그것이 상당히 의식화되어 있음을 보여준다. 페로 동화 「장화 신은 고양이」에 이르면 '장화 신은'이라는 수식어로도 상징되듯 동물은 인간과 상당히 가까운 속성을 지닌 채 등장한다. 「장화 신은 고양이」는 방앗간 주인의 셋째 아들이 유산으로 물려받은 고양이의 대활약으로 마침내 공주와 결혼하게 되는 유쾌한 이야기다. 여기서도 죽어가는 방앗간 남자와 세 아들이라는 배치가 흥미로운데, 이 이야기에서는 여우가 아닌 고양이가 조력자로서 활약한다. 이 고양이는 우선 '장화를 신고' 있으며, 명쾌한 말재주는 인간과 다르지 않지만 과감한 트릭을 사용하는 점이 '인간과 다르다.' 그 점은 모

모 타로의 부하로 등장하는 개와 원숭이와 꿩이 어쨌건 인간과 이야기는 나누지만 동물적인 속성이 더 잘 지켜지는 것과는 상당히 다르다. 모모 타로의 부하인 동물들은 모모 타로라는 영웅이 지닌 각각의 속성을 보여준다. 우리는 영웅에게 이상적인 상을 부여하고 싶은 나머지 영웅의 이미지에 상응하지 않는 속성은 종종 영웅의 주변적인 속성으로 기술하곤 한다. 모모 타로가 실제로 오니를 이기기 위해서는 문에 기어오르거나 할퀴거나 해야 하지만, 그 같은 행위는 '영웅'에 어울리지 않기 때문에 부하인 동물상으로 보여준 것이다.

　장화 신은 고양이가 주인에게 충의를 다하는 모습은 앞 장에서 살펴본 충신 요하네스의 모습을 떠올리게 한다. 또한 「황금새」에 등장하는 여우도 충신 요하네스의 연장선상에 위치한다고 예상할 수 있다. 이렇게 보면, 일본에서나 유럽에서나 여우가 트릭스터의 전형으로 활약하는 것은 확실하다. 여우가 사람으로 둔갑하는 것은 자유자재로 변신하는 트릭스터의 특성을 여실히 보여준다. 다만, 앞 장에서 언급한 일본의 사례에서처럼 히코이치가 여우를 속임으로써[4] 트릭스터의 모습을 드러내는 이야기도 있고 유럽에서는 괴테의 「여우 라이네케」 이야기 속에 장난꾸러기 여우의 이미지가 생생하게 그려져 있기도 하다. 이 여우들은 일상적인 세계에 갑자기 비일상적인 세계를 출현시킴으로써 인간으로 하여금 가치 전도를 체험하게 한다. 단,「황금새」에 등장하는 여우는 "그루터기도 바위도 아무 문제 없이 가지런한 털을 바람에 획획 날리며" 꼬리에 왕자를 태우고 달리는 신통력이 있으며, 왕자에게 여러 가지 속임수를 가르쳐준다는 점에서 트릭스터의 속성을 보여주지만, 전체적으로는 그보다 높은 존재에 가깝다. 단순히 사람을 속이거나 꾀를 부리는 트릭스터의 낮은 존재와는 사뭇 다른 것이다.

선택   3

　　이 이야기에는 둘 중 어느 한쪽을 선택해야 하는 테마가 반복적으로 등장한다. 인간의 삶은 분명 선택으로 가득 차 있다. 그것을 반영하는 민담에 선택의 테마가 자주 나오는 것은 당연하다. 단, 이 이야기에서 발생한 선택의 문제는 단순하지 않으므로 한번 살펴보기로 하자.

　사과를 도둑맞은 것을 알고 사과나무를 지키게 한 것이나, 황금새의 존재를 알고 그것을 손에 넣기로 한 결정은 옳고 그름을 따질 수 없는 왕의 명령이며, 거기에는 선택의 여지가 없다. 그러나 아들들은 여행을 떠나자마자 선택의 문제에 직면한다. 우선 여우의 충고에 따르느냐 마느냐의 선택이다. 여기에서 셋째 왕자만이 '동물의 충고'에 귀 기울여 성공의 길을 걷는 점은 앞서 언급한 바와 같다. 일본에도 아버지와 세 아들이라는 인물 구성으로 시작되는 '세 형제담' 이야기들이 많다. 세키 게이고는 이들 이야기를 도둑 유형과 보물 유형으로 분류하는데,[5] 세 형제가 여행을 떠나 직업 선택 문제에 직면하는 점은 공통된다. 개인의 인생을 결정하는 데 중요한 직업 선택의 문제가 에피소드로 등장하는 것은 당연하다. 세 형제담의 보물 유형에서는 둘째와 셋째 아들이 적당한 직업을 선택하는 데 비해 맏아들은 선천적으로 아둔한 탓에 딱히 할 일을 정하지 못하고 그저 발길 닿는 대로 떠돌아다닌다. 그러던 중 몹시 허름한 신사神社를 발견하고는 부모에게 받은 여비 일부를 신사의 수리비로 바친다. 이렇게 신사 네 곳에 돈을 모조리 바쳐버리고 그 뒤로는 빈둥거리며 어떤 일도 배우지 못한다. 하지만 3년 세월이 지나고 집에 돌아갈 때, 각 신사의 신에게서 보물을 얻어 체면을 세우고, 아버지도 맏아들에게 집안의 대를 잇게 한다.

이 이야기의 특징 역시 가장 크게 성공을 거두는 자는 어리석은 자이며, 그가 선택하는 길은 상식적인 것과는 확연히 차이가 있다는 점이다. 둘째 아들은 목수 기술, 셋째 아들은 장사 기술을 배워 그에 걸맞게 성공하지만 맏아들의 방법은 그들과 차원을 달리한다. 흥미롭게도 그림 동화 역

시 어리석은 남자가 성공을 거둔다. 그림 동화에서는 막내
가 성공하는 데 반해 일본 민담에서는 맏아들이 성공한다.
이러한 이야기를 배경으로 일본에 "맏아들은 얌전하고 굼
뜨다"는 말이 생겨났을까 싶긴 하지만 확실한 의미를 파악
하기는 어렵다.

「황금새」 이야기에서는 황금새를 나무 새장과 황금 새장
중 어디에 넣느냐 하는 선택의 문제가 흥미롭다. 처음에는
여우의 충고에 순순히 따르던 왕자도 여기에 이르자 여우
가 가르쳐준 대로 따르지 않는다. 그는 여우의 말을 기억하
고 있었지만 "아냐, 이렇게 예쁜 새를 이런 보잘것없고 촌
스러운 새장에 넣어 가는 건 이상해, 라고 생각하고" 황금
새를 그에 어울릴 법한 황금 새장에 옮겨 넣으며 그 때문에
붙잡힌다. 황금새를 얻고자 한다면 나무 새장에 넣어 오라,
이는 여우의 지혜다. 이와 반대로 인간의 지혜는, 황금새에
게는 황금 새장이 어울린다고 생각한다. 이 같은 선택의 고
민은 이후에도 되풀이된다. 즉, 황금말을 데려올 때도 그는
여우의 충고를 잊고 자신의 인간적인 판단, 즉 황금말에는
황금 안장이 어울린다는 생각 때문에 목숨이 위태로워진
다. 이때도 여우는 불평하면서도 다시금 도와주는데, 황금
성의 공주를 찾아갔을 때도 똑같은 일이 되풀이된다. 왕자
는 공주가 부모에게 작별 인사하는 것을 금하지 못한다. 인
간적인 감정에 치우쳐 여우의 충고에 따르지 않은 것이다.

이러한 왕자의 인간적인 감정은 사형대에서 두 형제를 구하는 장면에서도 드러난다.

사과를 도둑맞는다는 것은 심적 에너지가 의식에서 무의식으로 흐르기 시작했음을 의미한다고 기술했다. 왕이 모르는 사이에 도둑맞았다는 것은 자아가 모르는 사이에 퇴행이 일어나고 있음을 의미한다. 일종의 노이로제 상태인 것이다. 그러나 무의식 세계에서 황금새를 얻는 것은 단순히 노이로제 증상의 치료만을 의미하는 것이 아니라, 의식계에 어떤 새로운 것이 나타나는 것을 의미한다. 노이로제 증상에 시달리는 사람은 무슨 일이든지 해야 한다. 그에게는 숨겨진 보물이 있기 때문이다. 극단적으로 말하면, 매일 밤 사과를 하나씩 도둑맞는 것을 어쩔 수 없는 일로 단념한다면 증상은 더 심해지지 않을 것이며, 만일 황금새가 도둑질하러 오지 않는다면 증상은 사라질 것이다. 그러나 이 경우에는 아무것도 얻을 수 없다. 황금새를 잡기 위해 떠나보낸 맏아들과 둘째 아들이 돌아오지 않는 것은 노이로제 증상이 점점 심해진 상태임을 말해준다. 그 노이로제를 가능한 빨리 치료하기 위해서는 여우의 조언대로 황금새를 나무 새장에 넣어 오는 게 상책이다. 그러나 주인공은 자신의 판단에 따름으로써 다시 붙잡혀 노이로제 상태가 계속된다. 그러한 고통은 결국 더 많은 것을 얻는 것으로 이어진다. 만약, 어딘가에서 여우의 도움이 계속되지 않았다면 주인공은 죽을 수밖에 없었으리라. 얻는 것이 많아지면 그에 비례하여 위험성도 더 커진다. 오랫동안 심리치료를 받아왔음에도 노이로제 증상을 치료하지 못한 사람들 모두가 이 같은 상태에 있다고 할 수는 없다. 예컨대, 이 이야기의 첫째와 둘째 왕자처럼 집을 떠나 노는 데만 정신이 팔려 있어서는 시간만 흘러갈 뿐 아무것도 얻을 수 없다. 그러나 이러한 해석은 노이로제로 인해 기나긴 고난의 시간을 보내는 사람에게 딱 들어맞을 때도 있다. 즉, 노이로제를 극복함으로써 얻는 보물의 가치는 고난의 시간에 비례하여 높아진다는 것이다. 이는 특별히 노이로제가 아니더라도 자기실현 과정과 그에 따르는 고통의 관계라고도 할 수 있으리라. 어쨌거나 인간의 삶은 어느 쪽을 선택하느냐에 따라 크게 변할 수 있다.

일   4

왕자는 여우의 도움을 받거나 자신의 판단에 의지하면서 결국 황금성의 공주를 얻게 된다. 이야기 도입부에서 인물 구성이 왕과 세 아들, 즉 남성만으로 이루어진 점을 생각해보면, 최종 목표는 막내가 여성을 얻어 돌아와 결혼함으로써 새로운 왕이 되는 것이리라. 하지만 여성을 얻기까지 그가 해야 했던 많은 '일'에 주목할 필요가 있다.

왕자가 공주를 얻는 것은 결혼을 의미하는데, 그것을 내계의 것으로 보면 앞 장에서도 잠깐 언급했듯이 아니마와의 결합이라 할 수 있다. 어쨌든 그것을 달성하는 것은 인간이 하나의 경계를 뛰어넘는 것과 같으며, 그에 적합한 존재임을 입증하기 위해 주어진 일을 완수해야 한다. 이때 정해진 사회 규범으로서의 일을 부여하고 혹여나 그 일을 완수하지 못할 때는 죽음을 명할 만큼 엄격함을 체현하는 존재가 이 이야기에 등장하는 왕들이다. 어느 왕이든 젊은 왕자를 붙잡으면 어려운 일을 부과하고 그 일을 해내지 못할 때는 죽여버리겠다고 위협한다. 결국 이 왕들은 모두 아버지 원형의 현현인 것이다.

원시부족은 어린아이가 성인이 되기 위해서는 하나의 통과의례가 필요하다고 생각했다. 원시부족의 통과의례에 관해서는 수많은 연구가 이루어졌는데, 거기에서 중요한 요소는 '시련'임이 밝혀졌다. 어른이 되기 위해서는 주어진 시련을 견뎌내야 한다. 그것이 곧 위에서 기술한 '일'이다. 민담이 자기실현 과정을 반영하는 만큼 다양한 통과의례 단계와 그에 따르는 시련을 묘사하고 있는 것이 많다. 그리고 아니마를 찾아 자기실현의 길을 걸을 때는 아니마상으로서의 소녀의 아버지가 종종 시련을 부과하는 아버지의 현현으로 인식된다. 소녀의 아버지는 구혼자에게 과제를 부과하고 그것을 완수했을 때 딸을 주겠다는 식으로 젊은이에게 일을 강요한다. 그것은 때로 젊은이를 죽음으로까지 내몰게 되는데, 거기서 아버지라는 존재의 무서움이 드러난다.

여기서 잠시 다른 이야기를 해보자. 현대 일본 젊은이들은 어른이 되는 데 필요한 통과의례인 시련을 겪지 않기 때문에 수많은 문제가 야기된다는 점을 지적하고 싶다. 물론 이는 일본에서 부성 원리의 수행자인 아버지상이 매우 나약해진 사실과도 관련이 있다. 이로 인해 일본 청년들은 정신적으로 어른이 되는 것을 매우 힘들어한다.[6]

여성의 아버지가 구혼자에게 난제를 주는 테마는 서양 민담에 많이 나온다. 일본 신화에는 오쿠니누시가 네노카타스쿠니*의 스사노오를 찾아가 그의 딸 스세리히메와 결혼하겠다고 하자, 스사노오가 갖가지 방법으로 오쿠니누시를 괴롭히는 이야기가 전해진다. 뱀이 우글거리는 방에 가두기도 하고, 들판에 활을 쏜 뒤 주워 오라고 명령하고는 들판에 불을 질러 태워 죽이려고 하는 등 무서운 위험에 수없이 빠뜨리지만, 그때마다 오쿠니누시는 스세리히메의 기지로 살아난다. 마지막에 두 남녀는 스사노오의 칼과 활, 거문고까지 훔쳐 도망치다가 거문고가 나무에 부딪혀 소

---

* 죽은 사람들이 가는 곳이라고 생각했던 나라, 저승.

리를 내는 바람에 잠에서 깨어난 스사노오에게 쫓긴다. 거문고 소리에 아버지가 깨어나는 부분은, 흥미롭게도 「황금새」에서 새 울음소리 때문에 성 안 사람들이 잠에서 깨어나 왕자가 붙잡히는 부분과 비슷하다. 그런데 일본 신화는 이후의 전개가 아주 매력적이다. 스사노오는 이승과 저승의 경계인 요모쓰히라사카까지 쫓아가 오히려 두 젊은이를 축복한다. 스세리히메를 정실부인으로 맞아들이고 칼과 활을 가지고 세계를 평정하라고. 여기에서 아버지라는 존재의 양면성이 극적인 형태로 훌륭히 드러난다. 아버지라는 존재는 젊은이가 죽기를 바란다고 의심될 정도로 혹독한 시련을 준다. 그러나 젊은이가 시련을 극복한 것을 안 뒤에는 오히려 그에게 애정을 갖고 축복을 해주기에 이른다. 적의와 우정은 공존하는 법이다.

「황금새」 이야기에서 왕자는 잇따른 시련을 당하는데, 그 시련 가운데는 그가 선택한 것도 있지만, 마침내 여성을 얻게 된다. 그 순서를 보면 사과-새-말-공주로, 생명의 단계가 식물에서 인간까지 차례차례 등장하는 점이 흥미롭다. 이것은 「충신 요하네스」에서 공주를 얻고 나서 돌아오는 길에 요하네스가 했던 낮은 단계의 일, 즉 말이나 속옷 문제를 처리했던 것과 선명한 대조를 이룬다. 그 순서야 어찌 되든 인간이 해야 할 일은 반드시 해야 하는 것이다.

자신의 도움으로 모든 일이 순조롭게 흘러가
자 여우는 기묘한 방법으로 은혜 갚기를 요구한다. 여우는
"나를 쏘아 죽이고, 머리와 손발을 잘라줘요"라고 한다.
왕자가 차마 그럴 수는 없다고 거절하자 여우는 마지막 충
고를 하고 사라진다. 이때도 왕자는 여우의 말을 듣지 않
고 인간적인 감정에 따라 행동하여 위험에 빠진다. 즉, 못
된 형들을 도와주고도 샘 속에 내던져져 공명도 빼앗기고
만다. 아버지라는 존재가 부여한 모든 고난을 극복하고 드
디어 고향으로 돌아가려는 순간, 그는 마지막으로 아버지
가 아닌 형제들로부터 공격을 받아야 했다. 못된 형들이 주
인공의 그림자인 것은 분명하다. 처음에 여우의 충고를 따
르지 않고 떠들썩한 집에 머무는 데서 나타나듯 그들은 떠
들썩하고 화려한 것을 좋아하는 측면을 보여준다. 아버지
라는 존재에 도전하여 성공한 자는 종종 공명을 과시하며
호기롭게 행동하는 자신의 그림자로 인해 때로 그 결과가
물거품이 되고 만다. 이것이 일반적인 진리다. 왕자는 이러
한 경험을 하고 나서야 가난한 사내의 누더기로 갈아입고
돌아올 수 있었다. 사람은 큰일을 이루어낸 뒤에 겸허할 줄
알아야 한다. 무의식 세계를 여행한 사람은 원래의 세계로

돌아오기 전에 '우쭐한' 마음을 버려야 한다. 그러지 않으면 큰 위험에 처하게 된다.

가난뱅이 차림으로 귀국한 왕자는 아름다운 공주와 결혼하고, 왕의 자리를 물려받아 행복한 결말을 맞이하지만 여우의 문제는 아직 해결되지 않았다. 여우는 다시 그 기묘한 소원을 말한다. 결국 왕자도 더는 거부하지 못하고 여우를 쏘아 죽이고 머리와 손발을 자르는데, 여우가 홀연히 인간의 모습으로 변한다. 그는 아름다운 공주의 오빠이며 그간 마법에 걸려 있었다고 한다. 이러한 여우의 구원과 돌이 된 요하네스의 구원에는 상통하는 바가 있으며, 여우가 결국 인간으로 변하는 점을 보아도 장화 신은 고양이보다 고차원적인 존재임을 알 수 있다. 「장화 신은 고양이」의 마지막 장면에서는 기분전환 삼아 쥐를 쫓아다녔다고 이야기된다.

그런데 지금까지 기술해온 「두 형제」의 형, 「충신 요하네스」의 요하네스, 그리고 「황금새」의 아름다운 공주의 오빠(여우)는 이야기 속에서 중대한 역할을 하는데도 정작 그들의 결혼은 전혀 이야기되지 않는다. 다른 남성들은 결혼했는데 말이다. 또한 이들을 주인공의 그림자라고 하기에는 너무나도 빛으로 가득 차 있다는 인상을 준다. 앞에서 「두 형제」에 대해 이야기하면서 융이 말한 '자기自己' 개념을 잠깐 소개했는데, 다시 좀더 자세히 기술해보겠다. 융은 자아를 의식 체계의 중심이라고 정의한다. 우리의 의식은 자아를 중심으로 어느 정도 통합을 이루지만 어느 쪽으로든 치우침을 피할 수 없으므로 의식의 일면성은 항상 무의식에 의해 보상받는다. 융은 이처럼 의식과 무의식으로 이루어진 마음의 전체성에 주목하고, 전체로서의 마음의 중심으로 '자기'라는 존재를 가정한 것이다.

자기는 인간의 무의식 깊숙한 곳에 존재하는 것으로서 우리는 그것을 직접 파악할 수 없다. 다만, 그 측면이 의식에 나타나는 어떤 상징으로서 파악될 뿐이다. 그렇다면 이 이야기에 등장하는 여우는 주인공의 자기가 초인적인 구원의 힘에 의해 현현된 것으로 볼 수 있지 않을까. 「그림자의 자각」을 설명할 때 이미 밝혔듯 그림자상과 자기상은 때로 구분하기 어려우며, 트릭스터란 바로 그림자 영역과 자기 영역의 중간 지점에서 거침없이 활약하는 존재다. 융이 말하는 원형이란 모두 겹치는 것이어서 온전한 분류가 불가능하나, 이 이야기에 등장하는 여우는 트릭스터라기보다 자기의 한 측면으로 보는 편이 타당하다고 생각한다. 특히 여우가 손발을 잘라달라면서 구원을 요구할 때 자기의 측면은 더욱 강해진다. 그것은 인간의 상식을 아득히 초월한 존재다.

융은 자아와 자기의 상호작용이 필요하다고 강조한다. 마음의 중심이 지나치게 자아에 치우치면 근본 없는 천박한 합리주의로 전락하고 만다. 그렇다고 해서 자아의 존재를 망각하면 지나치게 비일상성이 강한 탓에 현실과 유리된 존재가 된다. 자아와 자기 사이에 바람직한 상호 관계가 확립될 때 비로소 자기실현 과정을 수행해나갈 수 있게 된다.

이 이야기에서는 주인공이 여우의 충고에 따를 때와 자신의 판단에 따를 때, 이를테면 자아와 자기의 대결을 통한 조화로운 본연의 모습을 훌륭하게 보여주고 있다. 주인공은 처음에는 과감하게 여우의 충고에 따르지만 이후로는 종종 자신의 인간적인 감정과 판단에 따라 여우의 말을 거스른다. 주인공은 이렇게 거듭 여우를 부정하고 형들을 구하는 행위로 인해 그림자의 문제를 자각하고 마침내 결혼하여 행복해진 후에, 은혜 입은 여우를 쏘아 죽이는, 그야말로 비인간적인 행위를 완수한다.

이러한 상호작용 속에서 여우는 인간으로 변하고, 자기는 인격화된 형태로 나타난다. 이에 대해 앞서 예로 들었던 일본 민담 「꽃피우는 할아버지」나 「말하는 거북ものいう亀」 등에서 인간을 돕는 동물이 마지막에 식물로 변하는 것은 일본만의 특징일까. 그렇다면 일본에서는 자기의 이미지가 인격화되기보다 '자연'에 투영되는 경우가 많다는 의미일까. 어쩌면 이는 세 형제 이야기의 도둑 유형에서 아버지라는 존재에 대한 반항을 나타내는 도둑질이라는 흔치 않은 주제임에도 끝부분이 모호해지는 것과 비슷한 현상인지도 모른다. 세 형제 이야기의 도둑 유형에서는 둘째와 셋째

가 각각 부자와 무사가 되지만 맏아들은 도둑이 된다. 그런데 이 도둑이 모르고 부자인 둘째 아들 집에 도둑질하러 들어가고, 무사인 셋째 아들이 도둑을 잡으러 와서 우연히 세 형제가 한자리에 모이게 되어 눈물을 흘린다. 이야기의 결말부에서는 아버지를 모시고 함께 살았다고 하니 인물 구성은 결국 도입부와 같아진다. 요컨대 '본래 모습으로 돌아가는' 점에 자기의 기능이 있다고 할 수 있지 않을까. 쉬 일반화하는 것은 위험하지만 이러한 사례에서 서양과 일본의 차이가 드러난다. 일본인은 '자연'의 전체적인 흐름 속에서 자기를 체험하지 굳이 인격화하려 하지 않았던 건 아닐까 싶다.

제9장 남성 마음속의 여성

「수수께끼」

　　최근 난센스 수수께끼 놀이가 꽤 유행했던 모양
이다. 하지만 잠시 붐이 일고는 이내 사라지고 말았다. 인
간의 마음을 사로잡는 수수께끼 놀이는 어쩌면 인류 문화
의 발생과 때를 같이하여 생겨난 게 아닐까 싶다.

　기원전 1200년경에 만들어졌다고 추정되는 『리그 베
다』*에서도 '수수께끼 노래'를 찾아볼 수 있다. 그것은 51
시절詩節로 되어 있으며 원칙적으로 답은 명시되어 있지 않
고 추측에 맡겨졌다고 한다. 여기에 그중 몇 가지를 소개해
보자. '답'은 『리그 베다』의 번역자가 그럴 법한 것을 덧붙

* 고대 인도의 종교 경전인 베다의 하나로, 인도의 종교와 철학 사상의 기록들이
　여기에서 시작된다.

인 것이다.[1]

"7은 하나의 수레를 가지고 있네, 이름이 일곱인 말 한 마리가 '이것'을 끌지, 수레바퀴에는 세 개의 바퀴통이 있으며, 쇠하는 일도 없고 번성하는 일도 없이, 거기에 이 모든 만물이 올라타네."

답: 때의 상징으로서의 태양[日輪]. 7은 태양의 수레를 끄는 일곱 마리의 말을 가리킨다. 태양의 수레는 때로 한 마리의 말 에타샤에게, 때로는 일곱 마리의 밤색 말에게 끌게 한다고 한다. 세 개의 바퀴통은 1년을 구성하는 세 계절.

"어머니는 아버지로 하여금 하늘의 뜻에 맡기도록 했네. 왜냐하면 그녀는 앞서 영감과 사상으로 그와 합일했으니까. 그녀는 저항했음에도 꺾여, 수태의 액에 젖었네. 그들(신들 또는 태초의 성선聖仙)은 절하며 축복해주었지."

답: 아버지 하늘로 인한 어머니 땅의 수태.

"두 길동무 독수리가 같은 나무를 부둥켜안았지. 한 마리는 달콤한 보리수 열매를 먹고, 다른 한 마리는 먹지 않고 쳐다보기만 하네. [……]"

답: 지식의 나무. 두 마리의 새는 참된 지혜와 그 결실인 불사不死를 구하는 자의 방법과 태도에 두 종류가 있음을

나타낸다. [······]

마지막 물음은 뒤에 이어지는 구절이 더 있으나 여기서
는 생략했다. 이 수수께끼들은 무척 장대한 스케일로 천지
와 자연의 현상을 해명한다는 느낌을 준다. 그야말로 우주
의 생성과 존재의 본질에 다가가려는 시도라고 볼 수 있다.
여기에 든 예는 태양의 운행과 계절의 변천, 하늘과 땅의
교접이라는 주제를 다루고 있다. 마지막 수수께끼는 분명
앞서 다루었던 「두 형제」(제5장)의 주제와 관련이 있는 듯
하다. 지식의 나무 열매를 쪼아 먹는 새와, 쪼아 먹지 않고
주시하는 새, 그 둘의 존재는 아마도 비밀스러운 동일성으
로 이어져 있을 것이다. 우리가 어떤 행위를 할 때 '또 하나
의 나'는 언제나 그것을 주시하고 있다.

이와 같이 생각하면 인간에게 외부 세계의 모든 현상은
전부 '수수께끼'라고 할 수도 있다. 인간을 둘러싼 만물이
저마다 '무엇인가?'라고 물어온다. 우리는 이 '수수께끼'를
풀어야 하며 그 축적된 답이 바로 인간의 문화라고 할 수
있다. 이처럼 깊은 의미를 지닌 만큼 신화와 민담에 수수께
끼가 많이 등장하는 것도 당연하다. 이 장에서 다룰 그림
동화 「수수께끼」는 제목이 보여주듯이 '수수께끼'가 주제
인 이야기다. 우리에게 주어진 이 그림 동화의 '수수께끼'
를 풀기 전에 꼭 말해두어야 할 수수께끼가 있다. 바로 스

핑크스가 오이디푸스에게 낸 수수께끼다. 테베 입구에 서서 여행자들에게 수수께끼를 내어 풀지 못하는 이들의 목숨을 앗아가던 스핑크스, 하지만 그는 오이디푸스가 수수께끼를 풀자 사멸한다. 이때 오이디푸스가 말한 답은 잘 알다시피 '인간'이다. 『리그 베다』의 수수께끼는 우주적인 스케일이지만, 스핑크스의 수수께끼는 인간이라는 답을 기대했다.

인간을 하나의 세계로 보고, 인간인 미크로코스모스mikro-kosmos와 우주인 마크로코스모스makrokosmos를 대응시켜 생각하는 사상은 동서를 불문하고 예부터 존재해왔다. 분명 인간 내계의 규모는 무한하며 외계의 규모에 필적한다. 그렇기 때문에 인간에 관한 수수께끼는 외계에서뿐 아니라 내계에서도 발생하는 것이다. '나는 누구인가'라는 물음은 '내 영혼은 무엇인가'라는 물음으로 바꿀 수 있다. 내 마음속 깊은 곳에는 대체 무엇이 있을까? 영혼은 존재하는가? 이런 물음은 인간의 영원한 수수께끼다. 이러한 수수께끼와 결부되어 여기서 다룰 '수수께끼 푸는 공주'와 '수수께끼 내는 공주'라는 주제가 발생한다. 요컨대 이 공주들은 남성 마음속에 존재하는 여성들이며, 남성의 영혼이 형상화된 것으로 볼 수 있다. 이 점에 대해서는 뒤에서 논하기로 하고, '수수께끼 푸는 공주'와 '수수께끼 내는 공주'에 관해서는 어떤 이야기가 있는지 살펴보자.

뤼티는 '수수께끼 내는 공주'라는 주제를 논하면서 그에 관한 다양한 예를 들고 있다.[2] 그중에서 페르시아의 투란도트 공주 이야기가 유명한데, 카를로 고치Carlo Gozzi와 프리드리히 실러Friedrich Schiller는 이 이야기를 바탕으로 희곡을 썼고, 푸치니Giacomo Puccini는 실러의 작품을 토대로 오페라를 작곡했다. 결혼을 원치 않았던 투란도트 공주는 구혼자에게 수수께끼를 내어 풀지 못하는 자는 목을 베겠다며 독신을 고집한다. 결국은 칼라프 왕자가 찾아와 공주가 낸 세 가지 수수께끼를 풀고 마는데, 공주는 마지막 수수께끼를 낼 때 왕자를 혼란에 빠뜨리기 위해 베일을 걷어 올려 눈부시게 아름다운 얼굴을 보여주었다고 한다. 이러한 눈부신 아름다움과 구혼자를 사지로 몰아넣는 부분에서는 일본의 가구야히메*의 모습을 떠올리게 된다.

일본의 민담에도 '수수께끼 내는 공주'라는 주제가 있다. 다음은 유명한 「하리마 이토나가播磨糸長」 이야기[3]다. 다이센 기슭에 있는 색분色粉 가게에 착실한 일꾼이 있었다. 서쪽에서 어여쁜 처녀가 그곳에 찾아와 색분을 두 냥이나 샀다. 일꾼이 처녀에게 어디 사는지 묻자 "후산 기슭"이라고 대답한다. 집을 묻자 "하루바 가게"이며 "이름은 사월생에 오월 대머리"라고 대답하고 돌아간다. 일꾼은 아무리 머리

---

* 일본에서 가장 오래된 설화 다케토리모노가타리竹取物語의 주인공으로, 대나무 속에서 나와 아름답게 자라지만 뭇 남성의 구혼을 물리치고 달나라로 떠난다.

를 쥐어짜도 처녀의 주소를 도통 알 수 없자 산사의 스님을 찾아가 장기를 두면서 "후산 기슭" 하고 선수를 놓는다. 스님이 즉시 "구사쓰 마을에"라고 응수한다. 계속해서 "하루바 가게"라고 외치자 "엿가게"라 하고, "사월생에 오월 대머리"라고 하자 "오타케 씨"라고 응수한다. 그리하여 일꾼은 구사쓰 마을 엿가게에 사는 오타케 씨를 찾아간다. 이후에도 이 이야기에서는 수수께끼 내는 에피소드가 이어지는데, 결국 일꾼은 수수께끼를 풀고 처녀와 결혼하게 된다. 수수께끼를 내는 여성들은 또한 수수께끼를 푸는 힘도 가지고 있다. 즉, 그 여성들은 이 세상에는 없는 지혜를 가지고 있는 것이다.

뤼티는 '수수께끼 푸는 공주'의 예도 들고 있다. 그에 따르면,[4] 「농부의 영리한 딸」이라는 이야기가 널리 분포되어 있으며, 이는 가난한 농부의 딸이 수수께끼를 푸는 이야기라고 한다. 부자 농부와 가난한 농부 사이에 싸움이 벌어지자 재판관은 분쟁을 해결하기 위해 수수께끼를 내고 답을 맞히는 쪽이 이긴 것으로 판결하겠다고 한다. 그런데 가난한 농부 쪽은 영리한 딸 덕분에 모든 수수께끼를 척척 풀어나간다. 이때 뤼티가 "농부의 영리한 딸을 실제 인간으로만 생각할 필요는 없다. 그것은 가난한 농부의 영혼으로 볼 수도 있다"고 지적한 부분은 매우 흥미롭다. 그렇다면 남성의 영혼으로 간주되는 여성상이란 대체 어떤 것일까.

제7장에서 「충신 요하네스」에 대해 이야기할 때, 일본의 민담 「초상화 아내」를 인용하면서 모든 남성은 마음속에 여성의 초상화를 하나씩 가지고 있는 듯하다고 했다. 이는 융의 생각에 토대를 둔 것인데, 그는 아니마라는 개념이 경험적으로 발생한 것이지 사변적인 것이 아니라고 강조한다.[5] 융이 '경험적'이라고 말한 대부분은 그가 분석해온 꿈에 기반을 두고 있다. 즉, 남성의 꿈을 분석해보면 꿈속에 전형적인 미지의 여성이 나타나 꿈꾸는 사람을 미지의 세계로 이끄는 역할을 한다는 것이다. 융은 아니마와의 관계가 자기실현 과정에서 매우 중요하다고 보았는데, 그에 관해 논한 폰 프란츠는 아니마에 대해 다음과 같이 요약해서 설명한다.

아니마는 남성의 마음속에 있는 모든 여성적 심리 경향이 인격화된 것으로, 막연한 느낌이나 분위기, 예견적인 직감, 비합리적인 것에 대한 감수성, 사람을 사랑하는 능력, 자연물을 향한 감정, 그리고―마지막이라 해서 중요하지 않은 것은 아니다―무의식과의 관계 등이다. 고대의 무녀巫女가 신의 의지를 알거나 신과 교신하는 데 이용된

것은 우연이 아니다.[6]

이렇듯 무의식 내에서 중요한 여성상이 민담과 신화에서도 큰 역할을 맡는 것은 당연하다. 우리는 이미 「충신 요하네스」와 「황금새」이야기에서 그 예를 보아왔다. 남성을 미지의 세계로 유혹하는 아니마는 부정적인 측면을 지니고 있다는 사실도 잊어서는 안 된다. 폰 프란츠는 앞서 인용한 해설에서 파괴적인 아니마의 전형을 보여주는 시베리아의 민담을 들고 있다. 그 이야기는 이렇다. 홀로 외로이 사는 사냥꾼이 강 건너 깊은 숲속에서 나오는 미녀를 본다. 그녀가 손짓하면서 그를 유혹하는 노래를 부르자 사냥꾼은 옷을 벗어 던지고 강을 건너기 위해 물속에 뛰어든다. 그러나 미녀는 별안간 올빼미로 변하고 그는 차가운 강물에 빠져 죽는다. 이 민담에서 볼 수 있듯이, 아니마의 유혹에 이끌려 부주의하게 벌거벗은 채 미지의 세계로 뛰어들 때 남성은 파멸의 길을 걷게 된다.

사실, 이 「수수께끼」이야기에 등장하는 여성은 위험으로 가득 차 있다. 주인공은 맨 처음 "앳되고 아리따운 처녀"를 만나는데, 그 처녀는 그 집에 묵으려는 왕자에게 묵지 말라고 충고한다. 처녀의 계모가 흉계를 꾸미는 마녀였기 때문이다. 그럼에도 왕자는 그 집에 묵고, 역시나 마녀는 우리에게 아주 익숙한 '붉은 눈'으로 왕자를 흘끗 쳐다

본다. 이 마녀의 존재는 여러 가지를 생각하게 한다. 먼저, 아니마의 배후에 존재하는 그레이트 마더다. 실제로 그러한 '앳된 처녀'는 종종 어머니와 이어져 있기 때문에 의외로 곤란한 일이 발생하기 쉽다. 앳된 처녀를 사랑한 탓에 그녀의 어머니로부터 곤욕을 당하거나 당할 뻔했던 남성이 많을 것이다. 이는 내면적으로 보면 아니마상과 모성상의 깊은 관련성을 보여주는 것으로, 모든 남성은 어머니상으로부터 자신의 아니마상을 발전시켜나간다. 이 이야기에서 주인공을 돕는 여성은 이른바 누나 같은 아니마라 할 수 있으며 어머니상과 아니마상의 중간에 존재한다. 남성의 심리적 발전 과정에서 생각해보면, 이제까지 어머니를 유일시하고 절대시해왔는데 어느 날 친척 집에 놀러가 사촌 누나의 친절함에 형용할 수 없는 친밀감을 느끼거나, 초등학생 때 이웃집 여학생 누나를 동경하는 감정을 품을 때가 이 단계에 해당한다. 이러한 심리적 발달 단계에 머무른 채 연상의 여인과 결혼하는 사람도 있다.

이 주인공은 현명하게도 "앳되고 아리따운 처녀"와 결혼하지 않고 시종을 재촉하여 출발하려 한다. 그런데 왕자는 먼저 출발하지만 시종은 "말안장을 얹느라 지체하는 바람에 홀로 남게" 된다. 이 시종이 왕자의 그림자인 것은 분명하며, 이 부분은 그림자의 기능을 여실히 보여준다. 실제로 우리는 냉큼 돌아가면 문제없을 텐데, 그만 "말안장

을 없느라 지체하여" 홀로 남아 독이 든 것도 모른 채 마녀
가 주는 것을 먹고 마셔 일을 그르치는 경우는 없는가. 우
리 자아가 출발 결정을 내려도 우물쭈물하는 그림자 때문
에 문제가 야기된다. 하지만 그림자로 인해 발생한 문제가
장차 성공에 도움이 되기 때문에, 그림자는 그야말로 역설
적인 존재라 하지 않을 수 없다.

왕자와 시종은 여행을 계속하면서 마침내 "아름답지만
오만한 공주님"이 사는 도시에 도착한다. 이 공주는, 자신
이 풀 수 없는 수수께끼를 내는 사람이 있으면 그와 결혼하
겠다, 단 자신이 수수께끼를 풀면 상대의 목을 베겠다고 한
다. 지금까지 죽임을 당한 남성이 아홉 명이나 되지만 이
"왕자도 눈부시게 아름다운 공주를 보고 눈이 어두워져 하
나뿐인 목숨을 걸어볼 마음이" 들게 된다. 생각해보면, 앞
서 어렵게 아름다운 여성을 만났고 더구나 많은 보물까지
얻을 수 있었음에도 그 여성과 헤어져 이러한 위험한 여성
을 상대하는 것이 어리석어 보일 수도 있으나, 사실 여기에
아니마의 비밀이 존재한다. 아니마는 남성을 미지의 영역
으로 인도하는 존재로서 반드시 어떤 위험성을 동반한다.
민담 등에 표현되는 그 비할 데 없는 아름다움은, 매력을
충분히 보여주는 동시에 그에 접근하면 위험하다는 것도
반드시 보여준다. 그것은 때로 아니마상의 아버지가 위협
하는 것으로 나타나는데, 우리는 이미 「황금새」 이야기에

서 그 점을 살펴봤다. 누나인 아니마는 위험성은 적지만 그러한 여성과 맺어진 사람은 후에 종종 위험을 초래하는 행동을 하는 경우가 많다.

공주는 실패한 남자의 목을 베겠다고 선언하는데, 뤼티가 소개하는 브르타뉴의 이본에는 공주의 잔혹함이 아주 잘 드러나 있다.[7]

> 공주는 성 안뜰에 있는 높은 발코니에 올라섰다. 붉은 옷을 입고 금관을 썼으며 이마에는 다이아몬드가 빛났다. 손에 하얀 봉을 든 모습은 폭군처럼 위엄 있고 잔혹해 보였다. 안뜰을 둘러싼 벽과 기둥에는 희생자의 시체와 해골이 매달려 있었다. 공주는 대개 발코니에서 곧장 답을 말했다. 그러면 가여운 구혼자는 즉각 험상궂은 눈초리를 한 네 명의 신하에게 붙들려 가차 없이 목이 날아갔다.

아니마에 도전하는 자는 분수를 알아야 한다. 이전에 다룬 아니마상은 긍정적인 측면이 전면에 드러났지만, 흥미롭게도 이 아니마상은 부정적인 무시무시함이 잘 드러난다. 일본의 가구야히메 이야기 등에서는 잔혹함이 표면적으로 느껴지지 않았지만, 모든 구혼자에게 불가능한 난제를 주어 불행에 빠뜨려놓고 자신은 결혼하지 않고 달나라로 돌아가는 점에서 매우 냉정한 아니마상이라 할 수 있다.

이는 서양의 '오만한' 공주들이 일시적으로 잔혹함을 드러
내면서도 영웅과는 순순히 결혼하는 것과 좋은 대조를 이
룬다. 일본인의 마음속에 있는 가구야히메 상은 매우 강렬
하다. 이성과의 결합을 부정하는 희생 위에 서서 '비애'의
감정을 세련되게 드러냈던 가구야히메의 태도는 일본인의
미의식을 지탱해주는 하나의 기둥이 되어왔다.

아니마는 남성에게 내기를 요청한다. 주인공 왕자로 하
여금 목숨을 내걸게 한 이 수수께끼 싸움은 과연 어떻게 전
개될까.

수수께끼 내기, 수수께끼 풀기   3

인간에게는 내계와 외계의 모든 것이 수수께
끼라고 기술했다. 외계의 사물은 저마다 우리에게 "무엇
인가?"라고 물음을 던지고, 우리는 거기에 이름을 부여하
고 만족해한다. 저건 나무다, 산이다, 강이다, 라고 명명하
고 안심한다. 수수께끼는 풀린 것이다. 명명함으로써 인간
이 얼마나 마력에 잘 대항할 수 있는가는 그림 동화 「룸펠
슈틸츠헨」[8]에 잘 나타나 있다. 그러나 명명함으로써 수수
께끼가 풀린 것처럼 보일 때조차 다시금 의문이 고개를 든
다. "그것은 정말 무엇인가?"라는. 이 점은 자기 자신에 대

해서도 그렇다. 우리 자아는 스스로에 대해서 알고 있으며, 외계에 대한 지식은 자아를 풍요롭게 한다. 그러나 자아가 스스로에게 눈을 돌렸을 때, 그 존재가 깊이 있고 확고해졌다고 느끼는 지혜는 앞서 말한 지식과는 차원이 다르다. 융은 자아의 내부에서 자아를 풍요롭게 하는 지식과 자아의 존재를 깊이 있고 확고하게 하는 지혜를 구분하고 후자의 경우는 아니마와 관련 있다고 말한다.

수수께끼 풀기라는 주제에서 그 점이 뚜렷이 구분되는 예는, 앞에서도 언급했던 「농부의 영리한 딸」이다. 재판관의 물음은 "가장 기름진 것은 무엇인가?"이다. 이 물음에 부자는 베이컨이라고 답하지만, 농부의 영리한 딸은 대지라고 답한다. 마찬가지로 "가장 단 것은 무엇인가?"라는 다음 물음에는 각각 벌꿀이라는 답과 잠이라는 답을 하고, "가장 흰 것은 무엇인가?"라는 물음에는 우유와 태양, "가장 높은 것은 무엇인가?"라는 물음에는 교회의 탑과 별이라고 답한다. 두 답의 대비는 자아에 관련된 지식과 아니마와 관련된 지혜의 차이를 뚜렷이 보여준다. 물론 전자의 답도 틀린 것은 아니나, 우리와 너무 가까운 인간적인 현실과 관련된 것인 데 비해 후자는 확실히 우주적인 광대함과 자연에 관련되어 있다. 전혀 차원이 다른 것이다.

수수께끼를 푸는 바람직한 태도를 보여주는 일본의 「하리마 이토나가」 이야기도 흥미롭다. 주인공은 자기 스스로 수수께끼를 풀지 못하자 산사의 스님을 찾아가는데 묻는 방식이 재미있다. 직접 묻지 않고 장기를 두면서 "후산 기슭"이라고 말하는 것이다. 이본인 「수수께끼 푸는 사위」에서는 수수께끼를 풀지 못하는 남자가 친구와 바둑을 두면서 거듭 수수께끼를 내자 친구가 그에 답한다. 여기에서 본인들의 의식은 장기와 바둑에 집중되어 있기 때문에 장기나 바둑을 두면서 나누는 수수께끼에 관한 대화는 무의식적인 지혜로 이루어졌다고 봐야 할 것이다. 의식적인 노력만으로 답할 수 있는 수수께끼는 앞서 자아를 풍요롭게 하는 지식이라고 기술한 것과 같다.

한편, 우리의 주인공은 거꾸로 수수께끼를 내야 하는 입장이다. 그는 여성으로부터 풀 수 없는 수수께끼를 하나 내라는 요청을 받는다. 그때 그가 낸 수수께끼는 "어떤 사람이 한 사람도 죽이지 않고 열두 명을 죽였다, 그게 무엇인가?"였다. 제아무리 수수께끼 풀이의 달인인 공주도 이 문제에는 쩔쩔맨다. "생각하고 또 생각했지만, 도무지 알 수가 없었습니다. 수수께끼 책을 펼쳐 봐도 어디에도 나와 있지 않았고, 결국 그 대단한 지혜도 아무런 쓸모가 없었습니다"라는 상황이다. 공주는 어째서 풀지 못했을까. 앞서도 기술한 브르타뉴의 이본에서 그 이유를 알 수 있다.

브르타뉴 이본에는 헨크 드 켈브리닉이라는 귀족이 공주에게 수수께끼를 내기 위해 찾아온다. 그는 성격이 빈틈없는 푸치 장이라는 병사와 알게 되는데, 푸치 장이 어떤 수수께끼를 낼 것인지 물어온다. 자신이 생각해둔 수수께끼를 말하자 푸치 장은 금세 답을 말하고는 그렇게 쉬운 문제를 내면 안 된다고 충고한다. 그리고 자신을 데려가서 하라는 대로만 하면 성공할 것이라고 하기에 켈브리닉은 푸치장과 동행하게 된다. 그런데 켈브리닉의 어머니는 아들을 집에 붙잡아두고 싶어 간절히 청하지만 들어주지 않자, 헤어질 때 두 사람에게 독이 든 음료를 건넨다. 하지만 푸치장은 위험을 알고 독을 말의 귀에 쏟아버린다. 그러자 말이 죽고, 말고기를 먹으러 온 네 마리의 까치가 죽고, 이어서 그 고기로 만든 여덟 개의 과자를 먹고 열여섯 명의 도둑이 죽는다.

이 이야기에도 부정적인 어머니가 등장하는 점이 흥미롭다. 그림 동화 「수수께끼」에서는 여행지에서 만난 처녀의 계모가 나온다. 요컨대, 아들이 여행을 떠날 때면 반드시 부정적인 어머니상이 출현하는 것을 볼 수 있다. 한편, 푸치 장이 낸 수수께끼는 다음과 같다.

집을 나올 때 우리는 넷이었습니다. 넷 가운데 둘이 죽었습니다. 그 둘에게 넷이 죽었습니다. 그 넷으로 여덟을 만들었습니다. 그 여덟로써 열여섯이 죽었습니다. 지금 우리는 넷이 되어 당신에게 왔습니다.

이 수수께끼의 답은 곧 그들이 경험해온 것이다. 그들이 출발할 때는 말 두 마리를 합해 넷이었고, 말 두 마리가 죽고 나서 네 마리의 까치가 죽고…… 이리하여 지금은 다시 말 두 마리를 타고 왔기 때문에 넷이 된 것이다.

뤼티는 공주가 이 수수께끼를 풀지 못한 것에 대해 인상적인 해석을 내놓는다. 요컨대, 이러한 수수께끼의 특징은 바로 이야기 속에서 발생했다는 것이다. 주인공과 푸치 장이 여행하던 중에 일어난 사건이 수수께끼가 되었고, 푸치 장은 여행을 떠날 때 좋은 수수께끼가 생기리라고 확신했던 것이다. 주인공이 머릿속에서 생각해낸 것이 아닌 "저절로 발생한 수수께끼가 이긴다"고 뤼티는 생각했다.

그런데 이것을 약간 다른 식으로 바꿔 말할 수도 있다. 그림 동화나 브르타뉴의 이야기에서 수수께끼의 답은 실제로 발생한 일, 곧 외적 현실이다. 아니마는 남성의 내계에 존재하며 그것은 영혼의 영역에 속한다고 말했다. 영혼의 세계에 사는 그녀에게 외계의 현실은 다름 아닌 수수께끼이며 풀 수 없는 것이다. 외계 현실에 얽매여 있는 인간에게 그녀가 영원한 수수께끼인 것이나 매한가지다. 수수께끼 푸는 공주는 아름답지만 오만했다고 이야기된다. 우리는 이 아니마의 오만함을 어떻게 체험할까. 남성이 아니마의 존재를 깨닫기 시작하면 그 멋진 내계에 매혹되어 지금까지 중요시 여겨온 모든 것을 헛되이 느끼기까지 한다. 인간의 마음과 마음의 접촉이 가장 중요하며, 그것을 위해서는 재산이고 지위고 명예고 모두 필요 없다고 생각하게 된다. 그 또한 분명 옳은 생각이지만 거기에는 '오만함'의 위험성이 다분히 내포되어 있다. 그럴 때는 외적 현실의 수수께끼가 아니마, 즉 영혼의 오만한 콧대를 꺾어버린다. 그런 까닭에 공주는 왕자가 낸 수수께끼를 풀지 못하는 것이다. 그러나 공주는 포기하지 않고 하녀를 시켜 비밀을 알아내려고 한다. 이 부분은 남성과 여성의 복잡한 관계를 적나라하게 묘사하고 있는 듯하다.

남성과 여성   4

주인공 왕자가 시종이라는 그림자를 데리고 간다는 점은 앞서 지적했다. 수수께끼를 풀지 못해 곤란에 빠진 공주는 하녀라는 그림자에게 명령하여 비밀을 캐내려 한다. 그러나 왕자의 시종도 여간내기가 아닌 데다 주인의 대역을 맡기 때문에 결국은 그림자와 그림자가 상대하게 된다. 왕자와 공주의 관계를 현실의 남성과 여성의 관계로 볼 때, 이처럼 그림자가 개입하는 일이 종종 발생한다. 남자에게 여자는 수수께끼이며, 여자에게 남자는 수수께끼다. 그 불가해함에 초조해하거나 화를 낼 때, 둘의 관계는 그림자의 관계로 이행된다. 이 이야기에서 하녀는 왕자의 침실에 잠입하고, 시종은 그곳에서 상대의 외투를 벗기고 회초리로 쫓아낸다. 남녀 관계가 뒤틀려 서로 상대를 비난하게 되면 이토록 나쁜 사람이 또 있을까 싶은 생각에, 상대를 사랑한 자신을 도무지 이해하지 못하는 지경에 이른다. 부부나 연인 간의 험담은 때로 끝이 없다는 느낌마저 든다.

남녀 관계는 그림자뿐 아니라 서로의 아니마와 아니무스까지 더해지면, 여섯 개의 남녀 조합이 만들어진다. 대화할 때 대체 누가 누구와 이야기를 주고받는지 가리지 않으면 걷잡을 수 없는 혼란에 빠지게 된다. 강하다고 생각한 여성이 별안간 울음을 터뜨리거나, 자상한 남성이 예상치 못한 순간에 버럭 고함을 쳐서 서로 놀라게 되는 것 역시 여섯 명의 남녀가 복잡하게 얽혀 대화를 나누기 때문이다.

한편, 세번째에 공주는 왕자를 직접 만나게 된다. 그림자의 싸움은 끝이 없다. 관계를 원점으로 되돌리는 데는 그림자의 관계를 그만 끝내고 본인들끼리 직접 대화하는 것이 최선이다. 그러나 현실적으로 한 남성과 한 여성이 진지하게 본인들끼리만 마주하기란 몹시 어렵다. 이 민담에서 마침내 단둘이 마주했을 때 공주는 수수께끼의 답을 알게 된다. 그리고 왕자가 공주의 외투를 벗긴 것은, 그녀도 자신

216

의 모습을 숨김없이 보여준 것이라고 할 수 있다. 공주는 수수께끼를 풀어 기뻐하지만 결국은 그 외투가 증거물이 되어 재판관은 왕자의 승리를 인정한다. "이 외투에 금실과 은실로 수를 놓으십시오. 그리하면 결혼식 예복이 될 것입니다"라는 마지막 구절이 인상적이다.

혼례에는 그에 어울리는 의복이 있다. 왕자에 의해 외투가 한번 벗겨진 공주는 새로이 옷단장을 함으로써 신부가 된다. 여기에 나오는 '의복'이란, 융이 말하는 페르소나 persona(가면)다. 우리 인간은 사회가 기대하는 가면을 쓰고 생활해야 한다. 남자는 남자답게, 여자는 여자답게라는 말처럼 어느 사회에나 일반적으로 기대하는 경향이 있다. 우리는 그에 부응하는 페르소나를 몸에 익힘으로써 사회 속에서 자신의 지위를 차지하고 살아가지만, 남성 안에 있는 여성적인 경향은 페르소나 속에 수렴할 수 없기 때문에 아니마로서 무의식 속에 잠재해 있다. 이것은 여성의 경우도 마찬가지다. 그러나 페르소나가 강한 나머지, 지나치게 아니마를 억압하는 사람은 사회에는 잘 적응할지 모르나, 존재의 근본이 위태롭다고 느낄 수도 있다. 그렇다고 지나치게 아니마에 이끌려 손쉽게 페르소나를 벗어 던지는 사람은 앞선 사례인 시베리아 민담이 훌륭히 보여주듯 벌거벗은 채 죽고 만다. 페르소나와 아니마 혹은 아니무스와의 충돌은 인간이 자기실현 과정에서 체험하는 심각한 갈등이다. 페르소나를 중시하는 어리석음은 유명한 「벌거벗은 임금님」 이야기에 잘 나타나 있다. 그러나 벌거벗었다는 진실에 직면하면 목숨을 잃을 위험성도 있다는 것을 잊어서는 안 된다.

아니마와 아니무스는 때로 페르소나를 뚫고 나와 남성과 여성을 아니마화하거나 아니무스화하기도 한다. 앞서 거론했던 투란도트 공주에 관한 실러의 묘사는 아니무스 여성의 모습을 그려낸 듯하다.

> 무정하네, 잔혹하네, 그렇게 나를 비난하는 사람은 거짓말을 하는 거예요. 그건 하늘의 하느님이 아십니다. 나는 잔혹하지 않아요. 자유롭게 살고 싶었을 뿐이에요. 나는 누구의 것도 되고 싶지 않아요. 아무리 신분이 낮은 사람일지라도, 어머니 배 속에서부터 하늘이 내려준 권리가 있다고, 난 주장하고 싶어요. 황제의 딸인 나는. 아시아 전체를 통틀어 여성은 비천하죠, 노예의 멍에를 짊어지고 있다고요. 나는 모욕당하는, 같은 여성의 한을 교만한 남성에게 풀고 싶어요. 남성이 부드러운 여성보다 나은 거라고는 난폭한 힘밖에 없지 않나요? 자연은 나에게 우리의 자유를 지키도록 독창적인 지혜와 예리한 지력을 무기로 내려주셨죠. [……]

투란도트 공주의 말은 계속 이어지는데, 아마도 많은 사람이 그녀의 말에 공감할 것이다. 공주는 남자의 자만심을 공격하고, 자신의 아름다움을 뽐내며 "아름다움이 인간의 전리품이 되어야만 하나요? 아름다움은 태양과 마찬가지로 자유로운 거예요"라고 소리친다. 그러나 그토록 긍지가 높던 공주도 자신이 낸 수수께끼를 푼 왕자에게는 기꺼이 몸을 내맡기는 걸 보면, 그것이 바로 수수께끼가 아닐까 싶다. 남성과 여성의 관계는 그야말로 수수께끼 투성이다.

그림 동화 「농부의 영리한 딸」은 남녀 관계의 수수께끼에 대해 한 가지 시사점을 던져준다. 이 영리한 농부의 딸은 자신의 지혜로 인해 왕비가 되지만, 지나친 재치가 왕의 심기를 자극하여 왕에게 이혼을 선언당한다. 영리한 처녀는 그 영리함으로 인해 왕비가 되고, 그 영리함으로 인해 지위를 잃는다. 그런데 왕비를 몹시 가엽게 여긴 왕은, 왕비가 친정으로 돌아갈 때 가장 소중히 여기는 것 하나를 가져가도 좋다고 말한다. 왕비는 자신에게 가장 소중한 것은 왕이라 생각하고 잠든 왕을 데리고 친정으로 간다. 잠이 깬 왕은 왕비의 깊은 사랑을 깨닫고 둘은 다시 결혼하게 된다.

여기에서 분노하여 이혼을 결심한 왕이 가장 소중한 것을 가지고 돌아가도 좋다는 조건을 제시했을 때, 왕 자신도 의식하지 못한 수수께끼 하나를 왕비에게 냈다고 볼 수 있지 않을까. 물음은 종종 그 속에 답을 담고 있다고 한다.

"너에게 가장 소중한 것은 무엇인가?"라는 물음은 답이 내포되어 있는 수수께끼인 것이다. 그는 남성으로서 여성의 간사한 지혜를 참지 못하고 분을 억누를 수가 없었다. 그렇다고 정말로 여성과의 인연을 끊을 수도 없었으리라. 그때 그의 무의식은 하나의 수수께끼를 내고, 여성은 그 지혜를 활용하여 수수께끼의 답에 따른 것이다. 그리하여 그 남녀는 한 번 이혼한 후에 다시 새로운 차원에서 관계를 회복할 수 있었던 것이다.

제10장 **여성 마음속의 남성**
「지빠귀 부리 왕」

아버지와 딸 1

　　그림 동화 「지빠귀 부리 왕」은 불가사의한 매
력을 지닌 이야기다. 어릴 때 이 이야기를 읽으며 이루 말
할 수 없는 매력을 느낀 사람이 많을 것이다. 볼테와 폴카
의 주석에 따르면,[1] 이 이야기는 그림 형제가 두 개의 이야
기를 하나로 합친 것이다. 아이자와 히로시는 그림 형제의
손을 거쳐 예술적인 작품이 된 점, 또한 이른바 소설적 메
르헨으로서 근대의 단편소설적인 내용과 구성을 취하고 있
다는 점을 지적하면서 이 이야기의 매력을 밝힌다.[2] 더불어
이 이야기는 뒤에서 기술할 여러 가지 흥미로운 점들을 지
니고 있으며, 폰 프란츠가 지적하듯[3] 융이 말하는 아니무스
를 훌륭하게 그려내고 있다는 점에서도 중요하다. 그럼 이

이야기를 아니무스에 초점을 맞추어 살펴보자.

이야기 도입부에 등장하는 인물은 아버지인 왕과 왕의 딸이다. 어머니와 아들로 이루어진 인물 구성과 마찬가지로 도입부에 아버지와 딸만 등장하는 구성도 흔한 민담의 형태다. 그런데 그 딸은 "예쁘기로 하면 어디에 비할 데 없지만, 콧대가 너무 센 오만한 공주"였다. 게다가 모든 구혼자에게 퇴짜를 놓는다. 대체 왜 그런 행동을 하는 것일까. 아버지와 딸의 유대가 강하고 더구나 어머니가 없다는 것은 주인공인 공주에게 모성이 결여되어 있음을 나타낸다. 이런 경우, 공주는 일부러 아버지와 인연을 끊고 누군가와 결혼하여 아이를 낳고 어머니가 되려는 생각은 절대 하지 못한다. 아버지인 왕과 비교하면 죽 늘어앉아 있는 구혼자 따위는 눈에 들어오지 않기 때문이다.

게다가 아무튼 미인은 본인도 그 주위 사람도 힘들다. 미인이라는 사실 하나만으로 사람들이 몰려든다. 그럴 경우 아무 생각 없이 자신과 미모를 동일시하는 사람은 자기 자신이 가치 있어서 사람들이 몰려든다고 착각한다. 그러면 그 여성은 자연히 오만함이 하늘을 찌르게 된다. 한편, 미모를 자신과 쉽게 동일시하지 못하는 사람은 자신의 가치와 미모를 분리해서 생각한다. 자신의 주위에 몰려드는 사람들에 대해 "자신을 가치 있는 사람으로 여기는 게 아니라 단순히 자신의 외모만을 노린다"고 생각하기 시작하면 그 사람은 오히려 자신의 아름다움을 저주할 수도 있다. 자신을 인간으로서가 아닌 물건으로 다루지 않을까 하는 의심이 강한 대인 불신감으로까지 굳어지기도 한다. 지능이나 체력도 어느 정도는 타고나지만 부단히 단련하지 않으면 안 되기에 단련하는 과정에서 서서히 자신의 것으로 자각되지만, 미모는 그러한 요소가 적은 만큼 그것을 자신의 것으로 만들기 위해서는 오히려 더 큰 노력이 필요한 것이다.

아름다운 여성에게 마음을 빼앗기는 것은 타인만이 아니다. 아니, 오히려 가장 빠져드는 사람은 아버지가 아닐까. 아버지는 육친으로서의 애정에 더해 이해할 수 없는 플러스 X를 느낀다. 말하자면, 그녀는 아버지의 아니마인 것이다. 그리고 뒤에서도 기술하겠지만 딸은 아버지에게 아니무스상의 원형을 본다. 그러나 어느 때가 되면 딸은 아버지를 떠나야 한다. 딸이 아버지를 대신할 새로운 아니무스상을 찾았을 때 아버지의 사랑은 그 대상을 기꺼이 맞이한다. 그때 아버지에게 일어나는 기쁨과 슬픔의 양가감정이 스사노오의 절규 속에 잘 드러난다는 점은 앞에서 잠깐 언급했다(제8장).

이 이야기에서도 왕은 공주에게 그러한 때가 다가오는 것을 알고 아버지로서의 의무를 다하기 위해 딸을 위해 잔치를 베푼다. 그런데 공주의 오만함은 몰려든 남성들을 얼씬도 못하게 한다. 그뿐 아니라 그녀는 한 사람 한 사람에게 트집을 잡으며 걷는다. "술독 씨!" "키다리에 비실비실해서 허리가 부러지겠네"라는 둥 공주의 말은 신랄하기 그지없다. 그런데 이 말을 듣는 아버지의 심정은 어땠을까. 그는 한편으로는 딸에 대한 강한 분노를 느끼면서, 다른 한편으로는 다소 신랄하기는 하나 딸의 합당한 평가에 엷은 미소를 띠고 있지는 않았을까. 현실에서는 딸이 스스로 구혼자를 골라 왔을 때, "술독"이라든가 "허릿심도 없는 녀석"이라며 욕설을 퍼붓는 아버지가 얼마나 많은가. 하지만 공주가 끝내 모든 구혼자를 거부하자, 왕의 감정은 돌연 한쪽으로 흔들려 거지를 사위로 삼겠다고 맹세해버린다. 그리고 실제로 맹세한 대로 사랑하는 딸을 거지에게 준다. 그러나 이러한 행동의 저변에도 아버지의 비밀스러운 소망이 흐른다. 딸을 온전히 행복하게 해줄 상대가 없다는 걸 알았을 때—그런 사람이 있을 리 없지만—아버지는 딸에 비해 훨씬 열등한 사람을 남편으로 선택하려 한다. 그러나 그 이면에는 딸이 그러한 인물이 성에 차지 않아 더 멋진 남성, 즉 아버지 곁으로 도망해 오기를 바라는 비밀스러운 소망이 담겨 있다.

왕은 분노로 인해 딸을 거지에게 주고 만다. 인간이 감정에 이끌려 함부로 행동할 때도, 거기에는 뜻밖에도 무의식의 소망이 담긴다. 그리고 무의식은 본인도 깨닫지 못하는 더 깊은 의미를 지닌 채 작용한다. 이 이야기의 경우, 공주

는 아버지 곁으로 도망해 오기는커녕 그녀의 아니무스의
발전을 위해, 자신과 가장 잘 어울리는 사람을 남편으로 맞
아들인 것이다.

아니무스   2

　　지금까지는 이 이야기를 오히려 아버지인 왕의
입장에서 보아왔지만 이제부터는 주인공인 딸의 입장에
서 살펴보자. 아름다운 공주는 구애하는 모든 구혼자를 뿌
리친다. 그녀는 이토록 강한 단절의 힘을 어떻게 익혔을까.
그 배후에는 아버지인 왕이 있으며 그녀는 아버지로 인해
그러한 아니무스를 만들어왔다고 했는데, 그렇다면 아니무
스란 무엇일까. 아니마가 남성의 마음속에 있는 여성상의
원형이듯 아니무스는 여성의 마음속에 있는 남성상의 원형
이다. 여성이 이른바 여성스러운 특성을 익혀가는 반면, 그
무의식 속에서는 아니무스가 점점 힘을 키우며 때로 여성
의 자아에 영향을 끼친다. 아니마는 남성에게 분위기를 자
아내게 하고, 아니무스는 여성으로 하여금 의견을 내세우
게 한다고 융은 말한다. 아니무스의 힘이 강해지면 여성은
별안간 의견을 내세우기 시작한다. "……해야 해" "……하
지 않으면 안 돼"라고. 그것은 일반론으로는 바람직하지만

실제로는 개개의 현상에 걸맞지 않은 경우가 많다. 그러한 경우에 여성에게 항변하기란 거의 불가능에 가깝다. 그래서 많은 남성은 분위기로 호소하게 된다. "그렇게 말하면 불쌍하잖아……"라든가 "좀더 동정심을 갖고……" 따위의 말을 해보지만 감정에 사로잡혀 정의를 왜곡할 수 없다고 확신하는 아니무스의 힘에 대항하기는 어렵다. 부부간 대화가 자칫하면 아니마와 아니무스의 대화가 되어 남녀의 역할이 뒤바뀌는 경우가 많다. 이럴 때는 남편이 퍼뜩 정신을 차리고 남성적인 힘이라도 휘두르지 않으면 대화는 끝나지 않는다……라고 말하면 아니무스에게 공격을 받을 것 같으니 결론은 단언할 수 없는 것으로 해두겠다.

아니무스는 단절하는 힘이 강하다. 공주가 구혼자들에게 내뱉은 말은 분명 사실이고, 그러므로 구혼자를 퇴짜 놓는 것도 당연하다고 할 수 있으나 결과적으로 그녀는 사람들로부터 분리되는 고독을 맛보아야 한다. 그러나 이러한 체험은 여성의 자아 형성 과정에서 어느 정도는 반드시 경험해야 하는 일이다. 이러한 아니무스는 자신의 아들이라는 이유로 언제까지나 품으려 하는 모성과 적대적인 관계다. 한쪽은 누구든, 무엇이든 감싸 안아 일체가 되려 하고, 또 한쪽은 무엇이든 분리하고 독립하려 한다. 여성의 아니무스가 하는 가장 미성숙한 주장은 "나는 왜 그것을 하면 안 되는가?"라는 형태로 나타난다. 모두가 하는 것, 남자가 하는 것, 어른이 하는 것, 나는 왜 그것을 하면 안 되는가. 그리고 그 배후에는 평등이나 인권 등 최근 신문에서 읽은 '지식'이 강력한 후원자로 버티고 있다. "트루데 부인을 만나러 가면 왜 안 돼?"라며 부모의 제지를 뿌리치고 나간 소녀(제2장)의 행동에는 미성숙한 아니무스의 힘이 작용하고 있다. 그 결과 소녀가 순식간에 그레이트 마더에게 죽임을 당한 것은 이미 살펴본 바다. 아니무스와 그레이트 마더는 목숨을 걸고 싸운다. 그러나 그 고통을 적극적으로 수용하여 끝까지 감내했을 때 아니무스와 그레이트 마더의 화해가 이루어진다. 그림 동화 「성모 마리아의 아이」에서도 이 같은 화해가 이루어진 것은 이미 살펴보았다.

아니무스를 걸머지고 살아가는 고통을 생각하면 오히려 그 존재를 깨닫지 못하는 여성이 행복할지도 모른다. 아니무스의 존재를 모르고 살아가는 행복에 관해서는 그리스 신화 「아모르와 프시케」에 아름답게 묘사되어 있다. 소녀 프시케는 신탁에 의해 괴물과 결혼한다. 그런데 결혼해보니 남편은 밤이 되면 찾아왔다가 아침이 되면 떠나버려 모습을 볼 수 없지만 자상하고 훌륭하다. 프시케는 궁궐 같은 곳에서 더할 나위 없이 안락하게 지내며 행복에 잠긴다. 이야말로 아니무스를 '보지 않고' '모르고' 살아가는 즐거움을 여실히 보여준다. 그러나 프시케는 언니들의 부추김도 있었거니와 스스로도 계속 그와 같은 상태로 살 수 없음을 깨닫는다. 어느 날 밤, 그녀는 마침내 남편의 금지를 어기고 불을 켜 남편의 모습을 보아버린다. 남편 아모르는 분노에 차서 곧장 뛰어나가고, 이후로 프시케의 고난이 시작된다. 여기서 중요한 것은 남편인 아모르가 프시케에게 자신의 모습을 보지 말라고 금지했다는 점이다. 여성은 아니무스를 보지 않는 편이 행복할지도 모른다. 게다가 대부분의 남성은 자신의 아내가 아니무스를 알아차리기를 바라지 않는다. 그러나 아니무스를 보아버린 사람은 계속해서 고난의 길을 걸어가야 한다. 고통스러워도 중도 포기란 허용되지 않는다. 단적으로 말해, 일종의 고집이 필요하다는 것이다. 앞서 「성모 마리아의 아이」 사례를 들면서 왕비의 고집이 그녀를 높은 곳으로 이끌었다고 한 것이 이에 해당한다. 물론 그녀는 거기까지 도달하기 위해 끔찍한 고통을 겪어야 했지만 그것을 수용했기에 끝에 가서는 하늘인 어머니와 화해를 이룬 것이다.

프시케의 길도 마찬가지다.[4] 결국 아니무스는 고난을 통해 여성을 더 높은 자아로 끌어올린다. 아니무스가 긍정적으로 작용할 때 여성은 좀더 창조적인 삶을 살 수 있다. 아니무스와의 싸움을 통해 여성의 모성은 연마되고, 맹목적인 동일화를 바라지 않게 되며, 지혜를 겸비한 사랑으로 고양되어간다. 여성의 자기실현은 아니무스에 사로잡히지 않고, 아니무스를 누군가에게 투영하지도 않으며, 그것을 자신의 마음속에 존재하는 것으로 인정하고 지속적인 대화를 나눔으로써 이루어진다. 「지빠귀 부리 왕」 이야기는 그러한 과정을 보여준다.

아니무스와 떠나는 여행   3

왕의 명령에 따라 거지와 결혼한 공주는 정든 집을 떠나게 된다. 이렇듯 아니무스를 알게 된 여성에게는 고난의 여행이 시작되는 것이다. 아니무스에게 사로잡힌 여성은 종종 이 같은 추락을 경험한다. 아니무스의 사고는 극단을 달린다. 그것은 all or nothing의 애호가이며 그 윤리에는 중간항이 없다. 왕이냐 거지냐의 양자택일이 있을 뿐이다. 이리하여 그녀는 거지와 함께 길을 떠나며 자신의 행위를 한탄한다. "나도 참 딱하기도 하지, 그 사람이랑 할 걸 그랬어!" 아니무스의 발전 과정이 이 단계에서 멈춘 여성은 거짓 반성을 하게 된다. 그녀는 항상 현상에 만족하지 못하고 "이렇게 할 걸 그랬어, 저렇게 할 걸 그랬어" 하고 반성하는 것처럼 보인다. 그러나 그것이 진정한 반성이 아니라는 증거는, 책임감을 가지고 삶을 바꾸려 하지 않는 것으로 드러난다. 공주가 힘을 쏟는 것은 오로지 "사실 난 임금님과 결혼할 수 있었어"라면서 과거를 돌아보며 자기연

민을 되풀이하는 것뿐이다. 이렇게 되면 남성으로서는 "이 사람은 늘 다른 남자 얘기만 하는군. 나한테 만족하지 못하는 건가?"라고 말할 수밖에 없다. 단, 마음속으로만 투덜대는 남성도 많을 테지만.

그러나 이 공주는 그 단계에서 멈추지 않았다. 다음 단계에서 아니무스는 그녀에게 불을 피우고 요리를 하라고 요구한다. 이 점은 매우 흥미롭다. 앞에서 그레이트 마더와 아니무스가 화해한다고 했지만 사실 화해가 단번에 이루어지지는 않는다. 진정으로 아니무스를 발전시키려면 모성을 발전시켜야 한다. 그 둘은 언뜻 적대시하는 듯 보이지만 실은 상보적인 관계다. 아니무스로 단련되지 않은 모성은 너무 투박하며, 모성으로 지탱되지 않는 아니무스는 지나치게 냉정하다. 공주는 아니무스가 명령하는 대로 모성적인 일을 하기 시작한다. 바구니 짜기며 실잣기며 해보지만 전혀 도움이 되지 못한다. 아니무스의 목소리는 엄하다. "이 사람은 도무지 도움이 안 돼!" 죽 늘어선 왕과 제후들을 웃음거리로 만들었던 여성은 이제 큰 굴욕을 맛보아야 한다. 아니무스와 참된 대화를 지속하는 사람은 자신의 무능함을 뼈저리게 깨닫게 된다. 아니무스에 푹 빠져 있는 사람의 눈에는 신물이 날 정도로 타인의 무능함이 보이는 것이다.

자신의 무능함을 깨달은 공주에게 다른 일이 주어진다. 시장에서 항아리며 그릇을 파는 일인데, 이번에는 잘될 것 같다. 공주의 아름다운 모습을 보고 "돈만 내고 항아리는 가져가지 않는 사람도 많았기" 때문이다. 이 단계까지 오면 공주는 후유 하고 한숨 돌릴 수 있다. 남편은 팔 물건을 사 오고, 공주는 그것을 시장에 내다 팔며 함께 일을 한다. 이때 공주의 아니무스는 건설적으로 기능한다. 남편이 하는 일을 공주 자신의 내적인 아니무스의 작용으로 본다면, 공주는 남성과 같은 위치에서 지적인 일이나 기획 등을 해내는 사람이 되었다고 볼 수 있다. 그러나 그녀는 그 보상작용으로 시장 모퉁이에 앉아 물건을 늘어놓는 일을 해야 한다. 공주가 파는 항아리는 매우 보편적인 여성성의 상징물이다. 공주는 자신의 여성성을 싼값에 팔지 않으면 안 된다. 현실에서도 직업이나 학업에서 자신의 능력을 유감없이 발휘하던 여성이 때와 장소가 바뀌면 놀라울 정도로 값싼 여성성을 휘두르는 광경을 가끔 보게 된다. 공주의 마음은 유능한 아니무스와 미성숙한 여성성으로 균형이 유지되고 있는 것이다.

잠시 동안의 안정도 별안간 나타난 기마병에 의해 산산이 깨져버린다. 말을 타고 시장에 뛰어들어 항아리를 짓밟아 부숴버리는 기마병의 모습은 갑작스런 아니무스의 침입이 얼마나 무서운 것인지를 잘 보여준다. 일본에는 이토록 무서운 아니무스의 존재를 아는 여성이 많지 않은 듯하다. 이는 일본 남성이 아니마의 발전이라는 점에서 낮은 단계에 머물러 있다는 사실과 상응한다.

공주의 잠시 동안의 행복을 파괴하는 것이 아니무스라면, 공주를 달래고 야단치며 다음 일을 찾게 하는 것도 아니무스다. 그리고 우리는 이 둘이 동일인물이라는 것을 알고 있다. 몇 번이나 실패를 거듭하면서도 좌절하지 않았던 공주는 새로운 다음 일을 향해 간다. 공주님에서 끝내 부엌데기로까지 추락하는 것이다. 공주는 "요리하는 것을 거들기도 하고, 고된 허드렛일로 혹사당하기도" 한다. 여기에서 그녀는 자신의 몸을 움직여 여성으로서 해야 할 일을 하고 있는 것이다. 불도 못 피우던 결혼할 당시와 견주면 그녀는 무척이나 강해졌다. 공주 신분으로 살던 생활에 비하면 남이 먹다 남긴 것을 얻어먹는 처지이니 밑바닥까지 추락했다고 할 수도 있으나, 생각해보면 남이 베풀어주는 것에 의지하여 살아가는 게 구도자의 특권이기도 하다. 공주의 외적인 추락에 반비례하여 내적인 구도 과정은 정상에 다다르고 있음을 미루어 짐작할 수 있다. 다만, 공주 자신은 그것을 의식하지 못하고 있다. 왕자의 아름다운 결혼식을 지켜보며 공주는 "내 불운한 처지를 생각하니 마음이 어두워지고, 나를 이런 신분으로 끌어내리고 가난의 밑바닥까지 떨어뜨린 나 자신의 오만함을 저주해!"라고 중얼거린다. 공주는 마지막 계단을 올라가기 위해 다시 한 번 통렬한 비참함을 맛보아야 했다. 그녀는 한껏 치장한 사람들 틈바구니에서 남은 음식을 가져가려다 쏟는 바람에 온갖 조소를 당한다. 예전에 공주의 기지로 지빠귀 부리 왕을 웃음거리로 만들었을 때의 사람들의 웃음과 이 웃음은 훌륭하게 중첩된다. 공주가 오만함의 절정에 이르러 타인을 웃음거리로 만들었을 때 거지의 아내가 되는 반전이 이어졌듯이, 공주가 "쥐구멍이라도 있으면 꽁꽁 숨고 싶을 정도"로 부끄럽게 생각하던 웃음의 소용돌이는 그녀를 거지의 아내에서 왕비로 반전시킨다. 여기에 상호 반전의 양상이 탁월하게 묘사된다.

공주는 지빠귀 부리 왕의 설명을 듣고 모든 상황을 분명히 알게 된다. 그저 고난을 견디며 살아온 공주는 그제야 그 의미를 알게 된다. 그녀의 아니무스는 이미 강력한 파괴력이 사라졌으며, 상냥한 왕으로서 자신들의 결혼을 축하할 때가 왔음을 알린다.

오딘   4

이 이야기에서 아니무스는 모습을 바꾸어 다양한 인물로 나타난다. 폰 프란츠는 이러한 인물상의 배경에 북유럽 신화의 최고신인 오딘의 모습이 있다고 지적한다.[5] 그림 형제가 민담 채집을 결심했을 당시, 그들은 그 속에 기독교 전파로 인해 파괴된 고대 종교의 단편이 포함되어 있지 않을까 기대했다고 한다. 분명 그림 동화 속에는 북유럽 신화의 흔적으로 추정되는 내용이 포함되어 있다. 단, 민담의 주제가 보편성을 띤다는 점을 생각해보면 쉽게 단정하기는 어렵다. 이전에 「들장미 공주」에 대해 살펴보면서도(제6장), 소녀의 잠이라는 주제는 북유럽 신화와 관련하여 '브륀힐트 모티프'로 불린다고 지적했지만, 그렇다 해서 「들장미 공주」가 북유럽 신화에 직접적인 영향을 받았다고 단정하기는 어렵다.

그런데 「지빠귀 부리 왕」에서는 왕이 거지가 되기도 하고 기마병이 되기도 한다. 북유럽 신화의 최고신 오딘은 종종 거지 모습을 하고 민가를 찾아간다고 알려져 있다. 밤중에 얼굴 한쪽을 가린 낯선 남자가 찾아와 두서너 마디를 건네고는 사라진다. 사람들은 나중에야 그가 오딘이었음을 알게 된다. 한밤중에 집에 찾아오는 낯선 남자는 어쩌면 도둑일지도 모른다. 낯선 남자를 단 한 번 보고 그가 오딘임을 알아보기는 쉽지 않다. 공주가 거지로 변장한 지빠귀 부리 왕의 본모습을 알아차리지 못했던 것처럼.

또한 오딘은 말을 타고 산과 들을 돌아다녔다고도 전해진다. 슬레이프니르라고 불린 오딘의 말은 다리가 여덟 개이며 바람처럼 빨리 달렸다고 한다. 오딘은 또 전사한 무사들을 이끌고 발할라를 향하여 한밤의 어둠 속을 행진했다고도 전해진다. 그 무시무시하고 파괴적인 기사의 모습은, 공주가 항아리를 파는 시장에 말을 타고 나타난 기마병의 원상原像으로 볼 수도 있다.

물론 오딘은 왕이다. 북유럽 신들의 최고이자 최대의 신이며 모든 대지를 지배한다. 이 이야기에서 공주는 자신이 거쳐 간 숲이며 목장이며 도시를 전부 지빠귀 부리 왕이 지배한다는 것을 알고 놀라는데, 이 왕의 원상으로서 역시 오딘이 존재한다.

이렇게 보면, 독일 민족의 마음속 깊이 존재하는 오딘의 위대함을 충분히 납득할 수 있다. 공주의 아니무스가 다양하게 변장한 배후에 위대한 오딘이 존재하듯, 오딘은 모든 독일인 마음속 깊이 계속 살아 있을 것이다. 그리고 우리가 이 이야기를 읽으면서 느꼈던 알 수 없는 매력 역시 지금까지 기술해온 이유와 더불어 오딘에게서 유래하는 것일지도 모른다. 이 이야기는 이른바 소설적인 메르헨으로서, 마법사도 무엇도 나오지 않고 동물이 말을 하지도 않는다. 그러나 마법이 없는 이 이야기를 읽으면서 우리는 그 배후에 측량할 수 없는 커다란 힘이 작용하고 있음을 느낀다. 그것은 북유럽 사람들의 마음속 깊은 곳에 살아 있는 오딘의 힘이다. 그림 형제는 두 개의 이야기를 결합하여 하나의 이야기를 만들어냈다. 그때 그들의 무의식 속에 존재하는 오딘이 이 이야기에 교묘하게 손을 쓴 것인지, 아니면 그림 형제가 의도적으로 오딘의 모습을 덧입힌 것인지, 나로서는 알 길이 없다. 그렇더라도 이 이야기를 읽은 사람이면 누구나 품게 되는 의문이 있다. 화가 난 아버지가 공주를 거지에게 주겠다고 했을 때, 그는 지빠귀 부리 왕과 미리 합의한 것일까, 아니면 지빠귀 부리 왕 혼자서 계획한 것일까? 이에 대해 파고들기보다 이 왕들의 배후에 북유럽 최고의 신 오딘이 있다고 생각하면, 전체적인 이야기의 흐름이 인간을 초월한 지혜로 짜여 있다는 느낌마저 든다.

재혼 의식   5

　　이야기는 완전히 행복한 결말을 맞는다. 지빠귀 부리 왕과 공주의 결혼이 축하를 받는데, 이를 하나의 결혼 예식으로 본다면 두번째 식이다. 거지 차림의 왕과 공주는 앞서 결혼식을—몹시 초라했지만—한 번 올렸다. 두번째 결혼식에 관해서는 "이리하여 마침내 진정한 기쁨이 시작되었습니다"라고 이야기된다. 이러한 점에서 보면, 결혼의 진정한 기쁨을 알기 위해서는 결혼식을 두 번 올려야 할 사람도 많지 않을까 싶다.

　페로 동화 「그리젤리디스」[6]는 「지빠귀 부리 왕」과 유사한 테마를 다루는데, 이 이야기에도 두번째 결혼식이라는 주제가 나온다. 그리젤리디스는 아름다운 양치기 소녀다. 흥미로운 것은 그녀도 아버지와 함께 살고 있지만 「지빠귀 부리 왕」의 공주와는 정반대로 매우 얌전하고 숲속에서 사람을 모른 채 살아간다는 점이다. 이 장 서두에 언급했듯이 이 이야기에도 아버지와 딸의 강한 결속이 보이지만 그 형태는 다르다. 그리젤리디스는 자신의 아름다움을 뽐내거나 구혼자들에게 퇴짜를 놓지도 않으며, 자신의 미를 포기해 버리고 그것을 숨긴 채 아버지와 단둘이서 고립된 세계에 갇혀 있다. 이럴 경우 여성은 아버지에게마저 어머니 행세를 하게 된다. 그녀는 아름다운 아니마가 되기보다는 빨리 다정한 어머니가 되고 싶어 한다. 그러한 그녀 앞에 여성에 대한 불신감으로 가득 찬 왕이 나타나 결혼하게 된다. 왕은 어렵사리 결혼하지만 불신감이 점점 커져 그리젤리디스를 모질게 대하다가 끝내 이혼을 선언한다. 그러나 그리젤리디스는 그저 모든 것을 참고 견딜 뿐이다. 결국에는 왕의 차가운 마음이 녹아내려, 왕과 왕비는 다시 맺어져 행복한 결말을 맞이한다. 이 「그리젤리디스」 이야기를 고찰하자면 길어지기 때문에 생략하겠으나,[7] 여기에서도 재혼식 테마를 볼 수 있다는 점은 강조해두고 싶다.

일본에도 재혼을 다룬 이야기가 있다. 바로 「숯쟁이 부자炭燒長者」다.[8] 동쪽 부잣집과 서쪽 부잣집에 각각 여자아이와 남자아이가 태어난다. 서쪽 부자는 우연히 두 아이의 운명을 알게 되는데, 여자아이는 소금 한 됫박 정도이고 남자아이는 대나무 한 대 정도라고 한다. 그러자 서쪽 부자는 아이들의 행복을 위해 두 아이를 결혼시키자고 한다. 두 아이는 어른이 되어 결혼하지만 남편의 못된 행실로 인해 아내가 집을 나간다. 아내는 후타하시라二柱의 곳간 신이 하는 말을 듣고, 숯쟁이 고로 집에 찾아가 "제발 저를 아내로 삼아주셔요"라고 청한다. 고로는 부잣집 딸이 구혼해오자 처음에는 신분이 달라서 안 된다고 펄쩍 뛰지만, 그녀의 간곡한 청에 결국 결혼한다. 그리고 두 사람은 부자가 되는데 여기서도 두번째 결혼—이번에는 상대가 다르지만—으로 행복을 얻는다. 한편, 「지빠귀 부리 왕」의 경우와 마찬가지로, 「숯쟁이 부자」도 제목을 보면 남자가 주인공인 것 같지만 오히려 여성이 주인공인 점이 흥미롭다. 「숯쟁이 부자」의 경우 여성이 적극적으로 구혼하는 점이 인상적이어서, 이 이야기가 언제쯤 만들어졌으며 그 당시 일반 민중의 결혼관과 어떤 관련이 있는지 탐구해보는 것도 재밌을 듯하다. 그에 대해서는 접어두겠지만, 아무튼 이 이야기에서 재혼을 예찬하는 부분은 주목할 만하다.

「숯쟁이 부자」의 경우, 여성이 재혼을 결심하는 원동력으로서 타고난 운명과 곳간 신의 의견 등이 나오는 점은 「지빠귀 부리 왕」과 다르다. 그러나 「지빠귀 부리 왕」에서도 눈에 보이지 않는 오딘이 작용했다고 본다면, 일본 이야기는 운명의 실이 표면에 드러난 것으로 볼 수도 있다.

　이러한 이야기는 결혼의 어려움, 또는 남성성과 여성성의 결합의 어려움을 그린다. 그것은 단번에 이루어지는 것이 아니라 기나긴 과정 속에서 이별과 결합을 되풀이하면서 성취되는 것이다. 그렇다면 인간의 성장에 죽음과 재생의 과정이 필요하듯, 결혼생활의 발전을 위해서는 이혼과 재혼—동일인과 하더라도—이 필요하다는 이야기가 아닐까. 혹은 아니마와 아니무스의 문제는, 그것을 외계에 투영하며 살아간 다음, 그것을 실제로 자신의 내계의 것으로 인식하는 제2의 단계가 필요하다고 말하는 것일 수도 있다. 아무튼, 대립물의 합일은 평범한 방법으로는 성취되기 어려운 일이다.

제11장 **자기실현 과정**
「세 개의 깃털」

이 책의 마지막 장으로 「세 개의 깃털」을 선택
한 까닭은 이 이야기가 특별히 흥미로워서가 아니다. 「세
개의 깃털」은 오히려 그림 동화에서 자주 다루는 전형적인
주제이며 흔하디흔한 이야기다. 나는 이 이야기를 통해 지
금까지 기술해온 바를 정리하고자 한다. 여기까지 읽어온
독자라면 이 이야기는 쉽게 해석할 수 있을 것이고, 아마
이제부터 살펴볼 것들도 그리 새롭지 않을 것이다.

이제 여러분은 첫 단락만 읽고도 아주 친숙한 주제의 등
장을 점칠 수 있을 것이다. 왕과 세 아들로 이루어진 인물
구성상 셋째 아들 멍청이가 영웅이 되리라는 것도 바로 예
상 가능하다. 게다가 왕의 쇠퇴와 왕위 계승 문제까지. 이

문제들에 대해서는 이미 상세히 기술했기 때문에 되풀이할 필요는 없겠다. 그러나 한 가지, 그림 동화에는 이러한 인물 구성이 자주 나타난다는 점을 염두에 두길 바란다.

아들들은 왕위 계승을 결정짓기 위해 흔히 여행을 떠난다. 여행이라는 주제도 지금까지 여러 번 나왔다. 트루데 부인을 만나러 간 소녀는 아주 비참한 최후를 맞는다. 두 형제의 여행에는 '동반자'로서의 그림자 문제가 있었다. 트릭스터의 안내를 받아 배를 타고 여행한 왕자도 있었다. 아마도 「세 개의 깃털」의 여행은 「황금새」주인공의 여행과 가장 비슷할 것이다. 그러고 보니 「황금새」의 주인공도 멍청이라는 말을 들었다. 여기서 아버지인 왕이 아들들에게 여행을 떠나라고 명령하는데, 그 발단은 새 한 마리—황금새—였다. 「세 개의 깃털」에서는 여행의 방향을 결정하는 데 깃털이 사용되었다. 깃털은 물론 새의 일부분이며 무의식계의 논리가 종종 pars pro toto(부분으로 전체를 나타낸다)와 같다는 점을 생각하면 이들은 같은 주제로 볼 수 있다. 다시 말해, 왕은 자신의 의지나 아들의 의지에 따라 여행의 방향을 결정하지 않고 깃털 혹은 새의 움직임에 내맡긴 것이다.

스스로의 의지로 결정권을 포기하는 것도 민담에 흔히 나오는 주제다. 인간의 마음에 존재하는 자아와 자기의 상호작용에 대해서는 이미 기술한 바 있다. 자아는 인간 의식의 중심이며 그 주체로서 존재한다. 그러한 독립적인 자아의 확립을 위해 서양 문화는 엄청난 에너지를 소비해왔다. 그러나 자아가 마음 전체에서 지나치게 분리되거나 의식의 우위성을 강조하기 시작하면 그것은 뿌리 잘린 식물과 같은 상태가 된다. 현재 우리는 과학으로 무장된 자아 의식이 자연과의 관계를 단절함으로써 어떤 해악이 발생하는지를 여실히 체험하고 있다. 자아가 결정할 수 없는 것은 종종 우연이라는 형태를 띠고 나타난다. 이것을 적극적으로 수용하려 할 때, 인간은 새의 인도나 깃털의 인도에 의지하는 데에 생각이 미친다. 「세 개의 깃털」에서 세번째 깃털은 "곧장 날아올랐지만, 멀리 가지 못하고 그대로 땅으로 떨어졌습니다"라고 이야기된다. 동쪽과 서쪽으로 떠나는 형들에 반해 그 자리에 그대로 못 박혀 있는 멍청이의 모습은 지금까지 종종 기술해온 것처럼 '자기自己에 이르는 길' 입구에 서 있는 자의 모습을 훌륭하게 묘사하고 있다. 어리석은 자, 아무것도 하지 않는[無爲] 자는 '자기'의 길에 이르는 최단 거리에 있는 것이다.

멍청이는 한동안 시무룩하게 그 자리에 쪼그리고 앉아 있다가 깃털 옆의 널빤지 뚜껑을 발견한다. 그는 뚜껑을 들어 올리고 지하로 통하는 계단으로 내려간다. 의식 세계를 확고히 다지기 위해서는 무의식 세계로 내려가야 한다. 무의식 세계가 항상 지하 세계로 나타나는 것은 아니다. 「헨젤과 그레텔」 이야기처럼 깊은 숲으로 나타나는 경우도 있다. 어쨌거나 주인공은 비일상 세계로 들어가게 된다.

지하 세계   2

　　지하 세계를 방문한 주인공은 "크고 뚱뚱한 두꺼비 한 마리가 주위에 자그마한 두꺼비들을 우글우글 거느리고" 앉아 있는 것을 본다. '무의식적인 충동으로 의식화되는 뚜렷한 경향을 가진 것'으로 상징되는 개구리 이미지에 대해서는 이미 기술했다. 두꺼비도 개구리와 유사한 것으로서 비슷한 의미를 지닌다고 할 수 있지만, 폰 프란츠는 일단 신화에서는 개구리가 남성적 요소를 나타내는 데 비해 두꺼비는 여성적인 요소를 나타내는 경우가 많다고 지적한다.[1] 그러나 그러한 정확한 구분이 가능한지 여부는 제쳐두고, 이 이야기에서는 지상 세계의 아버지인 왕과 세 아들, 즉 남성만으로 구성된 점을 보더라도 이 지하 세계의 두꺼비들이 여성적인 요소를 가진 보상적 존재라고 추측할 수 있다. 그렇다면 주인공의 역할은 그곳에 존재하는 여성성을 어떻게 지상으로 끌어오는가 하는 것이다.

　현대인 역시 꿈속에서는 지하 세계로 내려가고자 시도한다. 우리 분석가들은 현대인의 내면에 존재하는 지하 세계에 관한 흥미로운 보고를 많이 접한다. 여기에 융의 꿈 하나를 소개한다. 길지만 생략하지 않고 전부 옮기겠다. 이 것은 융이 프로이트와 함께 일하던 초기에 꾼 꿈으로 그가 '보편적 무의식' 개념을 주장하여 프로이트와 결별하는 계기가 된 중요한 꿈이다.

나는 낯선 집 안에 있는데, 그곳은 이층집이다. 거긴 '우리 집'이다. 나는 2층에 있는데, 예쁘고 오래된 로코코 양식의 가구가 놓인 커다란 방이 있다. 벽에는 오래된 예쁜 그림이 잔뜩 걸려 있다. 나는 이 집이 우리 집일까 이상히 여기면서도 '나쁘지 않다'고 생각한다. 그러나 그때 아래층이 어떻게 되어 있는지 모른다는 것을 깨닫는다. 계단을 내려가 1층으로 가자 거기에는 더 오래된 온갖 것들이 있어서, 나는 집의 이 부분은 틀림없이 15~16세기 무렵의 것이라고 짐작한다. 가구는 중세풍이고 바닥에는 붉은 벽돌이 깔려 있다. 전체적으로 약간 어둡다. 나는 '그런데 나는 정말로 집 안을 살펴보고 다녀야 해'라고 생각하면서 방을 하나씩 보고 다닌다. 묵직한 문을 열자 맞은편에 지하실로 통하는 돌계단이 있다. 다시 내려가서 정신을 차리고 보니, 나는 굉장히 오래된 듯한 아름다운 둥근 천장이 있는 방에 있다. 벽을 살펴보다가 보통의 돌 벽돌로 쌓은 곳과, 모르타르 속에 있는 블록 조각을 발견한다. 이것을 보자마자 나는 로마 시대의 것임을 알게 된다. 이쯤 되자 내 관심은 강렬해진다. 나는 바닥을 더 면밀하게 살펴본다. 바닥은 석판으로 되어 있는데, 그중 한 석판에 고리가 달려 있는 것을 발견한다. 그것을 잡아당기자 석판이 들리더니 다시 깊은 곳으로 내려가는 좁은 돌층계가 보인다. 나는 또 밑으로 내려가 바위에 뚫린 나직한 동굴로 들어간다. 바닥에는 먼지가 수북이 쌓여 있고, 쓰레기 더미 속에는 원시 문화의 흔적처럼 여기저기 흩어진 뼈와 사금파리 조각들이 어지러이 나뒹굴고 있다. 나는 거기서 너무 오래되어 반쯤 부서진 인간의 두개골 두 개를 발견한다. 그리고 잠이 깼다.[2]

융은 꿈속에서 지하 세계로 깊이 들어갈수록 그 광경이 어둡고 이상해지는 경험을 하고 마지막에는 원시 문화의 유물을 발견한다. 그는 이 꿈을 꿀 당시에는 그 의미를 명확히 이해하지 못하고, 나중에야 인간의 무의식의 심층에는 의식이 거의 도달할 수 없는 원초적인 세계가 존재한다는 것을 깨달았다고 한다. 금세기 초, 교통기관의 급격한 발달과 더불어 사람들이 세계를 옆으로 확장하려 애쓸 때, 어두운 땅속 세계에 관심을 돌린 융이야말로 '멍청이'의 모습이 아니었을까 생각된다.

물론 일본의 민화에도 지하 세계로 하강하는 주제가 존

재한다. 그중에서 「세 개의 깃털」과 비교적 유사한 이야기로 「지장정토地藏淨土」를 예로 들어보겠다.[3] 비교적 유사하다고 했지만 실은 별로 유사점이 없다. 이 이야기를 예로 드는 까닭은 좀처럼 유사성이 큰 것을 찾기 어려웠거니와 뒤에서 살펴볼 일본인의 마음의 특징을 볼 수 있어서다. 「지장정토」는 할아버지와 할머니 이야기다. 할아버지는 손가락 사이로 빠져나간 콩이 토방에 난 쥐구멍으로 들어간 것을 보고, 나무 막대기로 쥐구멍을 파 점점 안으로 들어간다. 이 이야기에서는 깃털이 아닌 콩에 이끌려 땅속 세계로 가게 되고, 거기서 할아버지가 만난 것도 두꺼비가 아닌 돌로 만든 지장보살이다. 콩의 행방을 묻자 지장보살은 자기가 먹어버렸다고 한다. 지장보살은 미안해하며 할아버지에게 좋은 것을 가르쳐준다. 여기서 더 깊숙이 들어가면 붉은 장지문이 나오고, 거기서 쥐가 혼례 준비를 하고 있으니 뭐든 도와주라는 것. 그리고 좀더 들어가면 검은 장지문이 나오는데, 그 안에서 오니들이 노름을 하고 있을 테니 닭 우는 흉내를 내어 오니가 도망치거든 돈을 거둬 오라고 한다.

할아버지는 지장보살이 알려준 대로 더 깊숙이 들어간다. 그러자 붉은 장지문이 나오고 쥐가 혼례 준비를 하고 있다. 거기서 안으로 더 들어가자 근사한 집이 나온다. 어느 다다미방에는 붉은 상에 붉은 그릇에다 청동 화로가 있다. 또 이쪽 방에는 많은 쥐들이 비단옷을 입고 앉아 있고,

저쪽 방에서는 쥐들이 절구에 황금을 넣고 쿵더쿵쿵더쿵 빻고 있다. 할아버지가 재빨리 절구질을 거들어주자 쥐들은 기뻐하며 아름다운 비단옷을 듬뿍 준다. 그리고 더 깊이 들어가 오니들이 노름하는 광경을 보고 서까래에 올라가 숨는다. 그리고 한밤중까지 기다렸다가 때를 알리는 닭 울음소리를 내자 오니들이, 저건 첫번째 닭이라고 말한다. 두번, 세 번 닭 울음소리를 내자 오니들은 새벽이 된 줄 알고 돈을 그대로 둔 채 달아난다. 그래서 할아버지는 그 돈을 가지고 돌아와 부자가 되어 할머니와 함께 쥐가 준 비단옷을 입고 행복하게 살았다고 한다. 한편, 이 이야기에는 샘이 난 이웃집 할아버지가 나와 이를 흉내 내려다가 실패하는 에피소드도 나오지만 그 부분은 생략하겠다.

일본 민화에서 땅속 세계로 내려가는 이야기 가운데, 남성이 여성을 얻어 결혼하는 이야기는 찾을 수 없었다. 그래서 이 「지장정토」 이야기를 예로 든 것인데, 할아버지 할머니가 주인공이기 때문에 결혼 이야기는 성립될 수 없다. 하지만 흥미롭게도 할아버지는 지하 세계에서 쥐의 혼례식을 보게 된다. 「세 개의 깃털」에서도 쥐가 등장해 공주가 탈마차를 끄는 말로 변신하기 때문에 이 부분은 모종의 연관성이 있다고 느껴진다. 그럼에도 할아버지가 얻는 것은 공주가 아닌 비단옷과 돈인 만큼 이 이야기에서 결혼이 핵심이 아닌 건 분명하다.

그림 동화와 견주어 보면 확실히 일본 민담에는 결혼이
최종 결말로 이어지는 것이 적은데, 이에 대한 해석은 그리
간단치 않을 듯하다. 조금 과감하게 말하자면, 앞서 자아와
자기에 관해 기술할 때(제8장) 자기상을 나타내는 「두 형
제」의 형, 「황금새」의 여우(아름다운 공주의 오빠) 등에게는
결혼 에피소드가 발생하지 않는다는 사실을 지적했는데,
이 점이 하나의 힌트가 될 듯하다. 즉, 그 자체로 자기충족
적 존재라고 여겨지는 것—자기—은 보완해줄 상대를 필
요로 하지 않는 것이다. 그에 반해 자아는 어디까지나 일면
적인 존재이며 그것을 보완해줄 존재를 얻어야 비로소 완
결된다. 자아의 확립이라는 점에서 일본인이 서양인에 훨
씬 못 미치지만 자기의 존재를 아는 데에는 뛰어나다고 본
다면,[4] 자아와 자기의 관계는 일본에서의 인간과 자연의 관
계와 마찬가지로 대립하지 않고 공존하며, 모호함 속에 존
재하는 통합감에 의해 유지된다고 볼 수 있다. 따라서 남성
과 여성의 결혼이 대립물의 합일이라는 상징적 의미라는
이유로 그리 높이 평가되지 않은 건 아닐까. 물론 이 문제
들을 밝혀내기 위해서는 기독교에 바탕을 둔 서양의 일부
일처 결혼관에 대해, 또 예부터 전해오는 일본인의 결혼관
이나 성과 사랑에 대한 수용 방식도 고찰해야 할 텐데, 여
기서 그 문제까지 논하는 것은 불가능할 듯하다. 이것은 차
후의 문제로 남겨두겠지만, 역시 지하 세계에서 이루어지

는 쥐의 결혼식은 시사적이다. 지상에서 성을 불문에 부치고 살았던 할아버지와 할머니의 행복이 축하받을 때, 지하 세계에서는 결혼식이 행해지기 때문이다. 이것은 일종의 무의식 세계에서의 보상 작용이라고 볼 수 있으며, 또한 일본에서도 머잖아 상징적 의미를 지닌 남성과 여성의 결합이 문제시되어야 함을 예지하는 것으로 볼 수도 있다.

세 가지 과제   3

일본의 지하 세계 이야기에 깊이 파고들었는데, 다시 그림 동화 세계로 돌아가 보자. 우리 주인공에게 첫번째로 주어진 일은 훌륭한 양탄자를 찾아오는 것이다. 양탄자의 의미에 대한 폰 프란츠의 해석은 충분히 수긍이 간다. 유럽 문화는 동양 문화를 만나기 전에는 양탄자라는 존재를 알지 못했다. 유목민인 아라비아인이 양탄자를 중요시한 것은 그것이 대지의 연속성을 나타내기 때문이라고 한다. 즉, 그들은 유목생활을 위해 텐트를 가지고 이곳저곳 옮겨 다니는데 야영 텐트를 칠 때 거기에 양탄자를 깔아 그곳이 그들의 땅임을 확정하는 것이다. 예컨대 매일 다른 장소로 이동한다 해도 양탄자가 그들에게 꼭 필요한 기반인 대지의 연속성을 보증해준다. 물론 이러한 대지와의 결합은 모성과의 결합과 상통한다. 지상의 왕국이 남성만으로 구성될 때, 왕이 모성의 상징인 양탄자를 원하는 것은 온당하다. 그리고 어리석은 주인공이 지하 세계로 내려가 두꺼비에게서 양탄자를 얻는 점도 상징적으로 정확히 부합한다.

셋째 아들은 애써 질 좋은 양탄자를 구해 가지만 형들의 불평으로 두번째 과제를 받게 된다. 남성은 여성을 얻기 위해 많은 일을 해야 한다. 아버지의 그림자는 자아의 성장을 위해 필요한 일을 아주 잘 찾아낸다. 두번째 과제는 반지를 가져오는 것이다. 반지는 그 둥근 성질로 인해 자기의 상징일 수 있으며 동시에 결합과 구속을 의미한다고 폰 프란츠는 말한다. 결합과 구속이란 생각하기에 따라서는 같은 의미일 수 있으나 주관적으로 어떻게 받아들이냐에 따라 결합으로도, 구속으로도 느낄 수 있다. 결혼반지를 주고받는 풍습이 그와 같은 측면을 단적으로 보여주는데, 앞서 기술했듯이 결혼이라는 것 자체가 대립물의 합일이며 하나의 완결된 고리를 만드는 것이다.

이렇듯 상징적 의미가 강한 반지가 전 세계의 신화와 민담에 종종 등장하는 것도 당연하다. 다만, 일본의 민담에 거의 등장하지 않는 까닭은 앞서 기술한 결혼 모티프를 경시하는 측면과 같은 맥락일 것이다. 주인공은 대지에 단단히 뿌리 내린 양탄자라는 모성적인 것을 얻은 후 결합을 상징하는 반지를 얻는다. 그것은 이후 한 여성을 얻기 위해 필요한 준비를 한 것으로 볼 수 있다.

세번째 과제는 "가장 아름다운 신부를 데려오라"다. 멍청이는 다시 두꺼비를 찾아가지만 천하의 두꺼비도 이 부탁은 즉시 들어줄 수가 없다. "가장 예쁜 신부! 그건 당장 얻을 수 있는 게 아닙니다"라고 말하지만 결국은 도와준다. 그러나 이번에는 우선 "속을 파낸 노란 순무를 조그만 생쥐 여섯 마리에게 끌게 하는" 모습을 보고 멍청이는 실망한다. 일본의 지하 세계에 살았던 쥐가 여기에도 등장하는데, 쥐는 대체 어떤 의미가 있을까.

쥐는 밤이 되면 나타나 몰래 숨어서 소리를 내거나 무엇인가를 갉아 먹으며 우리를 위협한다는 점에서 콤플렉스의 작용을 표현하기에 가장 잘 어울리는 동물이다. 무의식의 움직임이 종종 성적인 색채를 띤다는 점에서, 쥐의 움직임은 성적 공상의 작용으로 볼 수도 있다. 아름다운 공주가 멍청이의 성적 공상인 탈 것(마차)을 타고 지상에 출현한다는 이야기가 재미있다. 여성과의 합일은 영혼만이 아닌 육체적으로도 이루어져야 한다. 가장 아름다운 것을 얻었다면 동시에 가장 낮은 것도 자신의 것으로 삼아야 한다. 멍청이는 커다란 두꺼비의 명령으로 작은 두꺼비를 집어 쥐가 끄는 수레에 태워주는데, 이는 아름다운 아니마상이 본디 어머니상으로부터 만들어지는 것을 의미한다. 아니마도 본래는 두꺼비와 한 가족이었다. 멍청이의 결의로 두꺼비와 쥐는 순식간에 육두마차에 탄 아름다운 공주로 변신하고 그는 기쁨에 차서 지상 세계로 돌아온다.

제3의 길   4

지하 세계의 두꺼비와 쥐가 공주와 말로 훌륭하게 변신하여 지상에 나타나는 부분과 관련해서는 다양한 변주가 존재한다.[5] 독일의 이본에서는 주인공이 지하 세계에서 만난 것이 두꺼비가 아니라 베를 짜는 아름다운 소녀였다. 그가 소녀를 지상에 데리고 나오자마자 그녀는 개구리로 변신한다.「세 개의 깃털」과는 오히려 반대인 것이다. 무의식계의 것을 의식계로 가져올 때는 여러 가지 이해할 수 없는 일이 발생한다. 예컨대 꿈속에서 어떤 명언을 듣거나 스스로 말하고 매우 감탄했다가도, 꿈이 깬 후 그 말을 생각해보면 의미를 알 수 없거나 의외로 하찮은 것이었던 경험을 하곤 한다. 무의식 내에서 깊은 의미를 지녔던 말을 의식적으로 파악하기란 어렵다. 그런데 개구리로 변한 공주는 멍청이에게 이르길 자신에게 입을 맞추고 "versenk Dich!" 하라고 세 번 외친다. 그러자 멍청이는 곧바로 개구리에게 입을 맞추고 뒤의 명령을 멋대로 해석하여 개구리와 함께 물속으로 뛰어든다. versenken은 본디 '가라앉히

다'라는 의미지만, versenk Dich는 오히려 자기 자신 속으로 가라앉는다는 의미로서 '열중하다' 또는 '명상하다'라는 뜻이다. 사실 개구리가 명령한 게 무엇인지 분명하지 않으나 멍청이는 자기 나름대로 받아들여 소박한 결의를 갖고 물속으로 뛰어든 것이다. 그런데 그것이 보기 좋게 성공하여 개구리는 본래의 공주로 다시 변신한다. 이 부분은 그림 동화「개구리 왕자」에서, 공주가 개구리를 벽에 내던질 결심을 하는 것과 비슷하다. 심적 내용이 무의식계에서 의식계로 이행할 때, 그에 상응하는 자아가 관여하지 않으면 그것은 건설적인 것이 되지 못한다.「세 개의 깃털」에서 주인공의 결의는 그 정도로 극적이지는 않다. 단지, 쥐가 끄는 수레를 보고 실망하면서도 커다란 두꺼비의 명령에 따라 조그만 두꺼비 한 마리를 집어 드는 것으로 그의 결의가 드러나 변신이 일어났을 것이다.

이러한 변신 이야기들은 또 다른 문제를 생각하게 한다. 다시 말해, 이 이야기들에 의해 공주의 '본모습'을 알게 된 자는, 그 공주도 결국은 두꺼비에 지나지 않는다고 말할 수 있게 된다. 이는 프로이트가 무의식 세계를 발견했을 때, 인간의 문화 현상을 해명하고 그것을 성욕으로 환원하여 말한 것을 생각하게 한다. 그는 레오나르도 다빈치Leonardo da Vinci의 예술도 결국은 마더 콤플렉스의 표현이었다고 말한다. 이러한 프로이트의 분석이 깊은 의미를 지닌다고 인정한다 해도 그것을 단순하게 적용하여 '결국은 ……에 지나지 않는다'고 단정해버리면 안 된다고 융은 지적한다. 아름다운 공주가 결국은 두꺼비에 지나지 않았다고 생각할 게 아니라, 공주가 아무리 아름다워도 두꺼비일 수 있으며, 두꺼비가 아무리 추해도 공주로 변신할 가능성이 있음을 전체적으로 볼 줄 알아야 한다. 공주인가 두꺼비인가 하는 이분법의 형태로 문제를 파악하는 것 자체가 잘못이며, 진실은 쉽게 헤아릴 수 없는 제3의 길에 있다.

해법이란 이것이냐 저것이냐 하는 양자택일의 방법이 아닌 그 중간에 있다는 점이 주인공이 마지막으로 부여받은 과제 속에 훌륭하게 드러난다. 주인공의 형들은 "큰 방 한가운데에 고리를 매달아놓고, 그 고리를 통과하는 신부를 데려온 자가 으뜸이다"라고 주장한다. 반지에서 드러났던 '고리' 주제가 이때 다시 되풀이된다. 그러나 이번에는 원환의 중심에 확실한 강조점이 있다. 지나치게 높지도, 낮지도 않은 꼭 한가운데라는 점에 높은 가치를 두고 있는 것이다.

두 형들은 자신들이 데려온 농부의 딸은 튼튼해서, 멍청이가 데려온 가냘픈 공주가 할 수 없는 일을 할 수 있다고 장담한다. 그러나 예상을 깨고 농부의 딸은 고리를 빠져나오기는 했지만 유연성이 없이 뻣뻣했기 때문에 팔다리가 부러지고 만다. 그와 반대로 아름다운 공주는 "암사슴처럼 살포시 빠져나온" 덕분에 결국 멍청이가 왕관을 차지하게 된다. 여기서 지하 세계의 두꺼비로 표현되는 여성성이라는 점에서, 흙과 깊이 관련된 농부의 딸이 멍청이의 아내로 어울릴 것 같은데 이 점은 어떻게 생각해야 할까. 깃털이나 새가 지상을 떠나 공중에 떠다니는 속성을 지닌 반면 두꺼비는 그 보상적 존재로서 의미를 지니고 있으며, 바로 그 둘의 한가운데 존재하는 것으로서 암사슴처럼 아름다운 공주의 상이 의미를 가진다. 그런 까닭에 그녀가 고리 한가운데를 통과하는 상징적인 행위를 해야 했을 것이다.

개성화 과정   5

심리치료사들은 종종 양자택일의 문제에 관해 상담을 받곤 한다. 더구나 대부분의 경우 양쪽 모두에 일장일단이 있기 때문에 어느 쪽이 좋다고 단정하기 어려운 경우가 많다. 그때 성급히 한쪽으로 결정하지 말고 양자의 갈등 속에 몸을 내맡기고 적극적으로 씨름하다 보면 그 사람 나름의 제3의 길이 열리게 마련이다. 여기에서 '그 사람 나름의'라고 표현했는데, 이것이 바로 '사람됨'이라는 말로 이어진다. 다시 말해, 양자 사이에서 갈등하는 과정에서 타인이 흉내 낼 수 없는 자기만의 개성이 형성되는 것이다. 이것이냐 저것이냐의 선택은 기존의 어떤 가치판단에만 따르면 된다. 그러나 제3의 길은 개인의 개성을 요하는, 기존의 것에 의지하지 않는 창조적 행위다. 이런 의미에서 융은 자기실현의 길을 개성화Individuation 과정으로 파악했다. 융의 말을 인용해보자.

의식과 무의식은, 어느 한쪽이 다른 한쪽에 억압당하거나 파괴당하면 하나의 전체를 형성할 수 없다. 양자를 평등한 권리를 가지고 공평하게 싸우게 하면 틀림없이 쌍방 모두 만족해할 것이다. 양자는 생명의 양면이다. 의식으로 하여금 합리성을 지키며 자기방어를 하게 하고, 무의식의 생명으로 하여금 자신의 길을 가는 데 공평한 기회를 얻게 하자. [……] 그것은 예부터 쓰여온 망치와 모루의 전술이다. 그들 사이에서 단련된 철은 마침내 부서지지 않는 전체, 즉 개인이 될 것이다.[6]

지금까지 11장에 걸쳐 기술해온 것도 결국은 이러한 의식과 무의식의 상호작용 속에서 '개인'이 만들어져가는 과정을 각각의 단계에 따라 밝혀온 것이라 할 수 있다. 그 과정에서 주인공은 때때로 상당한 위험에 처하고, 어려운 결정을 내릴 것을 요구받는다. 그러한 상황에서는 지금까지 보아왔듯이 간단하고 일반적인 법칙으로는 대처할 수 없다. 어느 주인공은 감히 위험에 도전하여 성공하고, 어떤 사람은 그것을 피해서 무사할 수 있다. 혹은, 언뜻 보기에 불행해 보이는 사건이 나중에는 도리어 행복의 씨앗이 되는 경우도 있다. 이렇듯 일반화를 허락하지 않는 것이 인간 삶의 특징이며, 그러므로 개성화라고 부를 수 있는 것이다. 여기에서 주목할 점은, 그것은 어디까지나 개성화 과정으로 파악해야 하며 자기실현의 성취로 봐선 안 된다는 것이다. 모든 민담에는 결말이 있고 종종 주인공의 소망이 성취되지만, 그것들은 어디까지나 자기실현의 한 장면으로서 의미를 지니는 것이며, 하나의 단계를 성취하면 또 다음 단계가 기다리고 있는 것이다.

융은 자기실현 과정에 대해 그 나름의 도식을 가지고 있다. 이 책도 대체로 그에 따라 이론을 펼쳐왔지만, 지금까지 언급해왔듯 융의 도식이 일본에도 그대로 적용된다고 할 수는 없다. 그러한 측면에도 관심을 갖고 예부터의 서양과 일본을 대비해가는 과정 속에서 제3의 길을 발견하도록 노력하는 것이 곧 현대를 살아가는 우리 개개인들의 개성화 과정과도 겹칠 것이다.

민담은 어릴 때부터 내 마음을 사로잡은 채 떠나지 않았다. 나는 민담을 무척 좋아했다. 어릴 때 아르스 출판사의 『일본아동문고』에 포함된 동화집을 가슴 설레어하며 몇 번이고 읽었던 기억이 떠오른다. 아름다운 자연과 공상하기 좋아하는 유쾌한 형제들에 둘러싸여 자라온 덕분에 내 마음속에 민담의 세계가 더욱 생생하게 뿌리내릴 수 있었다.

공상하기 좋아하고 탐구심이 강했던 나는, 어린 나이에도 민담에 대해 많은 의문을 품었다. 본문에도 언급했지만 「황금새」에 나오는 여우는 마지막에 왜 자신을 쏘아 죽이고 손발을 싹둑 자르는 잔혹한 짓을 해달라고 했을까, 게으름뱅이가 왜 그렇게 이득을 보는 것일까 등의 의문을 품었다. 초등학교 시절 「우라시마 타로浦島太郎」를 배울 때, 용녀는 왜 열면 해가 될 뿐 아무 유익도 없는 상자를 선물로 주

263

었느냐고 선생님께 질문했던 기억도 생생하다.

그런데 뜻밖에도 민담에 대한 나의 강한 관심과 이상한 탐구심을 충족시켜줄 기회가 주어졌다. 1962년, 스위스의 융 연구소에 유학을 가 융 학파의 분석가 자격을 얻을 수 있는 기회가 온 것이다. 3년 과정 안에는 민담에 관한 강의와 연구가 포함되어 있었다. 융이 아끼던 제자이며 민담 전문가인 폰 프란츠 여사의 매력에 가득 찬 강의에 나는 마음을 빼앗기고 말았다. 본문에도 종종 언급했듯이 이 책 내용의 대부분은 폰 프란츠 여사의 강의에 기초한 것이다. 이 지면을 빌려 진심으로 감사의 말씀을 전한다.

민담에 관한 융 심리학의 연구는 매우 흥미진진했는데, 일본인들은 그것을 어떻게 받아들일지 궁금했다. 한동안 침묵을 지키다가 이 책에도 쓴 「게으름과 창조」(융 연구소에 제출한 리포트 중 하나다) 등으로 시험해보고 학생들이 의외로 잘 받아들인다는 사실을 확인했다. 특히 1972년 오차노미즈 여자대학 아동학과에서 초빙 강사로 재직하면서 과감하게 강의해보니 학생들로부터 상당한 반응이 돌아와 여간 기쁘지 않았다. 그 뒤 1973년에는 우라시마 타로에 관한 논문을 『사상思想』에 발표했고 그에 관해서도 매우 호의적인 반향이 돌아왔다.

이러한 연유로 후쿠인칸 출판사의 연재 의뢰에 기꺼이 응했던 것이다. 이 연재는 잡지 『어린이의 집こどもの館』에

「민담의 심층」이라는 제목으로 1975년 5월부터 1년에 걸쳐 계속되었다. 마지막 회에는— 이 책에는 싣지 않았지만— 다니가와 슌타로谷川俊太郎 씨와 대담을 했는데 아주 재미있고 유익한 이야기를 들을 수 있었다. 연재는 예상보다 고된 작업이었지만 후쿠인칸의 편집자 스가와라 히로쿠니와 사쿠타 마치코의 격려 덕택에 끝까지 이어갈 수 있었다. 매회 그림 동화를 새롭게 번역해주신 야가와 스미코 씨, 그리고 멋진 그림을 그려주신 스즈키 야스시 씨에게도 (내 일의 추진자로서 힘이 되어주신 점) 감사드린다. 이 모든 분들이 힘써주시지 않았다면 지금까지 작업을 계속하지 못했을 것이다.

「민담의 심층」은 민담에 대한 융 학파의 생각을 가능한 많은 사람이 이해하기 바라는 마음에서 썼기 때문에, 일반인들이 쉽게 받아들일 수 있도록 널리 알려진 그림 동화를 이용했다. 설명하기 위해 든 다른 사례도 가능한 많이 알려진 민담을 활용했다. 앞서도 말했듯이, 이 책은 폰 프란츠 여사의 가설에 따른 점이 많지만 또한 모두 내 이야기로 느껴진 것들이기도 하다. 게다가 그림 동화에 몇몇 일본 민담을 대비시켜 그 특징을 부각시킴으로써 일본인의 수용방식에 대해서도 어느 정도 밝혀냈다고 생각한다. 그 점이 나의 독창적인 연구 성과라고 하겠다. 결국, 일본인으로서 민담 속에 나타난 일본인의 마음의 근원을 탐구하는 것이 나의 최대의 관심사이기에 먼저 서양의 생각을 대강 살펴볼 필요가 있었던 것이다.

최근에는 일본에서도 민담 연구가 점점 활발해지고 있다. 덕분에 연재가 끝난 뒤에도 여러 가지 흥미로운 민담 연구 결과에 대해 언급할 기회가 많았다. 이번에 한 권의 책으로 묶어 내는 김에 그러한 식견을 바탕으로 수정 보완을 하고 싶었으나, 일단 완성된 것을 해체하여 재통합하는 일은 예상보다 많은 에너지를 요하는 작업이고, 이 글은 나름대로 완성된 것으로 여겨 크게 정정하지는 않았다.

새롭게 책이라는 형태로 나오기까지 출판사 편집부 고지마 이쿠오 씨에게 여러 모로 신세를 졌다. 그 밖에도 도와주신 많은 분들에게 이 자리를 빌려 진심으로 감사의 말씀을 드린다.

1977년 9월

가와이 하야오

제1장 민담과 마음의 구조

1 ライエン, 『昔話とメルヘン』, 山室静 訳, 岩崎美術社, 1971.

2 M.-L. von Franz, *An Introduction to the Psychology of Fairy Tales*, Spring Publications, 1970.

3 물고기로도 귀신으로도 보이는 모습이라고 쓴 것은 생각해볼 여지가 있지만 여기에서는 언급하지 않기로 한다.

4 졸고 「浦島と乙姫—分析心理学的考察」, 『母性社会日本の病理』(中央公論社, 1976)에서 우라시마 전설에 등장하는 용녀상龍女像이 시대와 더불어 어떻게 변천되어가는가에 대해 논한 적이 있다.

5 リューティ, 『ヨーロッパの昔話—その形式と本質』, 小沢俊夫 訳, 岩崎美術社, 1969. [한국어판: 막스 뤼티, 『유럽의 민담』, 김홍기 옮김, 보림, 2005.]

6 リューティ, 『昔話の本質—むかしむかしあるところに』, 野村汯 訳, 福音館書店, 1974. [한국어판: 막스 뤼티, 『옛날 옛적에』, 김경연 옮김, 길벗어린이, 2008.]

7 같은 책.

8 von Franz, *An Introduction to the Psychology of Fairy Tales*.

9 von Franz, *An Introduction to the Psychology of Fairy Tales*에 인용되어 있다.

10 ヤッフェ 編, 『ユング自伝—思い出·夢·思想 2』, 河合·藤縄·出井 訳, みすず書房, 1973. [한국어판: 카를 구스타프 융, 『카를 융, 기억 꿈 사상』, 조성기 옮김, 김영사, 2007.]

11 이와 같은 신화에 대해서는 K. 케레니와 융의 저작 『神話学入門』(杉浦忠夫

訳, 晶文社, 1975) 중 케레니가 쓴 서론을 참조하기 바란다.

12 von Franz, *An Introduction to the Psychology of Fairy Tales*.

13 융의 생각에 대해서는 졸저 『ユング心理学入門』(培風館, 1967)을 참고하기 바란다.

제2장 그레이트 마더

1 그림 동화는 KHM 번호로 표시하는 것이 일반적이지만, 여기서는 독자의 편의를 생각하여 이와나미문고의 가네다 긴이치金田鬼一, 『그림 동화집』(1954~56)의 번호를 그대로 붙이기로 했다. 트루데 부인은, 이와나미 판에는 「트루데 아주머니」(48)라고 되어 있다. [옮긴이: 한국어판에서는 번호를 삭제했다.]

2 「트루데 부인」의 인용은, 야가와 스미코矢川澄子의 신역에 따랐고, 그 밖의 그림 동화는 이와나미 판에 따랐다. [옮긴이: 한국어판에서는 본문에 인용된 문장은 그대로 번역하되, 부록에 실은 그림 동화의 경우 김열규 옮김, 『그림형제 동화전집』(현대지성, 2015)을 사용했다.]

3 エリアーデ, 『生と再生』, 堀一郎 訳, 東京大学出版会, 1971. [원제: Mircea Eliade, *Birth and Rebirth*.]

4 같은 책.

5 関敬吾 編, 『こぶとり爺さん・かちかち山ー日本の昔ばなし(I)』, 岩波文庫, 1956.

6 같은 책.

7 アファナーシェフ 編, 『火の鳥』, 神西清 訳, 岩波少年文庫, 1952.

8 이와나미 판에서는 「고양이와 쥐와 친구들」이지만, 원제는 *Katze und Maus in Gesellschaft*이다.

9 エンマ・ユング, 『内なる異性』, 笠原嘉・吉本千鶴子 訳, 海鳴社, 1976.

제3장 어머니로부터의 독립

1 高橋健二, 『グリム兄弟』, 新潮社, 1968.

2 같은 책.

3 C. G. Jung, *Psychology and Alchemy*, in *The Collected Works of C. G. Jung*, Vol. 12, Pantheon Books Inc., 1953.

4   졸저 『ユング心理学入門』, 培風館, 1967. 『母性社会日本の病理』, 中央公論社, 1976.

5   Hedwig von Beit, *Symbolik des Märchens*, Francke Verlag, 1952.

6   『日本童話集 中』, 日本児童文庫, アルス, 1927.

7   E. Neumann, *The Great Mother*, Loutledge & Kegan Paul., 1955.

8   Hedwig von Beit, *Symbolik des Märchens*.

제4장 게으름과 창조

1   M.-L. von Franz, *The Feminine in Fairy Tales*, Spring Publications, 1972.

2   関敬吾 編, 『桃太郎・舌きり雀・花さか爺—日本の昔ばなし(II)』, 岩波文庫, 1956.

3   佐竹昭広, 『下剋上の文学』, 筑摩書房, 1967.

4   関敬吾 編, 『桃太郎・舌きり雀・花さか爺—日本の昔ばなし(II)』.

5   융의 이 같은 주장에 대해 프로이트 학파는 당초 그다지 찬성하지 않았지만, 근래 들어 프로이트 학파 중에서 자아심리학자라고 불리는 사람들이 예술에서의 정신분석 작업을 하는 과정에서 이러한 생각을 갖게 되었다. 크리스나 하르트만 같은 사람들은 이를 창조적 퇴행creative regression, 자아를 위한 퇴행regression in the service of the ego이라고 부른다.

6   岡潔, 『春宵十話』, 毎日新聞社, 1963.

7   関敬吾 編, 『桃太郎・舌きり雀・花さか爺—日本の昔ばなし(II)』.

8   "행운은 누워서 기다려라"라는 말에 대해서도 사타케 아키히로가 쓴 흥미로운 논고가 있다. 사타케의 이론은 이 사례에도 꼭 들어맞지만 여기에서는 언급하지 않겠다. 佐竹昭広, 「果報は寝て待てのこと」, 『民話の思想』, 平凡社, 1973.

9   이 같은 융의 주장은 그의 책 여러 곳에서 볼 수 있는데, 예를 들면 C. G. Jung, *Psychology and Religion: West and East,* in *Collected Works of C. G. Jung*, Vol. 11, Pantheon Books, 1958 참조.

10   佐竹昭広, 『民話の思想』.

11   関敬吾 編, 『一寸法師・さるかに合戦・浦島太郎—日本の昔ばなし(III)』, 岩波文庫, 1957.

12   関敬吾 編, 『こぶとり爺さん・かちかち山—日本の昔ばなし(I)』, 岩波文庫, 1956.

제5장 그림자의 자각

1   ライエン,『昔話とメルヘン』, 山室静 訳, 岩崎美術社, 1971.

2   같은 책.

3   関敬吾,『日本昔話集成, 第二部本格昔話 2』, 角川書店, 1953. 이 책의 178A, 178B로 수록되어 있다.

4   『莊子, 中国の思想 12』, 岸陽子 訳, 松枝茂夫·竹内好 監修, 徳間書店, 1967. 인용문은 이 책의 번역에 따른다.

5   이런 관점에 대해서는 M.-L. von Franz, Shadow and Evil in Fairy Tales, Spring Publications, 1974 참조. 이 밖에도 이 책에 따른 부분이 많음을 명기해둔다.

6   C. G. Jung, Two Essays on Analytical Psychology, in Collected Works of C. G. Jung, Vol. 7, Pantheon Books, 1953.

7   Hedwig von Beit, Gegensatz und Erneuerung im Märchen, Francke Verlag, 1957. 이 책에는 흥미진진한 쌍둥이 이야기가 많이 나온다.

8   C. G. Jung, Psychology and Religion, in Collected Works of C. G. Jung, Vol. 11, Pantheon Books, 1958.

9   リューティ,『昔話の本質』, 野村㳕 訳, 福音館書店, 1974. [한국어판: 막스 뤼티,『옛날 옛적에』, 김경연 옮김, 길벗어린이, 2008.]

10 E. Neumann, The Origins and History of Consciousness, Pantheon Books, 1954.

11 フォン·フランツ,「個性化の過程」, ユング 編,『人間と象徴』下巻, 河合隼雄 監訳, 河出書房新社, 1975. [한국어판: 폰 프란츠,「개성화 과정」, 카를 구스타프 융 엮음,『인간과 상징』, 이윤기 옮김, 열린책들, 1996.]

제6장 사춘기

1   高橋健二,『グリム兄弟』, 新潮社, 1968.

2   J. Bolte & G. Polivka, Ammerkungen zu den Kinder-und Hausmärchen der Brüder Grimm, 5 Bde, Leipzig, 1913~32.

3   같은 책.

4   M.-L. von Franz, The Feminine in Fairy Tales, Spring Publication, 1972.

5   ライエン,『昔話とメルヘン』, 山室静 訳, 岩崎美術社, 1971.

6   リューティ,『昔話の本質』, 野村㳕 訳, 福音館書店, 1974. [한국어판: 막스

뤼티, 『옛날 옛적에』, 김경연 옮김, 길벗어린이, 2008.]

7　高橋健二, 『グリム兄弟』.

8　相沢博, 『メルヘンの世界』, 講談社, 1968.

9　von Franz, *The Feminine in Fairy Tales*.

10　関敬吾, 『日本昔話集成』, 角川書店, 1953.

11　von Franz, *The Feminine in Fairy Tales*.

12　リューティ, 『昔話の本質』.

13　関敬吾 編, 『一寸法師・さるかに合戦・浦島太郎―日本の昔ばなし(III)』, 岩波文庫, 1957.

14　ライエン, 『昔話とメルヘン』.

15　リューティ, 『昔話の本質』.

제7장 트릭스터의 활약

1　フレイザー, 『金枝篇』 二, 永橋卓介 訳, 岩波文庫, 1966. [한국어판: 제임스 조지 프레이저, 『황금 가지』, 이용대 옮김, 한겨레출판, 2003.]

2　ユング, 「お伽噺の精神の現象学」, 『人間心理と教育』, 西丸四方 訳, 日本教文社, 1956.

3　関敬吾 編, 『こぶとり爺さん・かちかち山―日本の昔ばなし(I)』, 岩波文庫, 1956.

4　트릭스터에 대한 자세한 사항은 주석 6, 7, 8번의 책과 함께 졸저 『影の現象学』, 思索社, 1976을 참조하라.

5　関敬吾 編, 『一寸法師・さるかに合戦・浦島太郎―日本の昔ばなし(III)』, 岩波文庫, 1957.

6　山口昌男, 『アフリカの神話的世界』, 岩波新書, 1971.

7　ラディン・ケレニー・ユング, 『トリックスター』, 皆河宗一 外 訳, 晶文社, 1974.

8　ヘンダーソン, 『夢と神話の世界―通過儀礼の深層心理学的解明』, 河合・浪花 訳, 新泉社, 1974.

9　M.-L. von Franz, *Shadow and Evil in Fairy Tales*, Spring Publications, 1974.

10　森三樹三郎, 『中国古代神話』, 清水弘文堂書房, 1969.

11　トムスン 編, 『アメリカ・インディアンの民話』, 皆河宗一 訳, 岩崎美術社, 1970; フレーザー, 『火の起源の神話』, 清江舜二郎 訳, 角川文庫, 1971.

12　von Franz, *Shadow and Evil in Fairy Tales*.

13　ラディン・ケレニー・ユング, 『トリックスター』.

제8장 아버지와 아들

1 Hedwig von Beit, *Symbolik des Märchens*, Francke Verlag, 1952.

2 J. Bolte & G. Polivka, *Ammerkungen zu den Kinder-und Hausmärchen der Brüder Grimm*, Leipzig, 1913~32.

3 이 책 96~97쪽 참조.

4 関敬吾 編,『一寸法師・さるかに合戦・浦島太郎―日本の昔ばなし(Ⅲ)』, 岩波文庫, 1957.

5 関敬吾,『日本昔話集成, 第二部本格昔話 2』, 角川書店, 1953.

6 이 점에 관한 자세한 사항은 졸저『母性社会日本の病理』, 中央公論社, 1976 참조.

제9장 남성 마음속의 여성

1 『リグ・ヴェーダ讃歌』, 辻直四郎 訳, 岩波文庫, 1970.

2 リューティ,『昔話の本質』, 野村泫 訳, 福音館書店, 1974. [한국어판: 막스 뤼티,『옛날 옛적에』, 김경연 옮김, 길벗어린이, 2008.]

3 関敬吾,『日本昔話集成, 第二部本格昔話 1』, 角川書店, 1953.

4 リューティ,『昔話の本質』.

5 C. G. Jung, *Concerning the Archetypes, with Special Reference of the Anima Concept*, in *The Collected Works of C. G. Jung*, Vol. 9, Pantheon Books, 1959.

6 フォン・フランツ,「個性化の過程」, ユング 編,『人間と象徴』下巻, 河合隼雄 監訳, 河出書房新社, 1975. [한국어판: 폰 프란츠,「개성화 과정」, 카를 구스타프 융 편,『인간과 상징』, 이윤기 옮김, 열린책들, 1996.]

7 リューティ,『昔話の本質』.

8 이와나미 판『그림 동화집』에는「딸가닥딸가닥 죽마 타는 사내아이」로 번역되어 있다.

제10장 여성 마음속의 남성

1 J. Bolte & G. Polivka, *Ammerkungen zu den Kinder-und Hausmärchen der Brüder Grimm*, 5 Bde., Leipzig, 1913~32.

2 相沢博,『メルヘンの世界』, 講談社, 1968.

3 M.-L. von Franz, *An Introduction to the Psychology of Fairy Tales*, Spring Publications, 1970. 이 글은 폰 프란츠의 생각에 따른 바가 크다.

4 프시케의 길을 여성의 자기실현 과정으로 본 것으로는 다음의 책을 참조하라. ノイマン, 『アモールとプシケー』, 玉谷直実·井上博嗣 訳, 紀伊国屋書店, 1973.

5 von Franz, *An Introduction to the Psychology of Fairy Tales*.

6 シャルル·ペロー, 『眠れる森の美女』, 江口清 訳, 角川文庫, 1969.

7 그리젤리디스를 주인공으로 보면, 이 왕은 냉정한 아니무스의 전형으로 볼 수 있다.

8 関敬吾 編, 『一寸法師·さるかに合戦·浦島太郎—日本の昔ばなし(Ⅲ)』, 岩波文庫, 1957.

제11장 자기실현 과정

1 M.-L. von Franz, *An Introduction to the Psychology of Fairy Tales*, Spring Publications, 1970. 또한 이 책에는 「세 개의 깃털」에 대한 폰 프란츠의 상세한 해석이 들어 있다. 여기서 나의 이론은 그에 따른 바가 크고, 이후에 기술하는 폰 프란츠의 가설은 모두 이 책에 따랐다.

2 ヤッフェ 編, 『ユング自伝—思い出·夢·思想 1』, 河合·藤繩·出井 訳, みすず書房, 1972. [한국어판: 카를 구스타프 융, 『카를 융, 기억 꿈 사상』, 조성기 옮김, 김영사, 2007.]

3 関敬吾, 『日本昔話集成, 第二部本格昔話 2』, 角川書店, 1953.

4 이 점에 관해서는 졸고 「日本人の自我構造」, 『母性社会日本の病理』, 中央公論社, 1976 참조.

5 J. Bolte & G. Polivka, *Ammerkungen zu den Kinder-und Hausmärchen der Brüder Grimm*, 5 Bde., Leipzig, 1913~32.

6 C. G. Jung, *The Integration of the Personality*, Routledge & Kegan Paul, 1940.

부록
그림 동화

트루데 부인

옛날 어느 곳에 어린 소녀가 있었습니다. 소녀는 고집이 센 데다 호기심이 많아서 부모님이 무어라고 하면 꼭 옆길로 나갔습니다. 그러니 일이 제대로 되긴 어렵지 않겠어요?

어느 날 소녀는 부모님께 말했습니다.

"트루데 부인 이야기를 하도 많이 들어서 한번 만나보고 싶어요. 사람들 이야기로는 부인은 보통 사람이 아니고 그 집에는 신기한 것들이 많대요. 궁금해서 견딜 수가 없어요."

그렇지만 소녀의 부모님은 그 집에 절대로 가서는 안 된다고 단단히 일렀습니다.

"트루데 부인은 나쁜 여자야. 못된 짓만 저지른단다. 네가 거기 가는 날에는 우리 자식이 아니다."

그러나 소녀는 부모님의 당부를 듣는 둥 마는 둥 하고 앞뒤 생각 없이 트루데 부인의 집으로 갔습니다. 집에 닿자 트루데 부인이 물었습니다.

"얼굴이 왜 그렇게 파리하니?"

"그거, 방금 본 것이 너무 무서워서요."

소녀는 벌벌 떨면서 대답했습니다.

"무얼 보았길래?"

"층계에서 시커먼 남자를 보았어요."

"그건 숯쟁이야."

"새파란 남자도 보았어요."

"그건 사냥꾼이고."

"시뻘건 남자도 보았어요."

"짐승을 잡는 백정이야."

"오, 트루데 부인. 전 기절초풍했어요. 창문으로 보니 부인은 보이지 않고 머리에 시뻘건 불이 붙은 악마가 있는 거예요."

"오호라! 마녀가 맵시 있게 단장한 모습을 보았구나. 나는 네가 오기를 얼마나 기다렸는지 모른단다. 네가 필요해. 나에게 빛을 베풀어다오!"

그러더니 트루데 부인은 소녀를 나무토막으로 만들어 불

길에 던져 넣었습니다. 나무가 활활 타오르자 부인은 그 옆
에 바짝 다가앉아 불을 쪼이면서 이렇게 말했습니다.

"그것 참 밝기도 하다."

헨젤과 그레텔

    가난한 나무꾼이 아내와 두 아이를 데리고 숲에서 살고 있었습니다. 남자아이 이름은 헨젤이고 여자아이 이름은 그레텔이었습니다. 워낙 가난한 살림이라 늘 먹을 것이 부족하곤 했는데, 거기다가 그해에는 큰 기근이 나라 전체를 휩쓸고 지나가서 나무꾼은 식구들의 먹을거리를 그나마도 마련할 수가 없게 되었습니다. 밤이 되어도 그는 침대에 누워 이런저런 걱정을 하느라 좀처럼 잠을 이루지 못했습니다.

    어느 날 밤이었습니다. 그는 한숨을 쉬며 아내에게 말했습니다.

    "앞으로 어떻게 될까? 우리 둘이 먹을 것도 없을 지경이니 우리 불쌍한 아이들한테는 뭘 먹이지?"

그러자 아내가 말했습니다.

"방도가 있긴 있어요. 내일 아침 일찍 아이들을 데리고 숲속 깊숙이 들어가는 거예요. 거기 가서 불을 피우고 아이들에게 빵 한 덩어리씩을 나눠 준 뒤 아이들을 거기 내버려두고 우리는 일을 하러 가서 돌아가지 않는 거예요. 아이들은 집으로 오는 길을 모르기 때문에 집으로 돌아오지 못할 것이고 그렇게 되면 우리는 아이들한테서 벗어날 수 있다고요."

"안 돼, 여보. 그럴 수는 없어. 내 아이들을 숲속에 버리고 올 수는 없어. 그랬다가는 맹수들이 금방 그 애들을 잡아먹고 말 텐데."

그러자 아내가 다시 말했습니다.

"오, 이 바보 같은 사람! 그렇게라도 하지 않으면 우리 네 식구는 이대로 굶어 죽고 만단 말이에요. 일찌감치 관짤 궁리나 하는 게 좋을 걸요!"

아내가 자꾸 이런 말을 되풀이하면서 괴롭히는 바람에 마침내 나무꾼은 아내의 말에 따르기로 했습니다.

"하지만 우리 아이들이 불쌍해."

나무꾼이 말했습니다.

그런데 그날 밤 두 아이는 너무나 배가 고파서 잠을 이룰 수가 없었습니다. 그러므로 그들은 계모가 아버지에게 하는 말을 다 들었습니다. 그레텔은 너무나 슬퍼서 눈물을 흘리며 헨젤에게 말했습니다.

"이제 우린 죽었어."

그러자 헨젤은 말했습니다.

"조용히 해, 그레텔. 염려하지 마. 내가 곧 좋은 방도를 생각해낼 테니까."

엄마 아빠가 잠이 들자 헨젤은 옷을 걸쳐 입고 살그머니 문을 열고 밖으로 나갔습니다. 밖에는 달이 휘영청 밝았습니다. 집 앞에 널려 있는 자갈들이 마치 순은으로 된 은화처럼 달빛에 하얗게 빛나고 있었습니다. 헨젤은 가능한 한 많은 자갈들을 주워 주머니 속에 집어넣었습니다. 다시 방 안으로 돌아온 헨젤은 그레텔에게 말했습니다.

"걱정하지 말고 그저 편안히 잠이나 자. 하느님은 우리를 버리지 않으실 거야."

그러고 나서 헨젤도 자기 침대에 누웠습니다.

이튿날 새벽이었습니다. 아직 해가 떠오르지도 않았는데 계모가 와서 두 아이를 깨웠습니다.

"일어나, 이 게으름뱅이들아! 나무하러 숲으로 가야 해."

계모는 아이들에게 빵 한 조각씩을 안겨주며 말했습니다.

"이게 점심이야. 이것 말고는 먹을 게 아무것도 없으니까 점심때가 되기 전까지는 먹지 마."

헨젤의 주머니 속에는 자갈이 가득 들어 있었으므로 그

레텔은 그 빵 조각들을 자기 앞치마로 쌌습니다. 그러고 나서 네 식구는 숲속으로 들어갔습니다. 얼마쯤 걸어갔을 때 헨젤은 걸음을 멈추고 집 쪽을 돌아보았습니다. 그가 이따금 돌아볼 때면 아버지가 한마디 했습니다.

"뭘 보고 있는 거냐, 헨젤? 왜 꾸물거리는 거지? 그저 앞만 보고 부지런히 걷도록 해라!"

헨젤은 말했습니다.

"전 우리 집 지붕 위에 앉아 있는 하얀 새끼 고양이를 보고 있는 거예요. 저 고양이는 저한테 잘 다녀오라는 작별인사를 하고 싶어 해요."

그러자 계모가 말했습니다.

"바보 같으니. 그건 고양이가 아냐. 해가 굴뚝 위에서 빛나고 있는 거지."

사실 헨젤은 고양이를 본 것이 아니고 주머니 속에서 윤이 나는 하얀 자갈을 꺼내 일정한 간격을 두고 하나씩 떨어뜨리고 있었습니다. 숲 한가운데에 이르렀을 때 아버지가 말했습니다.

"애들아, 땔나무를 좀 모아 오너라. 너희들이 춥지 않게 불을 피워줄 테니까."

헨젤과 그레텔은 마른 나뭇가지들을 모아 조그만 나뭇단을 만들어 가지고 왔습니다. 나뭇가지에 이내 불이 활활 살아나자 계모가 말했습니다.

"자, 애들아, 불 옆에 누워 편히 쉬고 있으렴. 우리는 나무하러 숲속으로 들어갈 테니까. 일이 다 끝나면 돌아와 너희들을 데려가마."

헨젤과 그레텔은 불 옆에 앉았습니다. 그리고 점심때가 되자 그들은 빵을 먹었습니다. 도끼질하는 소리가 계속 들려왔으므로 그들은 아버지가 근처에 있는 것으로 생각했습니다. 하지만 그건 도끼질 소리가 아니고 아버지가 죽은 나무에 매달아놓은 나뭇가지 하나가 바람에 날려 죽은 나무를 탁탁 두드리는 소리였습니다. 오누이는 오랫동안 불 옆에 앉아 있다 보니 그만 졸음이 와서 잠이 들고 말았습니다. 그들이 잠에서 깨어났을 때 날은 이미 칠흑같이 어두워져 있었습니다. 그레텔은 울면서 말했습니다.

"어떻게 이 숲에서 빠져나가지?"

"달이 뜰 때까지 좀 기다려봐. 그러면 길을 찾을 수 있을 거야."

헨젤은 동생을 달랬습니다.

얼마 후 보름달이 떴습니다. 헨젤은 누이동생의 손을 잡고 새로 주조된 은화처럼 반짝이면서 그들에게 길을 가르쳐주는 자갈들을 따라 걸었습니다. 그들은 밤새껏 걸어 날이 샐 무렵에야 아버지의 집에 도착했습니다. 그들이 문을 두드리자 계모가 문을 열고 내다보았습니다. 계모는 헨젤과 그레텔이 밖에 서 있는 것을 보고 대뜸 소리쳤습니다.

"이 못된 것들, 왜 그렇게 숲속에서 오래 잠을 퍼자? 우린 너희들이 다시는 돌아오지 못하는 줄 알았다."

하지만 아버지는 아이들을 숲속에 버리고 온 것 때문에 몹시 괴로워하던 터라 크게 기뻐했습니다.

그 뒤로 얼마 지나지 않아 또다시 온 나라에 기근이 닥쳐왔습니다. 그리고 어느 날 밤 아이들은 잠자리에 누운 계모가 아버지에게 이야기하는 것을 또 들었습니다.

"또다시 먹을 게 떨어졌어요. 집 안에 남은 것이라고는 빵 한 덩어리뿐이에요. 그게 다 떨어지고 나면 모두들 손가락만 빨고 지내야 할 형편이라고요. 그러니 아이들을 버려야 해요. 이번에는 집으로 돌아오지 못하게 더 깊은 숲속으로 데려가도록 합시다. 안 그랬다간 모두 다 굶어 죽을 거예요."

이 말을 듣고 아버지는 슬픔에 잠긴 채 '그 마지막 남은 빵을 아이들과 함께 나눠 먹는 게 훨씬 더 좋을 텐데' 하고 생각했지만 아내는 그가 무슨 말을 해도 귀담아듣기는커녕 그를 비난하고 나무라기만 했습니다. 일단 손을 내주게 되면 다음에는 팔을 내줘야 하는 게 세상 이치이므로 이미 한번 계모의 말을 들은 이상 아버지는 이번에도 계모의 말을 듣지 않을 수가 없었습니다.

아이들은 이번에도 그들의 이야기를 엿들었습니다. 부모님이 잠들었을 때 헨젤은 전처럼 자갈을 모으기 위해 자리에서 일어나 밖으로 나가려 했습니다. 하지만 계모가 문을 잠가놓았기 때문에 밖으로 나갈 수가 없었습니다. 그래도 헨젤은 누이동생을 달래주기 위해 말했습니다.

"울지 마, 그레텔. 마음 푹 놓고 잠이나 자. 하느님이 우리를 도와주실 거야."

이튿날 새벽, 계모는 아이들 방으로 와서 아이들을 두드려 깨웠습니다. 아이들은 계모에게서 빵 한 조각씩을 받았는데 그것들은 전에 받았던 것보다 훨씬 작은 것이었습니다. 숲으로 가는 길에 헨젤은 주머니 속에서 빵을 조금씩 뜯어내 길바닥에다 하나씩 떨구느라 자주 걸음을 멈추곤 했습니다.

아버지가 물었습니다.

"왜 자꾸 멈춰 서서 두리번거리는 거냐, 헨젤? 어서 부지런히 걷기나 하거라!"

헨젤은 대답했습니다.

"우리 집 지붕 위에 앉아 있는 조그만 비둘기를 바라보는 거예요. 그 녀석이 저한테 작별인사를 하고 싶어 해요."

그러자 계모가 말했습니다.

"바보 같은 녀석! 그건 비둘기가 아냐. 해가 굴뚝 위에서 반짝이고 있는 거지."

그러나 헨젤은 일정한 간격을 두고 길 위에 빵 부스러기를 떨어뜨렸습니다. 계모는 아이들을 끌고 전보다 더 깊은 숲속, 아이들이 생전 처음 와보는 곳으로 데리고 갔습니다. 또다시 모닥불을 피운 뒤 계모가 말했습니다.

"얘들아, 너희들은 여기 앉아 있도록 해라. 졸리면 눈 좀 붙이고. 우리는 숲속으로 나무하러 갔다가 저녁에 일이 다 끝나면 너희들을 데리러 이리로 오마."

점심때가 되었을 때 그레텔은 자기 빵을 헨젤과 나누어 먹었습니다. 헨젤의 빵은 길에다 모두 뿌렸기 때문입니다. 그러고 나서 오누이는 잠이 들었습니다. 마침내 날이 어두워졌는데도 부모님은 불쌍한 아이들 곁으로 오지 않았습니다. 사방이 칠흑처럼 캄캄해졌을 때에야 오누이는 비로소 깨어 일어났습니다.

"달이 뜰 때까지만 기다려, 그레텔. 그러면 내가 뿌려놓은 빵 부스러기들이 잘 보일 것이고 우린 그걸 따라 집으로 갈 수 있어."

헨젤은 누이동생을 달랬습니다. 그리고 달이 떴을 때 집을 향해 출발했습니다. 그러나 빵 부스러기는 아무 데도 없었습니다. 그 숲과 벌판에 사는 많은 새들이 그것을 모두 쪼아 먹었기 때문입니다.

헨젤은 그레텔을 위로했습니다.

"걱정하지 마. 길을 찾을 수 있을 거야."

하지만 그들은 길을 찾을 수 없었습니다. 그들은 밤새도록 걸었습니다. 그 이튿날에도 아침부터 밤까지 꼬박 걸었지만 숲에서 빠져나가지 못했습니다. 그들은 땅바닥에서 자라는 산딸기를 조금 먹었을 뿐 다른 것은 아무것도 먹지 못했기 때문에 배가 몹시 고팠습니다. 결국 지칠 대로 지쳐 더이상 걸을 수가 없게 되어 어느 나무 밑에 쓰러졌습니다.

다시 아침이 되었습니다. 그들이 아버지의 집을 떠난 뒤로 세번째 맞는 아침이었습니다. 그들은 간신히 일어나 다시 걷기 시작했습니다. 그러나 그들은 숲속으로 자꾸 더 깊이 들어갈 뿐이었습니다. 누군가가 나타나 그들을 도와주지 않는다면 그들은 너무나 굶주리고 지친 나머지 곧 죽을 지경에 놓였습니다.

그날 점심 무렵 그들은 아주 예쁘고 눈처럼 하얀 새 한 마리가 나뭇가지 위에 앉아 있는 것을 보았습니다. 그 새가 너무 고운 목소리로 노래를 불렀기 때문에 오누이는 멍청히 서서 그 소리에 귀를 기울였습니다. 노래를 다 부른 새는 날개를 저으며 그들 앞쪽으로 날아왔습니다. 그들은 새를 따라갔습니다. 그러자 조그만 집이 나타났습니다. 그런데 이게 웬일일까요? 빵으로 만들어진 그 집의 지붕은 케이크로, 창문은 설탕으로 만들어진 게 아니겠습니까. 헨젤은 소리쳤습니다.

"우와, 이게 웬 거지! 우리 맛 좀 보자. 난 지붕을 좀 뜯어 먹고 싶어. 그레텔, 너는 창문을 좀 먹어보렴, 아주 달테니까 말이야."

헨젤은 지붕 위로 올라가 지붕 한 조각을 뜯어냈고 그레
텔은 창문 앞으로 가서 창문을 사각사각 갉아 먹었습니다.
그때였습니다. 집 안에서 귀청을 찢을 듯한 고함소리가 터
져 나왔습니다.

　　"사각사각, 사각사각, 쥐 소리가 나는군.
　　내 집을 갉아 먹는 게 누구냐?"

아이들이 대답했습니다.

　　"바람, 바람이에요.
　　하늘에서 불어오는 아주 부드러운 바람."

아이들은 다른 일에는 일체 신경 쓰지 않고 그저 정신없
이 먹어대기만 했습니다. 지붕이 어찌나 맛있는지 헨젤은
지붕을 크게 한 조각 떼어내서 아래로 내려왔고 그레텔은
둥그런 창문을 떼어낸 뒤 바닥에 주저앉아 입맛을 다셔가
며 맛있게 먹었습니다. 그때 갑자기 문이 열리더니 아주 늙
은 할멈 하나가 목발에 몸을 의지한 채 슬그머니 집에서 나
왔습니다. 헨젤과 그레텔은 몹시 놀라 손에 들고 있던 것들
을 떨어뜨렸습니다. 그러나 할멈은 머리를 흔들며 말했습
니다.

"얘들아, 누가 너희들을 이리로 데려온 거냐? 안으로 들어가서 나랑 같이 살자꾸나. 아무도 너희들을 해치지 않을 테니까."

할멈은 두 아이의 손을 잡고 집 안으로 데리고 들어갔습니다. 그러고 나서 할멈은 두 아이에게 우유, 설탕 친 팬케이크, 사과와 호두 등 맛있는 음식을 먹였습니다. 그리고 하얀 시트가 덮인 조그만 침대 두 개를 마련해주었습니다. 헨젤과 그레텔은 각자 자기 침대에 누워 여기가 바로 천국이라고 생각했습니다.

그런데 그 할멈은 겉으로는 친절한 체했지만 사실은 아이들을 노리는 못된 마녀였습니다. 그 마녀는 아이들을 유혹하기 위해 빵으로 된 집을 만들었던 것입니다. 그녀는 아이들만 보면 일단 아이들을 꼼짝 못하게 해놓고는 아이들을 죽인 뒤 요리해서 먹어치우곤 했습니다. 그 마녀에게는 아이들을 죽이는 날이야말로 잔칫날인 셈이었습니다. 그런데 마녀들은 대체로 눈이 빨갛고 시력이 별로 좋지 않은 반면 냄새 맡는 감각만큼은 동물들 못지않게 좋아서 사람이 근처에 있을 경우에는 귀신같이 알아챌 수 있습니다. 그래서 헨젤과 그레텔이 자기 집 근처에 왔을 때 마녀는 악마처럼 음흉하게 웃으며 중얼거렸습니다.

"너희들은 이제 내 밥이다! 절대로 내게서 도망치지 못해!"

이튿날 새벽, 마녀는 아이들이 잠 깨기 전에 먼저 일어나 장밋빛처럼 발그레한 뺨을 가진 그 아이들이 곤하게 자고 있는 모습을 보면서 혼자 중얼거렸습니다.

"이것들은 정말 맛있는 요릿감이 되겠는걸!"

마녀는 갈퀴같이 억센 두 손으로 헨젤을 움켜쥐고 조그만 우리로 데리고 가 헨젤을 그 안에 가두고 철망으로 된 문을 잠가버렸습니다. 헨젤은 큰 소리로 비명을 질렀지만 아무 소용이 없었습니다. 마녀는 다시 그레텔에게로 가서 그레텔을 흔들어 깨우며 소리쳤습니다.

"일어나, 이 게으름뱅이야! 물을 길어 와서 네 오빠한테 맛있는 음식을 요리해 줘. 네 오빠는 밖에 있는 우리 속에 갇혀 있어. 그 녀석을 피둥피둥하게 살찌게 해야 해. 제대로 살이 오르면 그 녀석을 잡아먹을 거야."

그레텔은 슬픔을 못 이겨 울기 시작했습니다. 하지만 그래봤자 소용이 없었습니다. 그레텔은 그 못된 마녀가 시키는 대로 해야 했습니다. 그리하여 불쌍한 헨젤은 아주아주 맛있는 요리를 먹게 되었습니다. 하지만 그레텔은 게 껍데기밖에 얻어먹지 못했습니다. 매일 아침마다 마녀는 그 조그만 우리로 다가가 소리치곤 했습니다.

"헨젤, 네 손가락을 내밀어봐. 얼마나 살쪘는지 만져보게."

헨젤은 그때마다 조그만 뼈를 내밀었고 마녀는 눈이 아

주 나쁜 탓으로 그 뼈를 헨젤의 손가락으로 잘못 알곤 했습니다. 헨젤이 살이 찌지 않자 마녀는 당황했습니다. 한 달이 지났는데도 헨젤은 여전히 깡마른 채로 있자 마녀는 초조해서 어쩔 줄을 모르다가 그냥 잡아먹기로 했습니다.

마녀는 그레텔에게 소리쳤습니다.

"얘, 그레텔! 가서 물 좀 길어 오너라! 이제 헨젤이 살이 쪘건 말랐건 상관없다. 내일은 그 녀석을 잡아서 요리를 해 먹을 테다."

불쌍한 그레텔은 울면서 물을 길어 왔습니다. 두 뺨으로는 눈물이 줄줄 흘러내렸습니다. 그레텔은 탄식했습니다.

"하느님, 우리를 도와주세요! 차라리 그 숲속에서 맹수들한테 잡아먹혔더라면 적어도 함께 죽을 수는 있었을 텐데!"

이튿날 새벽 그레텔은 밖으로 나가 물을 가득 채운 솥을 걸고 불을 피워야 했습니다. 그때 마녀가 말했습니다.

"우선 빵을 구워라. 밀가루는 벌써 반죽해놓았고 오븐도 데워놓았다."

마녀는 오븐 앞으로 불쌍한 그레텔의 등을 떠밀었습니다. 오븐 속에서는 불길이 넘실거리고 있었습니다. 마녀가 말했습니다.

"오븐 안으로 기어 들어가서 안의 온도가 적당한지 살펴보거라. 온도가 적당하면 밀가루 반죽을 안에다 집어넣어야 하니까."

마녀는 그레텔이 오븐 속으로 기어 들어가면 오븐의 문을 닫을 속셈이었습니다. 그레텔도 구워서 먹을 생각이었던 것입니다. 그러나 그레텔은 얼른 그 속셈을 눈치채고 말했습니다.

"어떻게 해야 하는지 난 잘 모르겠어요. 어떻게 이 안으로 들어가죠?"

"멍청한 년. 그 입구는 아주 넓어서 너 같은 건 얼마든지 들어갈 수 있어. 나까지도 들어갈 수 있단 말이야! 잘 봐."

마녀는 오븐 앞으로 뒤뚱뒤뚱 걸어가 오븐의 입구 속에다 머리를 들이밀었습니다. 그러자 그레텔은 있는 힘을 다해 재빨리 마녀를 오븐 안으로 밀어 넣고는 쇠문을 닫고 문의 걸쇠를 잠가버렸습니다.

"으악!"

마녀는 미친 듯이 비명을 지르기 시작했고 그레텔은 달아나 버렸습니다. 그 못된 마녀는 오븐 속에서 비참하게 타 죽었습니다.

한편 그레텔은 곧바로 헨젤에게 달려가 우리의 문을 열고 소리쳤습니다. "오빠, 우리는 살게 됐어. 마녀는 죽었어!"

우리의 문이 열리자 헨젤은 새장 속에서 풀려나오는 새처럼 가볍게 우리를 빠져나왔습니다. 두 사람은 너무나 기쁘고 행복해 어쩔 줄 몰랐습니다. 서로 끌어안고 빙글빙글 돌면서 춤을 추었습니다. 이제 더 이상 두려워할 것이 없었으므로 그들은 마녀의 집 안으로 들어갔습니다. 집 안에는 진주와 보석 들로 가득 찬 금궤들이 사방에 널려 있다는 것을 그들은 잘 알고 있었습니다.

"자갈보다야 진주와 보석이 훨씬 더 좋지."

헨젤은 주머니 속에 진주와 보석 들을 꽉꽉 채워 넣었습니다.

"나도 좀 가져가야지."

그레텔도 진주와 보석 들을 앞치마에 가득 담았습니다.

"이제는 이곳을 떠나는 게 좋겠다. 그래야 무사히 마녀의 숲을 빠져나갈 수 있을 테니까."

헨젤의 말에 따라 그들은 숲속을 몇 시간 동안 걸어 이윽고 큰 강이 흐르는 곳에 도착했습니다.

"강을 건널 수가 없겠는데. 다리 같은 게 전혀 보이지 않아."

헨젤의 말을 받아 그레텔도 한마디 했습니다.

"배도 없어. 하지만 저기 헤엄치고 있는 하얀 오리 한 마리에게 도와달라고 부탁하면 들어줄 거야."

그레텔은 크게 소리를 쳤습니다.

"오리야, 오리야, 우리를 좀 도와주렴!

우린 헨젤과 그레텔이야. 우리는 큰 곤란에 처했어.

아무리 애써봐도 여길 건널 수가 없어.

우리를 좀 건너게 해주렴!”

그러자 오리는 그들 쪽으로 헤엄쳐 왔습니다. 헨젤은 오리의 등에 올라타면서 그레텔에게 자기 앞에 앉으라고 말했습니다.

그러자 그레텔이 대답했습니다.

“안 돼. 이 오리는 우리 두 사람이 함께 타기에는 너무 작아. 한 번에 한 사람씩 건너가야 해.”

그 친절한 오리는 그렇게 해주었습니다. 오리 덕분에 무사히 강을 건넌 오누이는 다시 숲속을 걸어갔습니다. 걸으면 걸을수록 점점 더 낯익은 숲들이 나타나기 시작했습니다. 그리고 드디어 멀리 아버지의 집이 보였습니다. 그걸 보고 오누이는 달리기 시작했으며 이내 집 안으로 뛰어 들어가 아버지의 목에 매달렸습니다. 아버지는 숲속에 자식들을 버린 뒤 한시도 행복한 적이 없었습니다.

그동안 아내도 죽어 그는 혼자 지내고 있었습니다. 그레텔이 앞치마를 펼쳐 흔들자 보석과 진주 들이 방바닥에 떨어졌습니다. 헨젤도 주머니 속에서 진주와 보석을 계속 끄집어냈습니다. 이제 그들을 괴롭히던 온갖 근심걱정은 모두 사라지고 그들은 더할 수 없이 행복하게 살 수 있게 되었습니다.

이야기는 이걸로 끝입니다. 저기 쥐 한 마리가 달아나고 있군요. 저놈을 잡는 사람은 그 털가죽으로 큼직한 모자 하나를 만들 수 있을 테지요.

게으른 세 아들

옛날에 어떤 왕에게 세 아들이 있었는데, 왕은 세 아들을 똑같이 사랑해서 자기가 죽은 뒤 어느 아들에게 왕위를 물려주어야 할지 고민이었습니다. 왕은 죽을 때가 가까워지자 세 아들을 침대 곁으로 불러 말했습니다.

"사랑하는 아들들아, 내가 요즘 깊이 생각한 게 있는데, 지금 너희들한테 그걸 말해주고 싶다. 나는 너희들 중에서 제일 게으른 사람에게 왕위를 물려주기로 결심했다."

"그렇다면 왕국은 제 것입니다. 왜냐하면 저는 자려고 누워 있을 때 비가 와서 제 눈으로 빗방울이 들어가더라도 이미 눈 감은 것 때문에 그냥 잠이 들 정도로 게으르거든요."

가장 나이 많은 아들이 먼저 말하자 둘째 아들이 나섰습니다.

"그렇다면 왕국은 제 것입니다. 저는 난롯가에서 불을
쬐고 있을 때 발을 끌어당기는 것이 귀찮아서 차라리 발꿈
치를 불에 데는 편이 낫다고 생각할 만큼 게으르거든요."

셋째 아들이 자신 있게 말했습니다.

"왕국은 제 것입니다. 제가 얼마나 게으르냐 하면 제가
교수형을 당하게 돼서 제 목에 이미 올가미가 씌워져 있는
데, 누가 제게 그 밧줄을 자를 수 있는 날카로운 칼을 준다
고 해도 차라리 교수형을 당하고 말지 귀찮게 제 손을 움직
여서 밧줄을 자르지 않을 정도거든요."

왕이 이 말을 듣고 말했습니다.

"네가 제일 게으르니 네가 왕이 되거라."

두 형제

　옛날에 두 형제가 있었는데 한 사람은 부자였고 한 사람은 가난했습니다. 부자인 형은 금세공인으로서 심술이 많았습니다. 그러나 비를 만들어서 먹고 사는 가난한 동생은 마음씨가 곱고 정직했습니다. 동생에게는 쌍둥이 아들이 있었는데 둘은 마치 한 깍지 안에 든 두 개의 콩처럼 생김새가 너무도 닮았습니다. 이따금 쌍둥이 형제는 큰아버지의 집으로 가서 먹다 남은 음식을 받아 오곤 했습니다.

　어느 날 가난한 동생이 숲에서 나무를 하고 있었습니다. 그런데 지금까지 한 번도 본 적이 없는 순금으로 된 아름다운 새가 어디선가 나타났습니다. 동생은 작은 돌을 주워 새에게 던졌지만 새는 용케도 피했습니다. 새는 금 깃털 하나

만 떨어뜨리고 날아갔습니다. 동생은 깃털을 주워 형에게
가져갔습니다.

"이건 순금이야."

형은 자세히 살펴보고 나서 아우에게 돈을 주었습니다.

다음 날 동생은 나뭇가지를 꺾으러 자작나무를 기어 올
라갔습니다. 바로 그때 전날 본 새가 나타났습니다. 그 뒤
를 쫓아가 보니 새 둥지가 나오고 그 안에는 알이 있었습니
다. 순금으로 된 알이었습니다. 동생은 알을 가지고 집으로
왔습니다. 형에게 보여주자 이번에도 약간의 돈을 쥐여주
었습니다. 그러더니 형은 이렇게 덧붙였습니다.

"그 새를 갖고 싶다."

동생은 세번째로 숲으로 갔습니다. 황금새는 나무 위에
앉아 있었습니다. 그가 돌을 던지자 새는 밑으로 떨어졌습
니다. 동생이 새를 가지고 가자 형은 매우 많은 금을 주었
습니다.

그는 '이제 내 일을 할 수 있겠구나'라고 생각하면서 즐
거운 마음으로 집으로 돌아갔습니다.

형은 영리하고 약삭빠른 사람이어서 그 새가 어떤 새인
지 속속들이 잘 알고 있었습니다. 그는 아내를 불러 말했습
니다.

"이 황금새를 먹을 수 있도록 구워 주오! 누가 털끝 하나
건드리게 해선 안 돼! 나 혼자 다 먹어야 하니까!"

사실 황금새는 보통 새가 아니었습니다. 그 새의 심장과 간은 기적의 힘을 가지고 있었는데, 그것을 먹은 사람은 자고 나면 베개 밑에서 금 한 조각씩을 발견하게 되는 것입니다. 금세공인의 부인은 새를 꼬치에 꿰어 굽기 시작했습니다. 그런데 새가 구워지고 있는 동안 다른 볼일이 있어서 잠시 부엌을 비우게 되었습니다. 바로 그때 동생의 두 아들이 부엌으로 들어왔습니다. 두 형제는 꼬치 앞에 서더니 그것을 앞뒤로 뒤집어보았습니다. 그러자 새로부터 고기 두 점이 떨어져 나왔습니다. 한 사람이 말했습니다.

"배가 고프니 아무도 없을 때 저 고기 두 점을 먹어치우자."

두 형제는 고기를 얼른 집어 먹었습니다. 잠시 후 돌아온 부인은 두 조카가 무언가를 먹었다는 것을 알아차렸습니다.

"너희들 무엇을 먹었니?"

"새한테서 떨어져 나온 고깃점이요."

"그건 심장과 간이었을 텐데."

부인은 기가 막혔습니다. 재빨리 수탉을 잡은 다음 간과 심장을 빼내서 황금새 안에 박아두었습니다. 간과 심장이 없어진 것을 알면 보나마나 남편이 노발대발할 테니까요. 부인은 잘 익은 황금새를 남편에게 가져갔습니다. 남편은 부인에게 먹어보라는 소리도 없이 혼자서 남김없이 먹어치웠습니다. 그런데 다음 날 아침 남편이 금 조각을 기대하면서 베개 밑을 보니 이상하게 아무것도 없었습니다.

한편 두 형제는 자기들이 얼마나 운이 좋은지를 모르고 있었습니다. 다음 날 아침 형제가 눈을 뜨니 무언가 또그르르 하고 바닥으로 떨어졌습니다. 무엇인가 하고 자세히 보니 그것은 두 개의 금 조각이었습니다. 형제는 아버지에게 금 조각을 가지고 갔습니다. 아버지는 깜짝 놀라서 물었습니다.

"어떻게 된 일이냐?"

다음 날 아침에도, 그다음 날 아침에도 금 조각은 어김없이 베개 밑에 있었습니다. 아버지는 형에게 가서 자초지종을 털어놓았습니다. 형은 두 조카가 간과 심장을 먹었다는 것을 금세 알아차렸습니다. 그는 남이 잘되는 것을 보지 못하는 성미였기 때문에 동생에게 이렇게 말했습니다.

"네 아이들은 악마의 조종을 받고 있다. 금은 내다버리고 아이들은 집 안에 두면 안 돼. 잘못하면 악마가 너까지 망쳐놓을 수 있으니까."

아버지는 악마가 두려웠기 때문에 쌍둥이를 숲에다 두고 슬픈 마음으로 돌아섰습니다. 가슴이 찢어질 것 같았지만 어쩔 수가 없었습니다. 두 소년은 숲속을 헤매면서 집으로 가는 길을 찾아보았지만 번번이 길을 잃고 말았습니다. 그러다가 마침내 사냥꾼과 마주쳤습니다. 사냥꾼이 물었습니다.

"너희들은 어느 집안 아이들이냐?"

"우리 아버지는 비를 만드는 가난한 분입니다."

그러면서 두 소년은 매일 아침 베개 밑에서 금 조각이 생기는 것을 보고 아버지가 집 안에 둘 수 없다면서 자기들을 이 숲으로 데려왔다고 말했습니다.

"착하고 바르고 부지런하게만 살면 그런 것은 문제가 안 되는 것이다."

사냥꾼이 말했습니다. 그 친절한 사냥꾼은 두 소년이 마음에 들었습니다. 마침 자식도 없었던 터라 형제를 집으로 데려가서 말했습니다.

"이제부터 내가 너희들의 아버지가 되어서 너희를 키우마."

쌍둥이 형제는 새아버지에게서 사냥하는 요령을 모두 배웠습니다. 새아버지는 매일 아침 아이들의 잠자리에서 찾아낸 금 조각을 착실히 모았습니다. 아이들이 커서 필요할 때 줄 작정이었습니다. 어느덧 소년들은 늠름한 청년으로 자랐습니다. 어느 날 새아버지가 말했습니다.

"이제 너희들도 세상으로 나가서 어엿한 사냥꾼으로 일할 수 있는 나이가 되었으니 오늘은 이 아버지가 너희들의 총 쏘는 능력을 알아봐야겠다."

형제는 몸을 숨기고 사냥감을 기다렸지만 쥐새끼 한 마리 나타나지 않았습니다. 사냥꾼이 고개를 들어보니 기러기 몇 마리가 삼각형 모양을 만들며 날아오고 있었습니다. 사냥꾼이 한 아들에게 말했습니다.

"모퉁이에 있는 놈을 하나 쏘아라."

지시를 받은 아들은 시키는 대로 했고 시험에 무사히 합격했습니다. 얼마 후 또 다른 기러기들이 2자형을 이루면서 날아왔습니다. 사냥꾼은 남은 아들에게도 마찬가지로 모퉁이에 있는 녀석을 한 마리 쏘라고 명령했습니다. 그리고 그 아들도 역시 시험을 통과했습니다. 그러자 새아버지가 말했습니다.

"너희들은 나에게 배울 만큼 배웠다. 지금 이 순간부터 너희 모두 어엿한 사냥꾼임을 선언한다."

두 형제는 숲으로 들어가서 뭐라고 의논을 하더니 앞으로의 행동방침을 정했습니다. 저녁밥을 먹는 자리에서 쌍둥이 형제는 새아버지에게 말했습니다.

"저희 부탁을 들어주시지 않으면 저희는 음식을 한 숟가락도 입에 대지 않겠어요."

"무슨 부탁인데?"

"우리도 어엿한 사냥꾼이니만큼 이제 당당한 실력을 인정받고 싶습니다. 세상으로 나갈 수 있도록 허락해주세요."

"진짜 사냥꾼이라도 된 것처럼 말하는구나. 너희들의 소망은 나의 뜻이기도 하다. 떠나거라. 모든 게 잘 풀릴 테니."

새아버지가 흐뭇한 표정으로 승낙하자 형제는 신이 나서

배불리 먹고 마셨습니다. 출발하기로 한 날이 되자 새아버지는 형제에게 총 한 자루와 개 한 마리씩을 주고 나서 그 동안 모아놓은 금 조각을 원하는 만큼 가져가도록 했습니다. 그는 멀리까지 따라 나와서는 형제가 하직 인사를 하려 하자 품 안에서 반짝반짝 빛나는 칼을 주면서 말했습니다.

"부득이 헤어져야 할 때가 오거든 갈라지는 길 복판에 서 있는 나무에 이 칼을 꽂아라. 너희들 중 누가 먼저 돌아와서 이 칼을 보면 서로 각자 어떻게 지내고 있는지 알 수 있다. 만일 죽어가고 있으면 그쪽 방향의 날에 녹이 슬어 있을 테고, 건강하게 잘 지내고 있으면 반짝반짝 빛날 것이다."

두 형제는 여행을 계속하다가 이윽고 거대한 숲에 도착했습니다. 도저히 그 숲을 하루 안에 지나갈 수 없을 것 같았습니다. 그래서 그날 밤은 그곳에서 지내면서 사냥 가방에 넣어 온 음식을 먹었습니다. 다음 날도 하루 종일 걸었지만 숲은 끝없이 이어졌습니다. 먹을 것이 다 떨어지자 쌍둥이 중 하나가 말했습니다.

"사냥이라도 해야지, 이러다간 굶어 죽겠어."

그는 총알을 재우고 사방을 두리번거렸습니다. 늙은 산토끼 한 마리가 달려가고 있었습니다. 그가 총구를 겨누자 산토끼가 소리를 질렀습니다.

"사냥꾼 나리, 목숨만 살려주신다면

제 새끼 두 마리를 드리겠어요."

그러더니 산토끼는 덤불로 깡충 뛰어 들어가서 새끼 두
마리를 데리고 나타났습니다. 형제는 새끼들이 너무 귀엽고
안쓰러워서 차마 총으로 쏠 수가 없었습니다. 형제는 새끼
들을 살려주었습니다. 그러자 산토끼 두 마리는 형제의 뒤
를 졸졸 쫓아왔습니다. 얼마 못 가서 이번에는 여우와 마주
쳤습니다. 형제가 총을 겨누자 여우가 소리를 질렀습니다.

　　"사냥꾼 나리, 목숨만 살려주신다면
　　제 새끼 두 마리를 드리겠어요."

여우는 새끼 두 마리를 데려왔고 이번에도 사냥꾼들은
어린 여우 새끼를 차마 죽이지 못했습니다. 여우 새끼 두
마리는 산토끼와 함께 사냥꾼 형제의 뒤를 따라왔습니다.
잠시 후 늑대가 덤불 속에서 나타났습니다. 사냥꾼들이 총
을 겨누자 늑대가 소리를 질렀습니다.

　　"사냥꾼 나리, 목숨만 살려주신다면
　　제 새끼 두 마리를 드리겠어요."

이제 두 마리의 새끼 늑대가 더해졌습니다. 동물들은 사

이좋게 사냥꾼들의 뒤를 쫓아왔습니다. 이어서 곰이 나타났습니다. 곰은 어슬렁어슬렁 돌아다니면서 계속 살고 싶었기 때문에 소리를 질렀습니다.

"사냥꾼 나리, 목숨만 살려주신다면
제 새끼 두 마리를 드리겠어요."

두 마리의 새끼 곰이 따라나서서 이제 동물은 모두 여덟 마리가 되었습니다. 마지막으로 갈기를 흔들면서 나타난 것은 다름 아닌 사자였습니다.

"사냥꾼 나리, 목숨만 살려주신다면
제 새끼 두 마리를 드리겠어요."

사자도 두 마리의 새끼를 데리고 나타나서 이제 사냥꾼 뒤로 사자 두 마리, 곰 두 마리, 늑대 두 마리, 여우 두 마리, 산토끼 두 마리가 졸졸 따라다녔습니다. 그렇게 걷다 보니 두 형제는 목이 말랐습니다. 그래서 여우에게 말했습니다.

"너는 꾀가 많은 짐승이니 우리에게 먹을 것을 가져다주렴. 네가 약삭빠르고 영리하다는 소리는 이미 들어서 알고 있어."

"조금만 더 가면 마을이 나온답니다. 옛날에는 친구들과 거기서 닭서리를 많이 했지요. 길은 저희가 알려드릴게요."

두 형제는 마을로 가서 먹을 것을 샀고 동물들도 배불리 먹었습니다. 그런 다음 계속 길을 갔습니다. 여우들은 그 근방의 지리를 잘 알았기 때문에 닭장이 있는 곳으로 사냥꾼들을 정확히 안내했습니다. 그런데 그렇게 하염없이 몰려다니다 보니 일자리를 얻을 수가 없었습니다.

"할 수 없다. 갈라져야겠다."

형제는 마침내 헤어지기로 했습니다.

그래서 동물도 각각 한 마리씩 나누었습니다. 형제는 작별 인사를 나누고 죽을 때까지 형제의 우애를 나누자는 굳은 맹세를 하고 난 다음 새아버지가 준 칼을 나무에 꽂았습니다. 그러고 나서 한 사람은 동쪽으로, 한 사람은 서쪽으로 갔습니다.

얼마 뒤 동생은 죽은 사람을 애도하는 검은 띠가 주렁주렁 걸린 도시에 닿았습니다. 그는 여관으로 가서 주인에게 동물들을 재울 만한 곳이 없느냐고 물었습니다. 여관 주인은 벽에 구멍이 뻥 뚫린 헛간을 내주었습니다. 산토끼는 양배추 덩이를 물고 그 구멍으로 쏙 들어갔습니다. 여우는 암탉을 물고 와서 냠냠 해치운 다음 다시 수탉을 가져와서 먹어치웠습니다. 그러나 늑대, 곰, 사자는 너무 커서 구멍으로 들어갈 수가 없었습니다. 여관 주인은 덩치 큰 짐승들을 소가 풀을 뜯어 먹고 있는 들판으로 데려갔습니다. 덩치 큰 집승들은 거기서 잔뜩 배를 채웠습니다. 사냥꾼은 동물들을 하나하나 보살피고 나서 주인에게 도시 전체가 침울한 이유를 물었습니다.

여관 주인이 대답했습니다.

"임금님의 하나뿐인 딸이 내일이면 없어지기 때문이지요."

"깊은 병이 들었나요?"

"도시 밖의 저 높은 산속에 용이 한 마리 살지요. 용은 해마다 순결한 처녀를 바치지 않으면 온 나라를 쑥밭으로 만들어버리겠다고 으름장을 놓는답니다. 그래서 처녀란 처녀는 모두 바치고 이제 남은 처녀라고는 임금님의 딸밖에 없답니다. 그런데도 용은 인정사정없이 무조건 내일까지 바치라는 거예요."

"용을 해치우겠다고 나서는 사람도 없단 말이오?"

"수많은 기사들이 나섰지요. 하지만 모두 힘없이 쓰러지고 말았습니다. 임금님께서는 용을 해치우는 젊은이를 사위로 맞겠다고 선언하셨지요. 임금님이 돌아가시면 나라를 전부 물려받게 되는 것입니다."

사냥꾼은 잠자코 듣고 있었습니다. 다음 날 아침 그는 동물들을 거느리고 용이 산다는 산으로 올라갔습니다. 산꼭대기에는 작은 교회가 있었습니다. 제단 위에는 술이 가득 든 술잔이 세 개 놓여 있었고, 그 옆에는 다음과 같이 씌어진 종이쪽지가 있었습니다.

"이 술을 마시는 사람은 이 세상에서 가장 힘센 사람이 될 것이며, 문지방 밑에 파묻혀 있는 칼을 자유자재로 쓸 수 있게 될 것이다."

사냥꾼은 술잔은 입에 대지도 않고 밖으로 나가서 땅속에 묻혀 있다는 칼을 찾아냈지만 칼은 꼼짝도 하지 않았습니다. 다시 안으로 들어가서 술을 마시자 그제서야 힘이 솟아났고 힘들이지 않고 칼을 뽑을 수 있었습니다.

처녀를 용에게 바쳐야 할 시간이 되자 왕과 장군과 신하 모두가 공주와 함께 나타났습니다. 공주는 멀리 산꼭대기에 서 있는 사냥꾼의 모습을 보고는 용이 서서 자기를 기다리는 줄로만 알았습니다. 차마 발걸음이 떨어지지 않았지만 어쩔 수 없었습니다. 그러지 않았다가는 나라 전체가 쑥밭이 되어버릴 테니까요. 왕과 신하들은 무거운 마음으로 발길을 돌렸으나 장군은 멀리서 지켜보고 있으라는 명령을 받았습니다.

산꼭대기에 도착해보니 공주를 기다린 것은 용이 아니라 젊은 사냥꾼이었습니다. 사냥꾼은 공주를 따뜻하게 맞으면서 그녀를 구하고 싶다고 말했습니다. 그러고는 교회로 데리고 들어가 문을 단단히 잠갔습니다. 얼마 후 요란한 괴성과 함께 머리가 일곱 달린 용이 하늘에서 내려왔습니다. 사냥꾼을 본 용은 어이없다는 듯이 물었습니다.

"이 산꼭대기에는 무슨 일로 왔느냐?"

"네 녀석과 싸우러 왔다."

사냥꾼이 되받았습니다.

"너 같은 놈들이 수도 없이 죽었어. 네놈도 한 방에 끝내주마!"

용이 호통을 치면서 일곱 개의 발에서 불꽃을 뿜어내자 불꽃은 마른 풀잎에 옮겨붙었습니다. 거센 불길과 연기로 사냥꾼이 숨을 못 쉬도록 만들 생각이었던 것입니다. 그때 사냥꾼의 동물들이 우르르 몰려와서 불을 껐습니다. 용은 다시 사냥꾼을 공격했지만 그는 날쌔게 칼을 휘둘러 용의 머리 세 개를 잘라냈습니다. 화가 난 용은 길길이 날뛰면서 벌떡 일어서더니 사냥꾼에게 곧장 불꽃을 토해내면서 와락 덤벼들었습니다. 그러나 사냥꾼은 다시 칼을 이리저리 휘둘러 용의 머리를 세 개 더 잘라냈습니다. 용은 기진맥진하여 바닥에 쓰러졌습니다. 그러면서도 다시 덤벼들려고 기를 썼지만 젊은 사냥꾼은 젖 먹던 힘까지 동원하여 용의 꼬리를 싹둑 잘랐습니다. 사냥꾼은 더 이상 싸울 기력이 없었기 때문에 동물들을 불렀습니다. 그러자 동물들이 용을 갈기갈기 찢어놓았습니다.

싸움이 끝나고 사냥꾼이 교회 문을 열었을 때 공주는 바닥에 쓰러져 있었습니다. 밖에서 벌어지는 싸움을 보고 너무 놀라고 무서워서 그만 기절하고 만 것입니다. 사냥꾼은 공주를 밖으로 옮겼습니다. 공주는 다시 정신을 차리고 눈을 떴습니다. 사냥꾼은 엉망이 된 용의 시체를 공주에게 보여주면서 이제는 자유의 몸이 되었다고 말했습니다. 공주는 뛸 듯이 기뻐하며 말했습니다.

"그렇다면 당신은 저를 아내로 맞으실 수 있어요. 아버지는 용을 무찌르는 사람에게 저를 시집보내기로 약속하셨거든요."

공주는 산호 목걸이를 꺼내더니 그것을 작은 목걸이들로 갈라서 동물들에게 나누어 주었습니다. 사자는 황금 걸쇠를 목걸이로 받았습니다. 그리고 사냥꾼에게는 공주의 이름이 수놓인 손수건을 주었습니다. 사냥꾼은 일곱 개의 용 머리에서 각각 혀를 잘라낸 다음 그것들을 손수건에 싸서 잘 두었습니다.

일을 모두 끝낸 사냥꾼은 녹초가 되어 공주에게 말했습니다.

"우리 모두 지칠 대로 지쳤으니 잠시 눈을 붙이고 쉬는 게 좋겠습니다."

공주는 고개를 끄덕였습니다. 두 사람은 바닥에 누웠습니다. 사냥꾼이 사자에게 당부했습니다.

"우리가 자는 동안 혹시 누가 오는지 잘 지키고 있어라."

사냥꾼과 공주는 깊이 잠들었습니다. 사자는 그 옆에 누워서 지키고 있었지만 싸움을 한 뒤라 역시 피곤했습니다.

그래서 곰을 불러 말했습니다.

"내 옆에 누워라. 나도 잠 좀 자야겠다. 무슨 일이 생기면 나를 깨우고."

곰은 사자 옆에 누웠지만 곰도 피곤하기는 마찬가지였습니다. 그래서 늑대를 불러 말했습니다.

"내 옆에 누워라. 나도 잠 좀 자야겠다. 무슨 일이 생기면 나를 깨우고."

늑대는 곰 옆에 누웠지만 늑대 역시 피곤하기는 마찬가지였습니다. 그래서 여우를 불러 말했습니다.

"내 옆에 누워라. 나도 잠 좀 자야겠다. 무슨 일이 생기면 나를 깨우고."

여우는 늑대 옆에 누웠지만 여우 역시 피곤하기는 마찬가지였습니다. 그래서 산토끼를 불러 말했습니다.

"내 옆에 누워라. 나도 잠 좀 자야겠다. 무슨 일이 생기면 나를 깨우고."

산토끼는 여우 옆에 누웠지만 산토끼 역시 피곤하기는 마찬가지였습니다. 하지만 도움을 청할 상대가 아무도 없었으므로 그냥 잠이 들고 말았습니다. 이렇게 해서 공주, 사냥꾼, 사자, 곰, 늑대, 여우, 산토끼가 모두 곤한 잠에 빠지게 되었습니다.

한편 멀리서 지켜보는 임무를 맡았던 장군은 용이 날아가는 모습을 보지 못했으므로 몹시 궁금해졌습니다. 그래서 산꼭대기가 잠잠해지자 용기를 내어 위로 올라가 보았습니다. 용은 몸이 갈기갈기 찢긴 채 죽어 있었습니다. 그런데 장군은 마음씨가 매우 고약한 사람이었습니다. 그는 칼을 꺼내 사냥꾼의 목을 벤 다음 공주를 안고 산 밑으로 내려갔습니다. 잠에서 깬 공주는 기가 막혀 말이 나오지 않았습니다. 그러자 장군이 말했습니다.

"너는 이제 내 손아귀에 들어왔다. 그러니 용을 해치운 것은 나라고 말하는 게 좋을 거야."

"그럴 수는 없어요. 용을 해치운 것은 사냥꾼과 동물들이에요."

장군은 칼을 뽑더니 말을 듣지 않으면 죽이겠다고 협박을 했습니다. 공주는 시키는 대로 하겠다고 약속할 수밖에 없었습니다. 장군은 공주를 왕 앞으로 데려갔습니다. 용에게 갈가리 찢겨 죽은 줄로만 알았던 딸이 무사히 살아 돌아온 모습을 보고 왕은 기뻐서 어쩔 줄을 몰랐습니다.

"제가 용을 해치우고 공주님과 온 나라를 구했습니다. 그러니 말씀하신 대로 따님을 저에게 주십시오."

장군이 말했습니다.

"그게 사실이냐?"

왕이 딸에게 물었습니다.

"아, 예. 아마 사실일 거예요. 하지만 결혼식은 앞으로 1년하고도 하루가 지난 다음에 올리겠어요."

그때까지는 사랑하는 사냥꾼으로부터 무슨 소식이 있을 것이라고 생각한 것입니다.

한편 동물들은 죽은 주인 옆에서 여전히 쿨쿨 자고 있었습니다. 그때 호박벌이 나타나서 산토끼 콧잔등에 내려앉았습니다. 산토끼는 앞발로 콧잔등을 비볐습니다. 호박벌이 또 와서 산토끼는 다시 콧등을 비볐지만 여전히 깨어날 기미는 보이지 않았습니다. 마지막으로 호박벌이 콕 침을 쏘니까 그제서야 잠에서 깨어났습니다. 산토끼는 일어나자마자 여우를 깨우고 여우는 늑대를 깨우고 늑대는 곰을 깨우고 곰은 사자를 깨웠습니다. 사자는 공주가 없어지고 주인이 죽어 있는 것을 보더니 벼락같이 소리를 질렀습니다.

"누가 이랬어? 곰아, 왜 나를 깨우지 않았지?"

곰은 늑대에게 물었습니다.

"너는 왜 나를 깨우지 않았지?"

늑대는 여우에게 물었습니다.

"너는 왜 나를 깨우지 않았지?"

여우는 산토끼에게 물었습니다.

"너는 왜 나를 깨우지 않았지?"

불쌍한 산토끼는 혼자서 죄를 뒤집어쓰게 되었습니다. 동물들이 일제히 덤벼들려고 하자 산토끼는 애걸하면서 말했습니다.

"제발 죽이지 마! 주인님을 도로 살려놓을 테니까. 어떤 병이나 상처도 말끔히 낫게 할 수 있는 뿌리가 자라는 산을 알고 있거든. 아픈 사람의 입에 그 뿌리를 넣기만 하면 된다고. 하지만 그 산까지 갔다 오려면 200시간은 걸려야 해."

"잔말 말고 24시간 안에 가져와."

사자가 호통을 쳤습니다.

산토끼는 쏜살같이 뛰어가서 24시간 안에 뿌리를 가지고 왔습니다. 사자가 사냥꾼의 머리를 제자리에 놓자 산토끼가 사냥꾼의 입에 뿌리를 쑤셔 넣었습니다. 사냥꾼은 갑자기 정상으로 돌아왔습니다. 가슴이 쿵쿵 뛰면서 생명을 되찾은 것입니다. 눈을 뜬 사냥꾼은 공주가 자기 옆에 없는 것을 알고는 매우 낙심했습니다. 그는 잠자는 동안 공주가 그를 버리고 도망간 것이라고 생각했던 것입니다.

그런데 사자가 너무 서두른 나머지 주인의 머리를 반대 방향으로 놓았습니다. 그러나 사냥꾼은 공주 생각에만 골몰한 나머지 그것도 알아차리지 못하고 있었습니다. 사냥꾼은 하도 어이가 없어서 동물들에게 어떻게 된 일이냐고 물었습니다. 사자는 너무 피곤한 나머지 모두들 잠에 곯아 떨어졌고, 잠에서 깨어나 보니 주인님의 머리가 잘려 있더라는 이야기를 했습니다. 산토끼가 생명의 뿌리를 가져왔고 사자가 서두르다가 머리를 잘못 놓았다는 소리도 빠뜨리지 않았습니다. 속 시원히 다 털어놓은 사자는 사냥꾼의 머리를 바로잡고 싶었습니다. 그래서 사냥꾼의 머리를 다시 떼어내어 바로 놓았습니다. 산토끼는 다시 뿌리로 상처를 치료했습니다.

그렇지만 사냥꾼은 울적한 마음을 달랠 수가 없었습니다. 그래서 여기저기 세상을 떠돌아다니면서 사람들에게 동물들의 춤을 구경시켜주었습니다. 그로부터 1년이 지난 후에 사냥꾼은 자기가 용으로부터 공주를 구했던 도시로 되돌아오게 되었습니다. 그런데 이번에는 도시 전체가 분홍빛으로 뒤덮여 있었습니다. 사냥꾼은 놀라 여관 주인에게 물었습니다.

"이게 웬일인가요? 1년 전에는 온통 검은빛이더니 지금은 왜 분홍빛 천지가 된 거죠?"

"1년 전에는 공주님을 용에게 잃을 줄로만 알았지요. 하지만 장군이 용과 싸워 무찔렀답니다. 내일은 공주님과 장군이 결혼식을 올리는 날입니다. 슬픔에 잠겨 검은빛으로 뒤덮였던 도시가 기쁨에 넘쳐 분홍빛으로 뒤덮인 것도 그 때문이지요."

다음 날 점심 무렵 결혼식이 시작되려고 할 때 사냥꾼은 여관 주인에게 말했습니다.

"여보시오, 주인. 당신은 내가 임금님의 식탁에 오를 빵을 바로 이 자리에서 먹을 수 있다고 생각하시오?"

"절대 불가능합니다. 금 백 냥을 걸지요."

사냥꾼은 내기를 받아들여 금 백 냥이 든 자루를 내놓았습니다. 그리고 산토끼를 불러 말했습니다.

"발 빠른 산토끼야. 가서 임금님이 드실 빵을 가져오렴."

산토끼는 제일 힘이 약했기 때문에 다른 동물에게 책임을 떠넘길 수가 없어서 어쩔 수 없이 혼자 힘으로 해야 했습니다. 하지만 거리로 나서자마자 뒤쫓아 올 푸줏간의 개들을 생각하니 산토끼는 걱정이 태산 같았습니다.

아니나 다를까, 개들은 산토끼의 고운 털가죽을 갈기갈기 찢어놓으려는 듯 맹렬하게 쫓아왔습니다. 하지만 앉아서 당하고만 있을 산토끼가 아니었습니다. 성 안으로 쏜살같이 튀어서 초소로 뛰어들었습니다. 아무도 본 사람이 없었습니다. 얼마 뒤 개들이 와서 열심히 짖어대자 아무것도 모르는 보초병들은 총 개머리판으로 개들을 두들겨 팼습니다. 개들은 깨갱거리며 달아났습니다. 훼방꾼이 사라지자 산토끼는 궁으로 뛰어 들어가서 바로 공주를 찾아갔습니다. 그러고는 의자 밑에서 공주의 발을 긁었습니다.

"당장 나가!"

공주는 자기 개인 줄 알고 버럭 소리를 질렀습니다. 산토끼는 다시 공주의 발을 긁었습니다.

"당장 나가라니까!"

공주는 여전히 자기 개인 줄로만 알았습니다. 그러나 산토끼는 조금도 주눅 들지 않고 다시 공주의 발을 긁었습니다. 마침내 밑을 내려다본 공주가 목에 산호 목걸이를 단 산토끼를 알아보았습니다. 공주는 산토끼를 안고 자기 방으로 가서 말했습니다.

"무슨 일로 여기까지 왔니?"

"용을 해치운 저희 주인님이 돌아오셨어요. 주인님 하시는 말씀이 임금님이 드실 빵을 좀 가져오래요."

공주는 뛸 듯이 기뻐하며 당장 요리사를 불러 임금님이 드실 빵 한 덩이를 가져오라고 일렀습니다.

"이왕 가져오신 김에 저와 같이 가시죠. 안 그러면 푸줏간 개들이 쫓아오거든요."

산토끼가 요리사에게 말했습니다.

그래서 요리사는 빵을 들고 여관 문 앞까지 산토끼를 바래다주었습니다. 산토끼는 뒷다리로 선 채 앞발로 빵을 들고 주인 앞에 갔습니다.

"어떻소, 주인 양반. 이제 금 백 냥은 내 차지요."

사냥꾼이 말했습니다.

여관 주인은 어리벙벙한 표정을 지었습니다. 사냥꾼은 말을 이었습니다.

"빵을 손에 넣었으니 임금님이 드실 고기도 좀 얻어야겠소."

"좋도록 하시지요."

그러면서 여관 주인은 더 이상 내기를 걸려고 하지 않았습니다.

사냥꾼이 이번에는 여우를 불러 말했습니다.

"여우야, 가서 임금님이 드실 고기를 좀 가져오렴."

붉은 여우는 산토끼가 모르는 지름길을 알고 있었습니다. 여우는 요리조리 구멍과 모퉁이로만 다니면서 개들의 눈을 피했습니다. 성에 도착하자 여우도 공주의 의자 밑에 앉아 발을 긁었습니다. 아래를 본 공주는 산호 목걸이를 단 여우를 알아보았습니다.

"무슨 일로 여기까지 왔니?"

"용을 해치운 저희 주인님이 오셨어요. 주인님 하시는 말씀이 임금님이 드실 고기를 좀 가져오래요."

공주는 당장 요리사를 불러 임금님이 드실 고기 한 덩어리를 가져와서 여우를 위해 여관 문 앞까지 들고 가라고 일렀습니다. 여관에 닿자 여우는 요리사에게 그릇을 받아 들고 꼬리를 살살 흔들어 고기 위에 꾄 파리를 쫓은 다음 주인에게 가져갔습니다.

"어떻소, 주인 양반. 빵과 고기가 준비되었으니 이제는 임금님이 드실 야채를 좀 얻어야겠군."

사냥꾼은 늑대를 불러 말했습니다.

"귀여운 늑대야, 당장 성으로 가서 임금님이 드실 야채를 좀 가져오렴."

늑대는 곧바로 성으로 갔습니다. 늑대는 아무도 두려운

상대가 없었기 때문에 공주가 눈에 띄자 공주의 치맛자락을 끌어당겼습니다. 뒤를 돌아본 공주는 산호 목걸이를 단 늑대를 알아보았습니다. 공주는 늑대를 방으로 데려가서 말했습니다.

"무슨 일로 여기까지 왔니?"

"용을 해치운 저희 주인님이 오셨어요. 주인님 하시는 말씀이 임금님이 드실 야채를 좀 가져오래요."

공주는 당장 요리사를 불러 임금님이 드실 야채를 한 접시 가져와서 늑대를 위해 여관 문 앞까지 들고 가라고 일렀습니다. 여관에 닿자 늑대는 요리사에게서 접시를 받아 들고 주인에게 갔습니다.

"어떻소, 주인 양반. 이제 빵, 고기, 야채를 얻었으니 임금님이 드실 사탕도 좀 있어야겠군."

사냥꾼은 곰을 불러 말했습니다.

"귀여운 곰아, 너는 단것을 잘 핥아 먹으니 가서 임금님이 드실 사탕을 가져오렴."

곰은 뒤뚱뒤뚱거리며 성으로 갔습니다. 모두들 곰 앞에서는 길을 비켜주었습니다. 초소에 닿자 총을 든 보초병들은 겁이 나서 뿔뿔이 흩어졌습니다. 곧바로 공주에게 간 곰은 뒤에 서서 나지막이 그르렁거렸습니다. 뒤돌아본 공주가 곰을 알아보고 방으로 데려갔습니다.

"무슨 일로 여기까지 왔니?"

"용을 해치운 저희 주인님이 오셨어요. 주인님 하시는 말씀이 임금님이 드실 사탕을 가져오래요."

공주는 당장 요리사를 불러 임금님이 드실 사탕을 가지고 와서 곰을 위해 여관 문 앞까지 들고 가라고 일렀습니다. 여관에 닿자 곰은 사탕과자를 슬쩍슬쩍 핥으면서 뒷발로 서서 주인에게 가지고 갔습니다.

"어떻소, 주인 양반. 이제 빵, 고기, 야채, 사탕을 얻었으니 임금님이 드실 술도 좀 있어야겠군."

사냥꾼은 사자를 불러 말했습니다.

"귀여운 사자야, 너는 술을 거나하게 마시기를 좋아하니 어서 가서 임금님이 드실 술을 가져오렴."

사자가 거리로 나서니 사람들은 슬금슬금 도망을 갔습니다. 초소에 닿자 보초병들이 길을 막아섰지만 사자가 한 번 으르렁거리자 걸음아 나 살려라 하고 달아났습니다. 사자는 궁전으로 들어가서 꼬리로 방문을 두드렸습니다. 그러자 공주가 나왔습니다. 자기가 준 황금 걸쇠를 알아보지 못했더라면 공주는 기절을 했을지도 모릅니다. 공주는 사자를 방으로 불러들여 말했습니다.

"무슨 일로 여기까지 왔니?"

"용을 해치운 저희 주인님이 오셨어요. 주인님 하시는 말씀이 임금님이 드실 술을 가져오라고 하셔서 왔습니다."

공주는 술을 따르는 시종을 불러 사자에게 임금님이 드

실 술을 가져다주라고 일렀습니다.

"제대로 된 술을 따르는지 가서 두 눈으로 확인해야겠어
요."

사자는 그렇게 말하고 술 따르는 시종을 따라 아래층으로
내려갔습니다. 밑에 내려오자 술 따르는 시종은 처음에 왕
의 신하들이 주로 마시는 평범한 술을 따르려고 했습니다.

그러자 사자가 말했습니다.

"잠깐! 내가 맛을 봐야겠어."

그러면서 반 잔을 꿀꺽 삼켰습니다.

"이 술이 아니잖아?"

술 따르는 시종은 물끄러미 사자를 보면서 시무룩한 표
정을 지었습니다. 그러더니 다른 술통으로 가서 장군이 마
시는 술을 따르려고 했습니다.

"잠깐! 내가 맛을 봐야겠어."

사자는 다시 반 잔을 꿀꺽 삼켰습니다.

"먼젓번보다는 낫지만 이 술도 진짜가 아니야."

그러자 술 따르는 시종은 화를 내면서 말했습니다.

"네까짓 어리석은 짐승이 술에 대해서 뭘 안다고 큰소리
야."

그 말을 들은 사자는 시종의 목덜미를 후려갈겼습니다.
그 바람에 술 따르는 시종은 바닥에 나동그라졌습니다. 자
리에서 일어난 시종은 군소리 없이 사자를 왕이 마시는 술

만 따로 보관하는 작은 특별 지하실로 데리고 갔습니다. 사자는 반 잔을 쭉 들이켜 술맛을 본 다음 말했습니다.

"바로 이 맛이야."

그러고는 시종에게 여섯 병을 채우라고 일렀습니다. 사자와 시종은 지하실에서 올라왔습니다. 사자는 지하실을 나서면서 비틀비틀 갈지자걸음을 걸었습니다. 술이 과했던 모양이었습니다. 할 수 없이 시종이 여관 문 앞까지 술병을 들고 가야 했습니다. 여관에 닿자 사자는 술병이 든 바구니를 입에 물고서 주인에게 갔습니다.

"어떻소, 주인 양반. 임금님이 드실 빵, 고기, 야채, 사탕, 술을 모두 얻었으니 이제 나의 동물들과 식사를 해야겠소."

사냥꾼은 그렇게 말하고 식탁에 앉아서 신나게 먹고 마셨습니다. 산토끼, 여우, 늑대, 곰, 사자도 음식을 나누어 먹었습니다. 사냥꾼은 기분이 좋았습니다. 공주가 자기를 좋아한다는 것을 알았기 때문입니다. 사냥꾼은 식사를 마치자 여관 주인에게 말했습니다.

"이제 임금님 부럽지 않게 배불리 먹고 마셨으니 궁전으로 가서 임금님의 딸과 결혼해야겠소."

여관 주인이 기가 막힌 표정으로 물었습니다.

"그게 될 법이나 한 소리인가요? 벌써 신랑이 정해졌다 이 말입니다. 결혼식은 오늘 있고요."

사냥꾼은 공주가 용의 산에서 준 손수건을 꺼냈습니다.

그 안에는 일곱 개의 혀가 아직 그대로 있었습니다.

"나에게는 지금 손에 들고 있는 것만 있으면 되오."

사냥꾼이 자신 있게 말하자 여관 주인은 손수건을 쳐다
보더니 한마디 던졌습니다.

"다른 건 다 믿어도 그 말만은 믿을 수 없습니다. 내 집과
나의 전 재산을 걸겠소이다."

그 말을 들은 사냥꾼은 금 천 냥이 든 자루를 꺼내 탁자
위에 올려놓고 말했습니다.

"당신이 집과 전 재산을 걸었다면 나는 이것을 걸지요."

한편 왕과 공주는 왕실의 탁자 앞에 앉아 있었습니다. 왕
이 딸에게 물었습니다.

"성 안을 바쁘게 돌아다니던 그 동물들은 도대체 무엇
때문에 너를 찾아왔다더냐?"

"말씀드릴 수 없어요. 아버님께서 그 동물들의 주인을
불러주셨으면 좋겠어요."

그래서 왕은 여관으로 신하를 보내 낯선 젊은이를 궁전
으로 초대하게 했습니다. 신하가 도착했을 때 사냥꾼은 여
관 주인과의 내기를 막 마무리 짓고 있었습니다.

"어떻소, 주인 양반. 임금님께서 신하를 보내 나를 궁전
으로 초대하셨잖소? 하지만 이런 꼴로 갈 수는 없지요. 임
금님께 가서 왕족이 입는 옷과 여섯 마리의 말이 끄는 마
차, 그리고 시종들을 보내달라고 말씀드려주시오."

사냥꾼이 신하에게 말했습니다.

왕은 이 말을 듣고 딸에게 물었습니다.

"어쩌면 좋겠니, 애야?"

"그 사람 부탁을 들어주시는 게 좋겠어요."

그래서 왕은 왕족이 입는 옷과 여섯 마리의 말이 끄는 마차와 시종들을 보냈습니다. 사냥꾼은 그 광경을 보고 여관 주인에게 말했습니다.

"어떻소, 주인 양반. 내 부탁을 들어주시는 걸 당신 눈으로 봤을 테지?"

그러더니 왕족의 옷으로 갈아입은 다음 용의 혀 일곱 개가 들어 있는 손수건을 들고 왕궁으로 갔습니다. 왕은 젊은 이가 다가오는 것을 보고 딸에게 속삭였습니다.

"저 사람을 어떻게 맞았으면 좋겠니?"

"가서 직접 만나보시는 게 좋겠어요."

왕은 젊은이를 직접 맞아서 궁으로 데리고 올라왔습니다. 동물들도 그 뒤를 따랐습니다. 왕은 젊은 사냥꾼을 자신과 딸의 옆자리에 앉혔습니다.

반대편 자리에는 장군이 있었지만 장군은 사냥꾼을 알아보지 못했습니다.

바로 그때 잘려진 용의 머리 일곱 개가 날라져 왔습니다. 왕이 입을 열었습니다.

"용의 머리 일곱 개를 자른 장군에게 오늘 나의 딸을 주겠다."

그러자 사냥꾼이 벌떡 일어나서 일곱 개의 턱을 모두 벌리고 나서 말했습니다.

"용의 혀 일곱 개는 어디 있지요?"

그 말을 들은 장군은 가슴이 철렁했습니다. 얼굴은 새파랗게 질리고 무슨 말을 해야 할지 갈피를 잡을 수가 없었습니다. 궁리 끝에 그는 이렇게 대꾸했습니다.

"용들은 혀가 없습니다."

"거짓말쟁이나 혀가 없겠지."

사냥꾼이 빈정거렸습니다.

"진짜 용을 해치운 사람이 누구인지는 용의 혀가 증명할 것입니다."

사냥꾼은 손수건을 풀어 용의 혀 일곱 개를 내보였습니다. 혀들을 원래 달려 있던 입에다 꽂아 넣자 하나같이 꼭 들어맞았습니다. 이어서 사냥꾼은 공주의 이름이 수놓인 손수건을 들어서 공주에게 보여준 다음 이 손수건을 누구에게 주었는지 말해달라고 했습니다. 그러자 공주가 대답했습니다.

"용을 해치운 분에게 주었지요."

사냥꾼은 동물들을 불러 산호 목걸이를 풀게 했습니다. 사자의 목에 걸려 있던 황금 걸쇠도 풀었습니다. 그리고 공주에게 그것들이 누구의 것이냐고 물었습니다.

"산호 목걸이와 황금 걸쇠는 제 것이었어요. 용을 해치울 때 옆에서 도운 동물들에게 나누어 준 것이랍니다."

다시 사냥꾼이 입을 열었습니다.

"싸움을 끝내고 녹초가 된 저는 잠시 누워 쉬면서 눈을 붙이고 있었습니다. 그때 장군이 와서 저의 머리를 잘랐습니다. 그러고는 자기가 용을 죽인 것처럼 꾸몄지요. 장군의 말이 거짓이라는 것을 증명하기 위해 저는 혀와 손수건과 목걸이를 가져왔습니다."

이어서 동물들이 기적의 뿌리로 자기를 치료해주었고 1년 동안 사방을 돌아다니다가 마침내 이곳에 와서 여관 주인이 들려준 이야기를 통해 장군의 거짓말을 알게 되었다고 덧붙였습니다.

"이 젊은이가 용을 해치웠다는 게 사실이냐?"

왕이 딸에게 물었습니다.

"사실이에요. 이제야 저도 장군의 부끄러운 범죄를 털어놓을 수 있겠군요. 제가 말 안 해도 사실은 밝혀졌으니까요. 장군은 말하지 않겠다는 맹세를 하라고 저를 윽박질렀어요. 그래서 1년 하고도 하루 뒤로 결혼식을 미루겠다고 고집을 부린 거랍니다."

왕은 열두 명의 고문관을 불러 장군을 재판하라고 일렀습니다. 고문관들은 네 마리의 황소로 갈가리 찢어 죽이는 형벌을 내렸습니다. 그렇게 해서 장군은 죽고 왕은 사냥꾼

에게 딸을 준 다음 온 나라의 부왕으로 임명했습니다. 성대
한 결혼식이 벌어졌습니다. 젊은 왕은 친아버지와 양아버
지를 모셔온 다음 대단한 선물을 안겼습니다. 물론 여관 주
인도 잊지 않았습니다.

젊은 왕은 여관 주인을 불러와서 이렇게 말했습니다.

"어떻소, 주인 양반. 공주와 결혼을 했으니 이제 당신의
집과 재산은 내 차지요."

"그렇고 말고요. 지당한 말씀이십니다."

그러나 젊은 왕은 말했습니다.

"하나 나는 그렇게 모진 사람이 아니라오. 집과 재산은
그대로 당신이 가지시오. 거기에 황금 천 냥도 선물로 주리
다."

젊은 왕과 젊은 왕비는 더없이 행복한 생활을 했습니다.
젊은 왕은 사냥을 즐겼고, 충직한 동물들은 늘 그 왕의 뒤
를 따라다녔습니다. 그런데 왕궁 근처에는 마법에 걸렸다
는 숲이 있었습니다. 한번 그 숲에 들어간 사람은 누구든지
쉽게 빠져나오지 못한다고 했습니다. 그러나 젊은 왕은 거
기서 사냥을 해보고 싶었습니다. 그래서 늙은 왕을 졸라댄
끝에 마침내 숲에 들어가도 좋다는 허락을 얻어냈습니다.
젊은 왕은 시종들에게 당부했습니다.

"내가 돌아올 때까지 여기서 기다려라. 저 멋진 암사슴
을 사냥해야겠다."

젊은 왕은 암사슴을 쫓아 숲으로 들어갔습니다. 동물들만이 그의 뒤를 따랐습니다. 시종들은 그 자리에서 계속 기다렸지만 밤이 되어도 왕은 돌아올 줄 몰랐습니다. 시종들은 궁으로 돌아가서 젊은 왕비에게 말했습니다.

"아름다운 하얀 암사슴을 사냥하러 마법의 숲으로 들어가셨는데 돌아오시지를 않는군요."

그 말을 들은 왕비는 몹시 걱정이 되었습니다.

한편 젊은 왕은 아름다운 암사슴의 뒤를 계속 뒤쫓았지만 도저히 따라잡을 수가 없었습니다. 겨우 사정거리 안에 들어왔구나 생각하면 암사슴은 팔딱 뛰어 멀리 달아나곤 했습니다. 그러고는 감쪽같이 모습을 감추었습니다. 사냥꾼은 너무 숲속 깊은 곳까지 들어왔다는 사실을 깨닫고 뿔피리를 꺼내 힘차게 불었습니다. 그러나 아무런 응답이 없었습니다. 시종들의 귀에는 들리지 않았던 것입니다. 밤이 깊어지자 그날 안으로 성에 들어가기는 틀렸다는 생각이 들었습니다. 젊은 왕은 숲속에서 밤을 보내기로 하고 말에서 내린 다음 나무 옆에다 모닥불을 피웠습니다. 동물들도 불가에 앉아 있는 주인 옆에 쪼그리고 앉았습니다. 그때 어디선가 사람의 목소리가 들렸습니다. 사방을 두리번거렸지만 아무도 보이지 않았습니다. 얼마 뒤 다시 신음 소리 같은 것이 났습니다. 가만히 들어보니 위에서 들리는 것 같았습니다. 젊은 왕은 위를 올려다보았습니다. 늙은 여자가 나무 위에 앉아 신음 소리를 내고 있었습니다.

"으으으! 으으으! 얼어 죽겠다."

노파가 기어들어 가는 목소리로 말했습니다.

"그렇게 추우면 내려와서 불을 좀 쬐지 그러시오."

"동물들한테 물릴까봐 겁이 나서 못 그러겠수."

"이 녀석들은 할머니를 해치지 않습니다. 어서 내려오시라니까요."

그러나 이 노파는 사실 마녀였습니다.

"내가 어린 가지를 하나 던져줄 테니 그것으로 동물들의 등을 치시우. 그럼 나를 해치지 않을 거유."

그러면서 마녀는 어린 가지를 던졌습니다. 젊은 왕이 그것으로 치니까 동물들은 그 자리에서 돌로 굳었습니다. 동물들이 꼼짝 못하게 되자 마녀는 안심하고 나무에서 뛰어 내려 와서는 어린 가지로 젊은 왕을 건드렸습니다. 젊은 왕도 돌로 변했습니다. 마녀는 낄낄거리면서 왕과 동물들을 구덩이로 질질 끌고 갔습니다. 구덩이 안에는 그런 돌들이 수북이 쌓여 있었습니다.

젊은 왕이 여전히 돌아오지 않자 젊은 왕비의 걱정과 두려움은 커져만 갔습니다. 바로 그때였습니다. 헤어질 때 동쪽으로 갔던 쌍둥이 형이 이 나라에 왔습니다. 형은 일자리를 찾아다녔지만 끝내 일자리를 얻지 못한 채 사람들 앞에서 동물들의 춤을 보여주면서 여기저기 떠돌아다니고 있었

습니다. 그러다가 동생과 헤어질 때 나무에 꽂아둔 칼을 보
고 동생이 잘 있는지 알아봐야겠다는 생각이 들었던 것입니
다. 그 자리에 가서 보니 동생 쪽의 칼날은 반은 녹이 슬고
반은 아직 반짝거리고 있었습니다. 형은 깜짝 놀랐습니다.

'동생에게 큰일이 닥친 모양이구나. 하지만 반쪽 날은 싱
싱하니 지금이라도 구할 수 있을지 모르지.'

형은 동물들을 데리고 서쪽으로 향했습니다. 성문에 닿
으니 보초병들이 와서 도착하신 것을 왕비님께 알려드리냐
고 물었습니다. 젊은 왕비가 남편이 마법의 숲에서 죽은 줄
알고 벌써 여러 날째 근심 걱정에 휩싸여 있었으니 그렇게
물어보는 것도 무리는 아니었습니다. 보초병들은 당연히
이 사내가 젊은 왕이라고 믿고 있었습니다. 둘은 너무나 닮
았고, 또 꽁무니를 졸졸 쫓아다니는 동물들도 같았던 것입
니다. 형은 보초병들이 자기를 동생으로 착각하고 있다는
것을 깨닫고 동생처럼 행세하는 것이 지금으로서는 가장
좋은 방법이라고 생각했습니다. 그러면 동생을 구하는 데
도 유리할 것 같았습니다.

보초병들의 호위를 받으면서 궁전으로 들어간 형은 뜨거
운 환영을 받았습니다. 젊은 왕비는 이 남자가 자기 남편이
라고 철썩같이 믿고 왜 그렇게 오래 머물러 있었느냐고 물
었습니다.

"숲속에서 길을 잃고 오랫동안 이리저리 헤매 다녔지 뭐

요.”

형이 말했습니다.

밤이 되어 침실로 들어갔습니다. 형은 양쪽 날이 선 칼을 자기와 왕비 사이에 두었습니다. 왕비는 영문을 알 수 없었지만 잠자코 묻지 않았습니다. 형은 그곳에서 며칠을 더 있으면서 마법의 숲에 관한 것을 모두 캐낸 다음 마침내 이렇게 말했습니다.

“다시 한 번 사냥을 하러 그곳으로 가겠소.”

늙은 왕과 젊은 왕비가 말리느라 애를 썼지만 형은 고집을 굽히지 않고 많은 부하들을 데리고 떠났습니다. 숲에 닿은 형은 동생이 겪었던 것과 똑같은 일을 겪었습니다. 하얀 암사슴을 본 형은 시종들에게 당부했습니다.

“내가 돌아올 때까지 여기서 기다려라.”

형은 말을 타고 숲속으로 들어갔습니다. 동물들이 그 뒤를 쫓았습니다. 하지만 도저히 암사슴을 따라잡을 수가 없었습니다. 어느새 숲속 깊이 들어가게 되어 할 수 없이 그곳에서 밤을 보내야 했습니다. 모닥불을 피우자 어디에선가 신음 소리가 들렸습니다.

“으으으! 으으으! 얼어 죽겠다.”

위를 올려다보니 나무 위에 노파가 앉아 있었습니다.

“그렇게 춥거든 내려와서 불을 좀 쬐시오.”

“당신의 동물들이 나를 물 텐데.”

노파가 대꾸했습니다.

"절대 해치지 않을 겁니다."

"내가 어린 가지를 던질 테니 그것으로 동물들을 치면 나를 물지 않을 거유."

그러나 사냥꾼은 노파의 말을 믿을 수가 없었습니다.

"내 동물을 어떻게 친단 말이야. 당장 내려오지 않으면 내가 끌어내리겠어!"

"어림 반 푼어치도 없는 소리! 털끝 하나 내 몸에 손을 댔단 봐라!"

노파가 고래고래 소리를 질렀습니다.

그러나 사냥꾼도 지지 않았습니다.

"내려오지 않으면 너를 쏠 테다!"

"어서 쏘아보시지. 그깟 놈의 총알은 무섭지 않으니까."

사냥꾼은 겨냥을 하고 노파를 쏘았지만 납으로 된 총알을 맞고도 노파는 끄떡도 하지 않았습니다. 노파는 찢어지는 듯한 웃음을 터뜨리면서 약을 올렸습니다.

"헛수고 그만하라니까!"

그러나 사냥꾼에게도 생각이 있었습니다. 그는 옷에서 은단추 세 개를 떼어내어 총알 대신 그것을 집어넣었습니다. 은단추 앞에서는 마법이 먹혀들어 가지 않으니까요. 방아쇠를 당기자 마녀는 비명을 지르며 나무에서 떨어졌습니다. 사냥꾼은 노파를 한 발로 밟고 서서 다그쳤습니다.

"요망한 마녀 같으니. 내 동생이 어디 있는지 어서 대지 않으면 이 두 손으로 너를 번쩍 들어 올려 불구덩이에 처넣겠다!"

마녀는 덜덜 떨면서 살려달라고 손이 닳도록 싹싹 빌면서 자초지종을 털어놓았습니다.

"동물들과 함께 돌로 변했습니다. 구덩이 안에 있지요."

사냥꾼은 마녀를 앞세우고 가서 구덩이 앞에 서더니 이렇게 으름장을 놓았습니다.

"저 안에 있는 내 동생과 모든 생명을 다시 살려놓지 않으면 너를 불구덩이에 던져 넣겠다!"

마녀는 어린 가지를 집어 들고 돌들을 건드렸습니다. 그러자 동생과 동물들이 살아났습니다. 그뿐 아니라 상인, 기능공, 양치기 들도 자리에서 일어나더니 풀어주어서 고맙다고 사냥꾼에게 인사를 한 다음 집으로 돌아갔습니다. 다시 얼굴을 보게 된 쌍둥이 형제는 서로 얼싸안고 입맞춤을 했습니다. 그들은 가슴이 터질 듯이 기뻤습니다. 마녀는 꽁꽁 묶어서 불구덩이에 처넣었습니다. 마녀가 불에 타서 죽자 숲은 저절로 활짝 열리면서 밝고 깨끗해졌습니다. 덕분에 왕궁이 있는 성도 한눈에 보였습니다. 숲에서 성까지는 3시간은 걸어야 했습니다.

두 형제는 왕궁으로 가면서 각자의 모험에 대해 주거니 받거니 이야기를 나누었습니다. 동생이 자기가 나라의 부왕이라고 말하자 형이 말했습니다.

"나도 그건 척 보고 알아차렸다. 성에 가보니 나를 너로 착각하고 온갖 환대를 베풀어주더구나. 젊은 왕비도 나를 남편으로 여기더라. 나는 어쩔 수 없이 네 침대에서 자야 했지."

이 말을 들은 동생은 질투에 눈이 멀어 칼로 형의 머리를 베었습니다. 그러나 죽은 형의 몸에서 시뻘건 피가 철철 흘러나오는 것을 보니 후회가 되어 견딜 수가 없었습니다.

"형은 나를 구해주었다. 그런데도 나는 형을 죽이고 말았어!"

동생은 한탄을 했습니다. 동생이 땅을 치며 통곡을 하고 있는데 산토끼가 쪼르르 달려오더니 기적의 뿌리를 가져오겠다고 말했습니다. 산토끼는 휙 달려가더니 번개처럼 돌아왔습니다. 죽은 형은 다시 살아났습니다. 형은 자기가 다친 것도 몰랐습니다. 여행을 계속하면서 동생이 말했습니다.

"형은 나와 똑같이 생겼어. 나처럼 왕의 옷을 입었고 나와 똑같은 동물들을 데리고 다니지. 우리 서로 반대편 문으로 들어가서 똑같은 시간에 반대편 방향에서 궁전으로 들어가기로 하자."

그래서 형제는 각각 다른 길을 향했습니다. 반대편 문들을 지키고 있던 보초병들은 각각 늙은 왕에게 가서 사냥에 나갔던 젊은 왕이 동물들과 함께 막 도착했다고 보고했습니다.

"그럴 리가 있나. 두 개의 문은 걸어서 한 시간 거리는 떨어져 있는데."

바로 그때 두 형제가 궁전 안뜰의 좌우에서 나타나 계단을 올라왔습니다. 그러자 왕이 딸에게 말했습니다.

"네가 판단하거라. 어느 쪽이 너의 남편인지 너무 똑같이 생겨서 나는 구별할 수가 없구나."

젊은 왕비는 무척 속이 상했습니다. 누가 누구인지 알 수가 없었던 것입니다. 그때 마침 동물들에게 주었던 목걸이가 생각났습니다. 왕비는 사자의 목에 걸린 황금 걸쇠를 찾아내고 기뻐서 외쳤습니다.

"이 사자가 따르는 사람이 제 남편이에요!"

그러자 젊은 왕이 웃으면서 말했습니다.

"바로 맞혔소."

그들은 모두 식탁에 둘러앉아서 먹고 마셨습니다. 흥겨운 분위기였습니다. 그날 밤 젊은 왕이 잠자리에 들었을 때 아내가 물었습니다.

"지난 며칠 동안 왜 양날이 선 칼을 우리 침대 사이에 항상 놓아둔 거죠? 당신이 절 찌르는 게 아닌가 생각했단 말이에요."

그래서 동생은 형이 얼마나 믿음직한 사람인지를 다시금 깨달았습니다.

들장미 공주[*]

옛날에 어떤 왕과 왕비가 살고 있었는데, 그들은 매일같이 이렇게 말했습니다.

"아기가 있었으면!"

하지만 아기는 생기지 않았습니다.

어느 날 왕비가 목욕을 하러 밖으로 나갔더니 개구리 한 마리가 물가로 기어 와서 말했습니다.

"소원이 이루어질 것입니다. 올해가 가기 전에 딸이 태어날 것입니다."

개구리의 예언은 그대로 들어맞았습니다. 왕비는 예쁜 딸

---

[*] 흔히 '잠자는 숲속의 공주'로 알려졌으며, 『그림형제 동화전집』에도 해당 제목으로 나와 있다.

을 낳았습니다. 왕은 너무 기뻐서 잔치를 크게 벌였습니다. 친척과 친구와 친지는 물론 지혜로운 여인들도 초대했습니다. 딸에게 자상하고 친절하게 대해줄 것이라는 기대에서였습니다. 그런데 나라 안에는 13명의 지혜로운 여인이 있었는데 이들에게 요리를 대접할 금접시는 12개밖에 없었습니다. 그래서 부득이 한 사람은 초대를 받지 못했습니다.

　잔치는 성대하게 벌어졌습니다. 잔치가 끝나갈 무렵 지혜로운 여인들은 아기에게 기적의 선물을 주었습니다. 한 사람은 미덕을, 한 사람은 아름다움을, 또 한 사람은 재산을……. 그래서 결국 아이는 사람이 이 세상에서 가질 수 있는 모든 것을 갖게 되었습니다. 열한번째의 여인이 막 선물을 주고 났을 때 열세번째의 여인이 나타났습니다. 초대를 받지 못한 것에 앙심을 품고 복수를 하러 온 것이었습니다. 그 여인은 인사를 하기는커녕 주위를 거들떠보지도 않고 냅다 큰 소리로 외쳤습니다.

　"열다섯 살이 되면 저 아이는 물레의 북바늘에 찔려 죽을 것이다!"

　이 말만 던지고는 뒤돌아서서 궁전을 나갔습니다. 사람들은 너무 놀라 어쩔 줄 몰라 했습니다. 그러자 열두번째 여인이 앞으로 나섰습니다. 아직 아기에게 줄 기적의 선물이 남아 있었던 것입니다. 여인은 악마의 주문을 풀 힘은 없었지만 그것을 누그러뜨릴 수는 있었습니다.

"공주는 죽지 않고 그 대신 100년 동안 깊은 잠에 빠질 것입니다."

여인은 이렇게 말했습니다.

왕은 사랑하는 딸을 그런 재난으로부터 지키기 위해 온 나라의 북바늘을 불태우라는 명령을 내렸습니다. 한편 지혜로운 여인들의 선물은 약속대로 이루어져서 공주는 아름답고 예절 바르고 친절하고 현명하기 이를 데 없는 소녀로 자랐습니다. 누구라도 공주를 한 번 보면 반해버렸습니다.

열다섯 살로 접어드는 날이었습니다. 그날은 공교롭게도 왕과 왕비가 궁전에 없었습니다. 공주는 넓은 궁 안에 홀로 남게 되었습니다. 공주는 궁 안을 이리저리 돌아다니며 많은 방들을 마음껏 구경했습니다. 마침내 오래된 탑이 보였습니다. 공주는 꼬불꼬불 비좁은 계단을 올라갔습니다. 작은 문이 나타났고 거기에는 녹슨 열쇠가 걸려 있었습니다. 열쇠를 돌리자 문이 열렸습니다. 작은 방 안에는 늙은 여자가 물레 앞에 앉아 북바늘로 부지런히 베를 짜고 있었습니다.

"안녕하세요, 할머니. 거기서 뭐 하시는 거예요?"

"베를 짠다우."

늙은 여자가 머리를 흔들며 말했습니다.

"거기 까딱까딱거리는 우스꽝스러운 물건은 뭐예요?"

공주는 이렇게 물으면서 북바늘을 집어 들어 돌려보려고

했습니다. 그러나 북바늘을 만지는 순간 마법의 주문이 살아나 손가락을 찔렸습니다.

따끔 하는 순간 공주는 그대로 침대 위에 쓰러져 깊은 잠에 빠져들어 갔습니다. 잠은 이내 온 궁전 안으로 퍼졌습니다. 왕과 왕비도 궁 안으로 발을 들여놓는 순간 그대로 잠이 들었습니다. 궁 안의 모든 사람들도 마찬가지였습니다. 마구간의 말도 마당의 개도 지붕 위의 비둘기도 벽에 달라붙은 파리도 모두 잠이 들었습니다. 난로에서 타닥타닥 타오르던 불도 잠잠해졌습니다. 지글지글 볶이던 고기도, 무슨 잘못을 저질렀는지 막 심부름하는 아이의 머리카락을 잡아당기던 요리사도 맥없이 잠들었습니다. 드디어는 바람도 잦아져서 성 밖의 나무에서도 잎새 하나 움직이지 않았습니다.

성 주위로 들장미가 자라기 시작했습니다. 들장미는 해마다 쑥쑥 자랐습니다. 마침내는 온 성을 에워싸고 뒤덮어 아무도 성의 모습을 볼 수 없게 되었습니다. 지붕 위의 깃발도 보이지 않았습니다. 공주는 잠자는 아름다운 들장미로 불렸고 공주에 관한 이야기는 온 나라에 퍼지게 되었습니다. 이따금 왕자들이 와서 장미 울타리를 뚫고 성 안으로 들어가려고 애를 썼습니다. 그러면 장미 가시가 마치 손이라도 달린 것처럼 억척스럽게 달라붙어서 젊은 왕자들은 오도 가도 못하고 그 안에 갇혔습니다. 왕자들은 옴짝달싹 못한 채 그렇게 비참한 죽음을 맞이했습니다.

아주 오랜 세월이 흘렀습니다. 한 왕자가 이 나라에 왔다가 어떤 노인에게 들장미 이야기를 들었습니다. 장미 울타리 속에는 성이 있고 그 성 안에는 들장미라는 아름다운 공주가 있으며 공주는 부모님과 신하들과 함께 벌써 100년째 잠들어 있다는 것이었습니다. 노인은 또 자기 할아버지로부터 많은 왕자들이 왔다가 장미 덩굴에 갇혀서 비참하게 죽어갔다는 이야기도 들었다고 이야기했습니다.

"난 두렵지 않습니다. 가서 아름다운 들장미를 보아야겠어요."

젊은 왕자가 말했습니다.

선량한 노인은 왕자를 만류하려고 갖은 애를 썼지만 왕자는 자기의 뜻을 굽히지 않았습니다.

마침내 100년이 지나고 들장미가 다시 눈을 뜨게 될 날이 왔습니다. 왕자가 장미 울타리로 다가서자 아름다운 꽃들이 저절로 길을 터주었다가 왕자가 들어서자 다시 문을 닫았습니다. 마당에서 왕자는 말과 사냥개가 그대로 잠들어 있는 광경을 보았습니다. 지붕 위에 둥지를 튼 비둘기들은 날개 깊숙이 머리를 처박고 있었습니다.

궁전으로 들어서 보니 파리는 벽에 달라붙은 채 잠들어 있고, 요리사는 심부름하는 아이를 움켜잡으려는 듯이 손을 뻗고 있고, 하녀는 막 깃털을 뽑으려는 듯 검은 닭을 들고 있었습니다. 온 궁전이 잠들어 있었습니다. 왕과 왕비도 예외는 아니었습니다. 사방이 너무나도 조용해서 왕자의 귀에는 자신의 숨소리가 들릴 정도였습니다.

드디어 왕자는 탑으로 가서 작은 방에 달린 문을 열었습니다. 들장미는 그곳에 누워 있었습니다. 왕자는 공주의 아름다움에 반해 눈길을 다른 데로 돌릴 수가 없었습니다. 왕자는 허리를 숙여 공주에게 입맞춤했습니다. 왕자의 입술이 닿자 들장미는 눈을 뜨더니 자리에서 일어나 그윽한 눈길로 왕자를 바라보았습니다. 두 사람은 탑 아래로 함께 내려갔습니다.

바로 그때 왕과 왕비는 물론 온 궁전이 잠에서 깨어났습니다. 사람들은 서로를 놀란 눈으로 바라보았습니다. 마당의 말도 자리를 털고 일어나 푸르르 몸을 떨었습니다. 사냥개도 껑충껑충 뛰어다니면서 꼬리를 흔들었습니다. 지붕 위의 비둘기는 날갯죽지에 파묻었던 머리를 들고 사방을 둘러보더니 들판으로 날아갔습니다. 벽에 붙은 파리도 꼬물꼬물 기어 다녔습니다. 부엌의 장작불도 활활 타올랐고 요리사는 고기를 구웠습니다. 요리사가 따귀를 때리자 심부름하는 아이는 비명을 질렀습니다. 하녀는 열심히 닭털을 뽑았습니다.

들장미와 왕자의 결혼식은 성대하게 치러졌습니다. 두 사람은 오래오래 행복하게 잘 살았습니다.

· 충신 요하네스

어느 늙은 왕이 병이 들었습니다. 이렇게 앓다가 이번에는 분명히 죽을 것이라고 생각한 왕은 시종들에게 큰 소리로 명령했습니다.

"충신 요하네스를 이리로 들라 해라."

왕이 가장 아끼는 신하인 요하네스는 왕을 평생토록 진심으로 섬겼기 때문에 '충신 요하네스'라는 이름을 얻었습니다. 그가 왕의 침대 곁으로 다가가자 왕이 말했습니다.

"나의 가장 충성스런 요하네스여, 나는 최후가 가까워오는 걸 지금 느끼고 있소. 하지만 나는 다른 것은 아무것도 염려가 되지 않소. 오직 왕자가 걱정될 뿐이오. 아직 너무 어려서 자기한테 이익이 되는 것이 무엇인지, 해가 되는 것이 무엇인지 잘 모르고 있소. 그대가 왕자의 양아버지가 되어주시오. 만약 그렇지 않으면 나는 안심하고 눈을 감을 수 없을 것이오."

충신 요하네스는 왕에게 다짐했습니다.

"저는 절대로 왕자님을 저버리지 않을 것입니다. 그리고 제 목숨을 바쳐서라도 왕자님을 충실히 모시겠습니다."

그러자 왕은 말했습니다. "아, 그러면 이제 편안히 죽을 수 있겠소."

그러면서 왕은 한마디를 덧붙였습니다.

"내가 죽은 후 왕자에게 이 성 안의 모든 걸 보여주시오. 모든 방들, 연회실, 지하실, 그 안에 있는 보물 등등을. 하지만 성의 긴 통로 맨 끝에 있는 방만은 보여주지 마시오. 그 안에는 '황금 궁전의 공주'의 초상화가 감춰져 있소. 만일 왕자가 그 초상화를 보게 되면 금세 그 공주에게 반해 얼마 동안 정신을 잃을 것이오. 그러고 나서 왕자는 그 공주 때문에 큰 모험을 해야만 할 거요. 그렇게 되지 않도록 그대가 기필코 왕자를 막아야만 하오."

충신 요하네스는 약속을 꼭 지키겠노라고 왕에게 다짐을 했습니다. 그러자 왕은 입을 다물더니 이내 숨졌습니다. 왕의 장례식이 끝난 뒤 충신 요하네스는 선왕이 돌아가실 즈음 자신이 왕에게 어떤 약속을 했는지에 대해 왕자에게 들려주고 이렇게 말했습니다.

"저는 꼭 그 약속을 지킬 것이고 부왕께 했던 것과 똑같이 충성을 다하겠습니다. 설사 제 목숨을 잃는 한이 있어도."

문상 기간이 끝나자 충신 요하네스는 새 왕에게 말했습니다.

"이제 전하께서 상속받으신 것들을 돌아보실 때가 왔습니다. 조상 대대로 물려받아 온 성을 둘러보십시오."

그는 왕과 함께 성을 돌아보기 시작했습니다. 계단을 오르내리고 무수히 많은 통로들을 지나면서 그 성 안의 모든 보물과 찬란하게 장식된 방들을 왕에게 보여드렸습니다. 그러나 그는 한 방의 문만은 열지 않았습니다. 그 방문을 열면 바로 마주 보이는 곳에 돌아가신 왕이 말한 위험한 초상화 한 점이 걸려 있기 때문입니다. 게다가 그 그림은 생생하게 살아 있는 것처럼 뛰어난 작품이라 이 세상에서 그보다 더 아름답고 더 사랑스런 그림은 다시없을 정도였습니다.

그런데 젊은 왕은 충신 요하네스가 한 개의 방문을 열어주지 않고 그대로 지나쳐버리는 것을 재빨리 눈치채고 말했습니다.

"왜 이 문은 열어주지 않는 거요?"

충신 요하네스가 말했습니다.

"그 안에는 전하께 충격을 드릴 만한 물건이 들어 있기 때문입니다."

"난 이 성 안에 있는 모든 걸 다 보았소. 그러므로 이 방 안에 무엇이 들어 있는지도 알아야겠소."

왕이 문 앞으로 다가가 억지로 문을 열려고 하자 충신 요하네스는 왕을 말리면서 말했습니다.

"부왕이 돌아가시기 전에 저는 부왕께 이 방 안에 있는 것만은 전하께 보여드리지 않겠다고 약속했습니다. 그 물건은 전하와 제게 커다란 불행을 안겨줄지도 모릅니다."

그러나 왕은 막무가내였습니다.

"안 돼요, 그럴 순 없어요! 이 안에 들어가 보지 못한다면 난 죽고 말 거요. 이 방 안을 들여다보지 못한다면 낮이나 밤이나 안절부절못하게 될 테니 결국 죽지 않고 배기겠소? 그대가 이 방문을 열어주지 않는다면 난 여기서 꼼짝도 하지 않을 거요."

충신 요하네스는 아무리 고집을 부려도 소용이 없다는 걸 깨닫고 들고 다니던 큼직한 열쇠 꾸러미에서 열쇠 하나를 빼냈습니다. 그의 마음은 무거웠으며 그 문을 열면서도 그는 몇 번이나 한숨을 내쉬었습니다. 그는 자기가 먼저 그 방 안에 들어가 자기 몸으로 왕의 앞을 가려 초상화를 보지 못하게 하리라 마음먹었습니다. 그러나 그것은 아무 소용이 없었습니다. 왕은 발끝으로 서서 그의 어깨 너머로 안을 들여다보고 말았습니다. 그리고 황금과 보석으로 치장하여 찬란하게 빛나고 있는 한 소녀의 찬란한 초상화를 보는 순간 왕은 정신을 잃고 바닥에 쓰러졌습니다. 충신 요하네스는 왕을 안아 침대에 눕혔습니다. 요하네스는 몹시 걱정이 되었습니다.

그는 드디어 재앙이 닥쳐왔다고 생각했습니다. 맙소사, 이제 일이 어떻게 되어나갈 것인지? 그는 왕의 정신을 차리게 하려고 왕에게 포도주를 조금 먹였습니다. 그러자 곧 정신을 되찾은 왕이 물었습니다.

"오, 그 그림 속에 나오는 아름다운 소녀는 대체 누구요?"

"'황금 궁전의 공주'입니다."

"난 그 그림을 본 순간 그녀를 몹시 사랑하게 되었소. 모든 숲에 있는 나뭇잎들이 모두 혀로 바뀐다 해도 그녀에 대한 내 사랑은 말로 다 표현할 수 없을 것이오. 그 공주를 얻기 위해서라면 난 내 목숨까지라도 바칠 거요. 그대는 나의 가장 충성스런 신하이니 나를 도와줘야만 하오."

요하네스가 왕의 소원을 풀어주기 위한 방법을 찾아내는 데는 꽤 오랜 시간이 걸렸습니다. 왜냐하면 그 공주에게 접근하기란 쉬운 일이 아니었으니까요. 마침내 그는 한 가지 방도를 생각해내었습니다.

"그 공주님이 가지고 있는 물건들은 모두 금으로 되어 있습니다. 탁자, 의자, 접시, 컵, 사발, 집 안에 있는 그릇들

할 것 없이 모두 금입니다. 그런데 전하의 보물 창고 속에
는 5톤의 금이 있습니다. 그중 1톤의 금으로 왕국의 모든
금세공인들에게 갖가지 그릇들과 온갖 종류의 새들과 야생
동물들, 그 밖에 공주님을 기쁘게 할 만한 온갖 신기한 집
승들을 조각해내라고 명령해주십시오. 그러면 우리는 그
모든 금세공품을 가지고서 우리의 행운을 시험해보러 떠날
것입니다."

왕은 나라 안에 있는 모든 금세공인들을 성 안으로 불러
모았습니다. 그들은 밤낮으로 일을 하여 뛰어난 금세공품
들을 만들어내었습니다. 그것들이 모두 완성되자 왕과 충
신 요하네스는 그것들을 모두 배에 싣고 떠났습니다. 충신
요하네스와 왕은 겉으로 봐서는 도저히 왕이라 짐작할 수
없을 정도로 완벽하게 상인처럼 차려입었습니다. 그들은
바다를 건너서 계속 항해한 끝에 드디어 '황금 궁전의 공
주'가 살고 있는 곳에 도착했습니다. 충신 요하네스는 왕에
게 그 배에 남아 자신을 기다려달라고 하면서 이렇게 말했
습니다.

"제가 공주님을 모시고 이 배에 오를 때에는 모든 준비
가 다 되어 있어야 합니다. 황금으로 된 물건들을 눈에 잘
띄게 진열해놓게 하시고 배 전체를 잘 치장해놓으라고 하
셔야 합니다."

그런 뒤 요하네스는 온갖 종류의 황금 장신구들을 보자

기 속에 싸 들고 배에서 내렸습니다. 그는 왕궁을 향해 걸어갔습니다. 그가 왕궁 안뜰에 도착했을 때 한 아름다운 소녀가 샘가에 서 있었습니다. 그녀는 양손에 두 개의 황금 물통을 들고 그곳을 떠나려다 낯선 사람을 발견하고 누구냐고 물었습니다. 충신 요하네스가 대답했습니다.

"전 상인입니다."

그러면서 그는 보자기를 풀어 헤쳐 그 안에 든 것들을 보여주었습니다.

"어머나, 정말 예쁜 금장신구들이네!"

소녀는 크게 감탄했습니다. 그러고 나서 물통들을 내려놓고 그 장신구들을 하나하나 자세히 들여다보다가 말했습니다.

"공주님이 이걸 보셔야 할 텐데. 우리 공주님은 금으로 된 물건들을 아주 좋아하시기 때문에 댁이 갖고 계신 물건들을 모두 사주실 거예요."

그녀는 그의 팔을 잡고 그를 궁전 안으로 데려갔습니다. 그녀는 공주의 시녀였습니다. 공주 역시 그 금세공품들을 보더니 크게 기뻐하면서 말했습니다. "물건들이 모두 예쁘고 근사하네요. 내가 모두 사겠어요."

그러자 요하네스가 말했습니다.

"전 부유한 상인의 하인에 불과한 몸입니다. 제가 여기 가져온 물건들은 우리 주인의 배에 실려 있는 물건들에 비하면 아무것도 아닙니다. 사실 그분은 굉장히 예술적으로 만들어진 훌륭한 금세공품들을 많이 가지고 계십니다."

공주가 그 물건들을 모두 성으로 실어 오라고 하자 요하네스는 이렇게 대답했습니다.

"물건이 너무나 많아서 그걸 다 이리로 실어 오려면 며칠이 걸려도 모자랍니다. 게다가 이 궁전은 그리 크지가 않기 때문에 그 물건들을 모두 진열하긴 힘들 것입니다. 훨씬 많은 방들이 필요하거든요."

아름다운 금세공품들을 보고 싶은 마음과 가지고 싶은 욕심이 점점 더 커져서 마침내 참을 수 없게 된 공주가 말했습니다.

"그럼 나를 그 배에다 데려다줘요. 내가 가서 당신 주인의 보물들을 직접 살펴보겠어요."

충신 요하네스는 그 말에 여간 기쁘지 않았습니다. 그는 공주를 모시고 배로 돌아왔습니다. 공주를 직접 본 왕은 공주의 모습이 초상화 속의 모습보다 훨씬 더 아름답다는 걸 알았습니다. 너무나 가슴이 뛰어서 그의 심장은 금방이라도 터질 것만 같았습니다. 공주가 배에 오르자 왕은 그녀를 선실로 안내했고 충신 요하네스는 키잡이들과 함께 갑판에 남아 있다가 그들에게 배를 띄우라고 지시했습니다.

"모든 돛을 다 올려라! 배가 새처럼 날아갈 수 있도록!"

선실 안에서 왕은 공주에게 금으로 된 물건들을 하나하

나 다 보여주었습니다. 금으로 된 접시며 컵이며 사발, 또 새와 야생동물과 그 밖의 신비스런 동물 등을. 공주가 그 모든 물건들을 보는 데에는 몇 시간이 걸렸습니다. 그녀는 너무나 기뻐서 배가 떠난 사실을 눈치채지 못했습니다. 마지막 물건까지 살펴본 뒤 공주는 그 상인에게 고맙다는 인사를 하고 나서 돌아가겠다고 말했습니다. 그러나 공주가 막상 갑판으로 나오자 사방에 보이는 것이라고는 드넓은 바다뿐이었습니다.

"세상에! 날 납치한 거야, 일개 장사꾼이! 차라리 죽어 버리겠어!"

그러자 왕은 그녀의 손을 붙잡고 말했습니다.

"사실 전 장사꾼이 아닙니다. 전 왕입니다. 저도 당신 못지않게 귀한 집안 출신입니다. 당신을 너무나 사랑했기 때문에 당신을 속여서 우리 배로 오게 한 것입니다. 처음으로 당신의 초상화를 본 순간 저는 정신을 잃고 바닥에 쓰러지고 말았습니다."

'황금 궁전의 공주'는 그 말을 듣자 어느 정도 마음이 진정되는 것 같았습니다. 그리고 서서히 그에게 마음이 쏠려 그와 결혼을 약속하는 데까지 이르렀습니다.

그런데 그들은 아직 넓은 바다를 항해하고 있었고 충신 요하네스는 뱃머리 부근의 갑판에 앉아 음악을 연주하고 있었습니다. 그때 그는 큰 까마귀 세 마리가 배 쪽으로 날아오는 것을 보았습니다. 까마귀들이 다가오자 그는 연주를 멈추고 그들의 말에 귀를 기울였습니다. 그는 까마귀들의 말을 잘 알아들을 수 있었던 것입니다. 까마귀 중의 하나가 소리쳤습니다.

"왕자는 '황금 궁전의 공주'를 데리고 집으로 가는 중이야!"

두번째 까마귀가 말했습니다.

"맞아. 하지만 아직 공주를 얻은 건 아냐."

세번째 까마귀가 말했습니다.

"틀렸어. 왕자는 공주를 얻은 거야. 공주는 왕자 바로 곁에 앉아 있는걸."

그러자 첫번째 까마귀가 다시 말했습니다.

"그래봤자 좋을 게 하나도 없어. 그들이 육지에 도착하면 적갈색의 멋진 말 한 마리가 달려올 것이고 왕은 그 말위에 올라타고 싶어 할 거야. 그리고 왕이 그 말에 올라타면 말은 왕을 태운 채 내달리다가 하늘 높이 솟아오를 거야. 그래서 왕은 다시는 공주를 볼 수 없게 될 텐데, 뭘."

"왕이 구원받을 수 있는 방법이 없을까?"

두번째 까마귀가 물었습니다.

"있지. 누군가 다른 사람이 그 말 위에 재빨리 올라탄 뒤 안장에 달려 있는 권총집에서 권총을 빼내 말을 쏴 죽이면 돼. 그러면 왕은 무사할 수 있지. 하지만 누가 그 방법을 알겠어? 그리고 설혹 누군가 그 방법을 알고서 왕에게 그 방법을 얘기해준다고 해도 그 순간 그 사람 자신은 발끝에서 무릎까지 돌로 변해버릴 텐데, 뭐!"

두번째 까마귀가 말했습니다.

"난 또 다른 사실을 알고 있지. 그 말이 죽는다 해도 젊은 왕은 새색시를 맞지 못하게 될 거야. 그들이 성에 도착하면 왕은 결혼식 때 입을 혼례의상이 커다란 쟁반에 놓여 있는 걸 발견하게 될걸. 그건 금실과 은실로 짠 것처럼 보이지만 사실은 유황과 송진으로 만들어진 거지. 왕이 그걸 몸에 걸치는 순간 왕은 뼈와 골수도 남지 않고 다 타버리고 말 거야."

"왕의 목숨을 구할 무슨 방법이 없을까?"

세번째 까마귀가 묻자 두번째 까마귀가 대답했습니다.

"있지. 누군가 다른 사람이 장갑 낀 손으로 그 옷을 움켜쥐고 불 속에 던져 태워버리는 거야. 그러면 젊은 왕은 무사할 거야. 하지만 그 방법을 안들 무슨 소용 있겠어? 그걸 알고 있는 사람이 그 사실을 왕에게 말하면 그 순간 그 사람의 무릎에서 심장까지 돌로 변해버릴 텐데."

그때 세번째 까마귀가 말했습니다.

"나도 또 다른 사실을 알고 있지. 그 혼례의상이 불타버린다 해도 여전히 왕은 새색시를 맞아들일 수 없을 거야. 결혼식이 끝난 뒤에는 무도회가 열릴 텐데 새 왕비는 춤을 추기 시작하다가 갑자기 안색이 창백해지면서 죽은 사람처럼 바닥에 쓰러져버리고 말 거야. 그때 누군가가 왕비의 몸을 안고 가서 왕비의 오른쪽 가슴에서 피 세 방울을 빨아내서 내뱉어야 돼. 그렇지 않으면 왕비는 그대로 죽고 말 거야. 하지만 이런 사실을 알고 그걸 입 밖에 내는 사람은 발끝에서 머리끝까지 온몸이 돌로 변해버린다고."

이런 이야기를 다 한 뒤 까마귀들은 멀리 날아가 버렸습니다. 충신 요하네스는 그들이 나눈 이야기들을 빠짐없이 들었습니다. 그때부터 그는 입을 꾹 다문 채 슬픔에 잠겼습니다. 그가 자신이 들은 이야기를 왕에게 들려주지 않는다면 왕은 무서운 화를 입을 것이고, 그가 왕에게 그 모든 이야기를 한다면 자기 자신이 목숨을 잃을 테니까요. 마침내 요하네스는 혼자 중얼거렸습니다.

"내가 죽더라도 왕을 구하지 않으면 안 돼."

그들이 해안에 도착한 뒤부터 까마귀들이 예언했던 일들이 차례로 일어나기 시작했습니다. 먼저 육지에 내리자마자 적갈색의 아주 멋진 말 한 마리가 그들을 향해 달려왔습니다. 말을 본 왕이 말했습니다.

"으응? 이게 뭐야? 이 말을 타고 성으로 달려가면 되겠군."

왕이 그 말에 타려는 순간 충신 요하네스는 왕보다 먼저 말 안장 위에 올라앉았습니다. 그러고 나서 그는 안장에 달려 있는 권총집에서 권총을 빼내 그 말을 쏘아 죽였습니다. 요하네스를 싫어했던 다른 신하들은 일제히 소리쳤습니다.

"이 무슨 못된 짓인가! 왜 요하네스는 전하를 성으로 모시고 갈 이 아름다운 말을 쏘아 죽인 거야?"

그러나 왕은 단호하게 말했습니다.

"조용히들 하고 요하네스가 하는 대로 가만 내버려 두시오! 그는 내 가장 충성스런 신하인 요하네스요. 이 일이 차라리 우리에게 득이 될지 누가 알겠소?"

그들은 성 안으로 들어갔습니다. 과연 커다란 연회장 안에는 커다란 쟁반 하나가 놓여 있었습니다. 거기에는 혼례식에 입기에 꼭 알맞은 옷이 놓여 있었는데, 그것은 금실과 은실로 짠 것처럼 보였습니다. 젊은 왕이 옷이 있는 데로 가서 그걸 집어 들려는 순간 충신 요하네스가 왕을 옆으로 밀치고 장갑을 낀 손으로 그걸 집어 불 속에 던져버렸습니다. 그것은 불에 타버렸습니다. 다시 다른 신하들이 떠들어대기 시작했습니다.

"저것 좀 봐! 저 양반 이제는 전하의 혼례의상까지 태워버리는구만."

그러나 왕이 다시 소리쳤습니다.

"이 일이 차라리 우리에게 득이 될지 누가 알겠소. 저 사람은 나의 가장 충성스런 신하인 요하네스요."

결혼식이 끝난 뒤 무도회가 시작되었고 신부도 거기에

참석했습니다. 충신 요하네스는 온 신경을 집중해 새 왕비의 얼굴만 뚫어지게 바라보았습니다. 그런데 갑자기 왕비의 얼굴이 창백해지더니 죽은 사람처럼 그대로 바닥에 쓰러져버렸습니다. 그러자 요하네스는 왕비한테 달려가 왕비를 안고 눈에 띄는 방으로 가 침대에다 눕힌 뒤 그녀의 오른쪽 가슴에서 피 세 방울을 빨아내 다른 데다 뱉어버렸습니다. 그가 이렇게 하자마자 왕비는 다시 숨을 쉬기 시작하면서 정신을 되찾았습니다. 왕은 이 모든 광경을 지켜보았습니다. 그런데 그는 충신 요하네스의 행동에 처음에는 좀 얼떨떨해하다가 드디어 화를 냈습니다. 왕이 소리쳤습니다.

"저자를 감옥에다 가둬라!"

이튿날 아침 충신 요하네스는 교수대로 끌려갔습니다. 교수대에 서서 처형을 당하기 직전 그는 말했습니다.

"이 나라에서는 죄인들이 처형을 당하기 전에 마지막으로 한마디 할 수 있도록 허락해주는 게 관례로 되어 있습니다. 저도 그렇게 할 수 있을까요?"

왕이 대답했습니다.

"그대에게도 그런 권리를 주겠다."

그러자 충신 요하네스가 말했습니다.

"제가 처형을 받게 된 건 억울한 일입니다. 저는 항상 전하를 충성스럽게 섬겨왔기 때문입니다."

그러고 나서 그는 바다에서 까마귀들로부터 들은 이야기

를 자세히 하고 자신은 왕의 목숨을 구하기 위해 그런 행동들을 할 수밖에 없었다고 말했습니다. 그러자 왕이 소리쳤습니다.

"오, 내 충성스런 요하네스여, 용서해주시오! 용서해주시오! 저분을 당장 풀어드려라!"

그러나 요하네스는 이 말을 마치자마자 땅바닥으로 떨어지면서 돌이 되어버렸습니다. 왕과 왕비는 이 일로 몹시 슬펐습니다.

"오, 충성스런 요하네스여, 그대의 목숨을 다시 살려낼 수만 있다면 얼마나 좋겠는가!"

어느덧 세월이 흘러 왕비는 두 아들을 낳았습니다. 그 아들들은 무럭무럭 자라나 왕비에게 큰 기쁨을 안겨주었습니다. 어느 날 왕비는 교회에 가고 두 아들은 아버지 곁에 앉아서 놀고 있을 때였습니다. 왕은 요하네스 석상을 바라보며 탄식했습니다.

"오, 내 가장 충성스런 요하네스여, 그대의 목숨을 다시 살려낼 수만 있다면 얼마나 좋겠는가!"

그 순간 석상이 입을 열어 말했습니다.

"전하가 가장 아끼는 걸 희생 제물로 바칠 용의가 있으시다면 전 다시 살 수 있습니다."

이에 왕이 대답했습니다.

"그대를 위해서라면 이 세상 모든 걸 다 바칠 수 있소."

석상이 다시 말했습니다.

"전하의 손으로 두 왕자의 목을 베어 그 피를 저에게 문질러주신다면 저는 다시 살아나게 될 겁니다."

그가 가장 아끼는 두 왕자를 죽여야 한다는 말을 듣는 순간 왕은 공포에 사로잡혔습니다. 그러나 왕은 충신 요하네스의 한없는 충성심과 그가 자기를 위해 목숨을 버렸다는 사실을 떠올렸습니다. 그리하여 왕은 칼을 뽑아 자신의 손으로 두 아들의 목을 베었습니다. 그런 뒤 그는 아들들의 피를 석상에다 문질렀습니다. 그러자 석상이 되어버렸던 충신 요하네스는 말짱하게 예전의 모습으로 다시 살아나 왕 앞에 서는 것이었습니다.

"전하의 지극한 마음에는 반드시 보상이 따를 겁니다."

그러고 나서 요하네스는 왕자들의 머리를 들어 목 위에 올려놓고는 그들의 피를 상처 부위에다 대고 문질렀습니다. 그러자 잠시 후 칼로 베어졌던 왕자들의 목이 원래대로 돌아가면서 왕자들은 마치 아무 일도 없었던 것처럼 방을 빙빙 돌면서 놀기 시작했습니다. 왕은 크게 기뻐했습니다. 그리고 왕비가 교회에서 돌아오는 것을 보고 왕은 충신 요하네스와 두 아들에게 벽장 속에 들어가 있으라고 했습니다. 왕비가 방 안으로 들어오자 왕이 말했습니다.

"교회에 있는 동안 기도를 했소?"

"했지요. 충신 요하네스가 우리 때문에 그렇게 불행한

일을 당한 것을 생각하면서 기도했어요."

"우리는 그 사람을 다시 살려낼 수 있소. 하지만 그 대가로 우리 아이들의 목숨을 바쳐야 하오."

그 순간 왕비의 얼굴은 창백해졌고 가슴은 마구 뛰었습니다. 그러나 왕비는 말했습니다.

"그분의 충성심을 생각한다면 그런 대가라도 치러야 마땅하죠."

왕은 왕비도 자기와 똑같은 생각을 갖고 있다는 것을 알고 크게 기뻐했습니다. 그는 벽장으로 가서 벽장문을 열고 두 아들과 충신 요하네스를 나오게 했습니다.

"하느님께 이 모든 영광을 돌립시다! 충신 요하네스는 되살아났고 우리 두 아들도 다시 우리에게로 돌아왔소."

그러고 나서 왕은 왕비에게 그동안 일어났던 일을 자세히 이야기해주었습니다. 그들은 오래도록 함께 행복하게 잘 살았습니다.

황금새

아주 먼 옛날 성 뒤쪽에 아름다운 기쁨의 정원을 가진 왕
이 있었습니다. 그 정원에는 황금 사과가 주렁주렁 열리는
나무가 있었습니다. 왕은 그 사과가 다 익으면 하나하나 개
수를 세어놓았습니다. 그런데 어느 날 세어보니 사과 하나
가 모자라는 것이었습니다. 왕은 이제부터 매일 밤 사과나
무를 지키라고 명령했습니다.

왕에게는 세 명의 아들이 있었습니다. 밤이 되자 왕은 첫
째 아들을 정원으로 보냈습니다. 그러나 첫째 아들은 졸음
을 이겨내지 못했습니다. 다음 날 아침 눈을 떠보니 사과
한 개가 또 없어졌습니다. 이번에는 둘째 아들이 불침번을
섰지만 마찬가지였습니다. 시계가 12시를 땡 치자 곧 잠이

든 것입니다. 다음 날 아침에 보니 사과 한 개가 또 없어졌습니다.

이번에는 막내아들이 지킬 차례였습니다. 막내아들은 마음속으로 단단히 준비를 했지만 왕은 형만 한 아우가 없을 것이라면서 탐탁지 않게 여겼습니다. 겨우 허락을 받아낸 막내는 나무 아래에 누워서 두 눈을 부릅뜨고 졸음과 싸웠습니다.

시계가 밤 12시를 치자 위에서 바스락거리는 소리가 들렸습니다. 달빛 아래로 새가 날아오는 모습이 보였습니다. 새의 깃털은 온통 황금으로 되어 있어서 나무 위에 내려앉은 그 새는 눈부시게 반짝거렸습니다. 새가 사과 한 개를 따자 어린 왕자는 화살을 쏘았습니다. 새는 맞히지 못했지만 황금 깃털 하나가 화살에 꽂혀 땅에 떨어졌습니다.

깃털을 주운 왕자는 날이 밝자 그것을 왕 앞에 가져가서 어젯밤 일어난 일을 자세히 설명했습니다. 왕은 신하들을 불러서 의견을 들었습니다. 신하들은 이 깃털 하나가 이 나라 전체보다 값어치가 나간다고 이구동성으로 말했습니다.

"그토록 귀중한 깃털이라면 하나만으로는 부족하지. 그 새를 통째로 가져야겠다."

그 새를 찾기 위해 처음 출발한 것은 맏아들이었습니다. 맏아들은 자기 머리를 믿고서 틀림없이 새를 찾아낼 수 있다고 자신했습니다. 얼마 안 가서 보니 숲 어귀에 여우 한 마리가 앉아 있었습니다. 맏아들이 총을 겨누고 막 쏘려고 하니까 여우가 비명을 질렀습니다.

"쏘지 마세요! 총만 안 쏘신다면 제가 도움을 줄 수 있어요. 황금새를 찾으시나 본데 길은 제대로 잡으셨어요. 계속 가다 보면 오늘 밤쯤 마을이 나타날 텐데 두 개의 여인숙이 서로 마주 보고 있을 겁니다. 하나는 불이 환히 켜져 있고 왁자지껄하지요. 거긴 절대로 들어가지 마세요. 대신 좀 을씨년스럽긴 해도 맞은편 여인숙으로 들어가야 합니다."

저런 머저리 같은 짐승의 말을 어떻게 믿겠어? 왕자는 속으로 생각하면서 방아쇠를 당겼습니다. 그러나 총알은 빗나갔습니다. 여우는 꼬리를 쭉 뻗고 숲속으로 달아났습니다. 왕자는 여행을 계속했습니다. 날이 저물자 여우의 말대로 두 개의 여인숙이 마주 서 있는 마을이 나타났습니다. 한 여인숙에서는 사람들이 춤추며 노래를 부르는데 다른 여인숙은 낡은 데다가 왠지 을씨년스러웠습니다.

'이런 좋은 곳을 두고 저런 형편없는 곳으로 기어 들어가는 머저리 바보가 세상에 어디 있을까?'

왕자는 그렇게 생각하면서 밝은 여인숙으로 들어갔습니다. 그는 신나는 여인숙에서 왕처럼 세상모르고 지내면서 새와 아버지와 그동안 배웠던 모든 가르침을 잊어버리고 말았습니다.

시간이 많이 흘렀는데도 맏아들은 돌아올 생각을 하지

않았습니다. 그래서 둘째 아들이 황금새를 찾으러 떠났습니다. 둘째도 형처럼 여우를 만났고 여우의 충고를 건성으로 들었습니다. 두 개의 여인숙 앞에 이르러 보니 왁자지껄한 함성이 터져 나오는 여인숙 창문으로 형의 모습이 보였습니다. 형이 부르자 군소리 없이 따라 들어가 흥청망청 지내기 시작했습니다.

다시 시간이 흘렀습니다. 막내아들은 자기의 운명에 도전해보고 싶어서 안절부절인데 아버지는 허락을 하지 않았습니다.

"그래 봐야 헛수고지, 형들이 못한 일을 제가 어떻게 한다고. 사고라도 터지면 제 몸 하나 제대로 지키지 못할 텐데. 저 녀석은 좀 둔한 편이거든."

왕은 이렇게 혼잣말을 했습니다.

그렇지만 왕자는 계속 우겨댔습니다. 마침내 왕은 가도 좋다는 허락을 내렸습니다. 이번에도 여우가 나타나 총을 쏘려는 막내에게 한 번만 살려달라고 빌면서 도움말을 주었습니다. 어린 왕자는 마음이 어질었습니다.

"걱정마라, 여우야. 너를 해치진 않을 테니."

"저도 보답을 하겠습니다. 제 꼬리를 올라타세요. 그곳까지 데려다드릴 테니."

왕자가 여우의 꼬리에 올라타자마자 여우는 달리기 시작했습니다. 언덕을 올라가는가 싶으면 어느새 쏜살같이 내리막길을 달리고 있었습니다. 바람이 귓전을 때렸습니다. 마을에 도착하자 왕자는 꼬리에서 내려 여우의 충고대로 뒤도 돌아보지 않고 초라한 여인숙으로 들어갔습니다. 거기서 하룻밤을 푹 잔 다음 아침 일찍 들판으로 나가니까 벌써 여우가 와서 기다리고 있었습니다.

"몇 가지 당부의 말씀을 더 드리고 싶어요. 이리로 쭉 나가면 성이 한 채 나올 겁니다. 성 앞에는 병사들이 한 떼 진을 치고 있지만 신경 쓸 필요는 없습니다. 모두 쿨쿨 잠을 자고 있으니까요. 병사들을 지나쳐서 성 안으로 들어가세요. 이 방 저 방 보면 나무로 된 새장 안에 황금새가 앉아 있는 방이 나타날 겁니다. 그 옆에는 장식만 요란한 황금으로 된 새장이 있습니다. 그런데 초라한 새장에서 그 새를 꺼내서 화려한 새장에 집어넣으면 절대 안 됩니다. 그랬다가는 봉변을 당하게 됩니다."

그 말을 마친 여우는 다시 꼬리를 쭉 뻗었습니다. 왕자는 그 위에 올라탔습니다. 여우는 언덕을 올라 다시 쏜살같이 내달았습니다. 바람이 귓전을 때렸습니다. 성 앞에 도착해 보니 과연 여우가 말한 그대로였습니다. 맨 끝 방으로 들어가니 나무 새장 안에 황금새가 들어 있고 그 옆에 황금 새장이 놓여 있었습니다. 사과 세 개도 방 한구석에 있었습니다.

왕자는 이렇게 아름다운 새를 초라하고 볼품없는 새장 안에 두어서는 안 된다고 생각했습니다. 그래서 새장을 열

고 황금새를 꺼내서 황금 새장 안에 넣었습니다. 그 순간
새가 찢어질 듯한 비명을 질렀고 그 바람에 병사들이 잠에
서 깨어났습니다. 병사들은 방으로 몰려와서 왕자를 붙잡
아 감옥으로 데려갔습니다.

다음 날 아침 왕자는 재판정으로 끌려갔습니다. 왕자는
그동안의 일을 숨김없이 털어놓았지만 사형 언도를 받았
습니다. 그런데 그 나라 왕은 바람보다도 빨리 달리는 황
금말을 가져오면 목숨을 살려주고 황금새도 주겠다고 말
했습니다.

왕자는 무작정 길을 떠났지만 한심한 생각이 들어 한숨
이 절로 나왔습니다. 도대체 어디로 가야 황금말을 찾을 수
있을까? 그때 길가에 앉아 있던 여우가 눈에 띄었습니다.

"이게 다 제 말을 듣지 않았기 때문에 당하는 일입니다.
하지만 기운을 차리세요. 제가 황금말을 손에 넣는 비결을
알려드릴 테니까. 이리로 곧장 가면 성 한 채가 나오는데
그 성의 마구간에 황금말이 있습니다. 마구간 앞에는 마부
들이 누워 모두 잠들어 있으므로 마구간에서 황금말을 꺼
내오는 것은 식은 죽 먹기랍니다. 한 가지 조심할 것은 나
무와 가죽으로 된 초라한 안장을 말 위에 얹어야지 그 옆의
황금 안장을 얹어서는 절대 안 됩니다. 그랬다가는 봉변을
당하게 됩니다."

여우는 다시 꼬리를 쭉 폈고 왕자는 그 위에 올라탔습니

다. 여우는 한달음에 언덕을 올라갔다가 쏜살같이 내달았습니다. 바람이 귓전을 때렸습니다. 얼마 안 가서 여우의 말대로 성 한 채가 나타났습니다. 왕자는 황금말이 서 있는 마구간으로 들어갔습니다. 그런데 막상 안장을 얹으려니까 이 멋진 말에 초라한 안장을 얹기가 왠지 미안하다는 생각이 들었습니다. 황금 안장이 닿자마자 말은 히잉히잉 소리를 질렀습니다. 그 바람에 마부들이 눈을 떴고 왕자는 붙잡혀서 다시 감옥으로 끌려갔습니다.

다음 날 아침 그는 재판정에서 사형 언도를 받았습니다. 그 나라의 왕은 황금으로 지은 성에서 아름다운 공주를 데려오면 목숨을 살려주고 황금말도 주겠다고 말했습니다.

왕자는 무거운 마음으로 길을 떠났습니다. 그러나 다행히 착한 여우를 금세 만났습니다.

"당신이 불행하건 말건 나는 이제 손을 떼고 싶은 심정이에요. 하지만 불쌍한 당신을 돕지 않을 수가 없네요. 이리로 쭉 가면 황금성이 나와요. 해가 떨어질 무렵이면 도착할 거예요. 날이 어두워지고 사방이 조용해지면 아름다운 공주가 목욕을 하러 나온답니다. 공주가 나타나거든 가서 입맞춤을 하세요. 그럼 공주가 당신을 따라올 겁니다. 하지만 공주가 부모님께 작별 인사를 할 기회를 주어서는 안 돼요. 그랬다가는 봉변을 당하게 됩니다."

여우는 꼬리를 쭉 폈고 왕자는 그 위에 올라탔습니다. 여우는 한달음에 언덕을 올라갔다가 쏜살같이 내달았습니다. 바람이 귓전을 때렸습니다. 황금성에 닿고 보니 여우가 말한 그대로였습니다.

왕자는 밤이 이슥해지기를 기다렸습니다. 모두들 깊이 잠들었을 때 아름다운 공주가 욕실로 갔습니다. 왕자는 따라가서 입맞춤을 했습니다. 공주는 왕자를 따라나서겠다고 말하더니 눈물이 그렁그렁한 눈으로 부모님께 작별 인사를 하게 해달라고 애원했습니다. 처음에는 왕자도 거절했지만 공주가 눈물을 뚝뚝 흘리면서 무릎을 꿇고 매달리자 마침내 허락하고 말았습니다. 공주가 부모님의 침상으로 가자마자 성 안의 모든 식구들이 눈을 떴고 왕자는 다시 감옥으로 붙잡혀 갔습니다. 다음 날 아침 왕이 말했습니다.

"너는 이제 파리 목숨이다. 만일 네가 나의 창문 앞에 버티고 서 있어 시야를 가로막는 저 산을 없앤다면 너를 살려주마. 여드레 안에 그 일을 해내면 내 딸을 너에게 주겠다."

왕자는 부지런히 땅을 파기 시작했습니다. 그러나 이레 동안 쉬지 않고 한 일이 다람쥐 눈곱만큼도 되지 않았다는 사실을 깨닫고는 그만 낙담을 했습니다. 그러나 이레째 되는 날 저녁 여우가 나타나서 말했습니다.

"당신은 내 도움을 받을 자격이 없지만 가서 푹 쉬도록 해요. 내가 대신 일을 해줄 테니."

다음 날 아침 잠에서 깬 왕자는 창밖을 내다보았습니다.

산은 사라지고 없었습니다. 왕자는 뛸 듯이 기뻐하면서 왕 앞에 달려가 무사히 일을 마쳤다고 보고했습니다. 왕은 좋든 싫든 약속대로 딸을 줄 수밖에 없었습니다.

왕자와 공주는 함께 길을 떠났습니다. 얼마 못 가서 다시 착한 여우가 나타났습니다.

"당신은 더없이 행복한 시간을 보내고 있군요. 하지만 황금성에서 온 공주에게는 황금말이 어울립니다."

"어떻게 황금말을 손에 넣을 수 있을까?"

왕자가 물었습니다.

"말씀드리지요. 먼저 당신을 황금성으로 보낸 왕에게 이 아름다운 공주를 데려가세요. 보나마나 당신을 극진하게 대접하면서 선뜻 황금말을 내놓을 테니까요. 그들이 황금말을 끌고 오면 재빨리 올라타서 사람들과 악수를 나누고 작별 인사를 하세요. 그리고 마지막으로 이 아름다운 공주와 인사를 하는 척하면서 번쩍 들어 올려 말 등에 태운 다음 달아나는 겁니다. 아무도 쫓아오지 못할 겁니다. 바람보다 빠른 말이니까요."

모든 일이 술술 풀려나가서 왕자는 아름다운 공주를 황금말에 태우고 갈 수 있었습니다. 여우는 뒤쫓아와서 왕자에게 말했습니다.

"이번에는 황금새를 갖도록 해드리지요. 황금새가 있는 성으로 가시되 아름다운 공주는 여기 그냥 두세요. 제가 잘 보살펴드릴 테니까요. 황금말을 타고 성으로 들어가세요.
황금말을 보면 사람들이 환호성을 지르면서 황금새를 가져
올 겁니다. 새장을 받거든 쏜살같이 내빼면서 공주를 데려
가세요."

이번에도 일이 순조롭게 풀려나가 왕자는 이제 값진 보
물들을 가지고 집으로 돌아가기만 하면 되었습니다. 그러
자 여우가 말했습니다.

"이제는 제가 부탁을 드려야겠네요."

"무슨 부탁인데?"

왕자가 물었습니다.

"숲에 닿는 대로 저를 쏘아 죽인 다음 머리와 발을 잘라
주세요."

"무슨 끔찍한 소리를! 그런 부탁은 도저히 못 들어준다!"

"그렇다면 저는 그냥 가야겠군요. 가기 전에 마지막으로
충고 하나만 더 하겠어요. 두 가지를 조심하세요. 목매달려
죽을 목숨을 사지 말고 우물가에 앉지 마세요."

여우는 그 말을 마치고 숲으로 사라졌습니다.

'별 뚱딴지같은 녀석 다 보겠네!' 왕자는 속으로 생각했
습니다. 참으로 알 수 없는 소리였습니다. 목매달려 죽을
목숨을 사지 말라니요? 우물가에 앉지 말라는 엉뚱한 소리
는 또 뭡니까?

왕자는 아름다운 공주와 여행을 계속했습니다. 어느덧

두 형이 머무르던 마을에 닿게 되었습니다. 마을은 와글와
글 시끌시끌 온통 난리였습니다. 왕자가 그 이유를 묻자 두
사내의 목을 매단다는 것이었습니다. 가까이 다가가서 보
니 두 사내는 바로 왕자의 형들이었습니다. 갖고 있던 돈을
모두 써버리고 온갖 못된 짓을 도맡아 저지른 모양이었습
니다. 왕자는 어떻게 용서받을 수 없느냐고 물었습니다.

"저놈들의 자유를 당신이 산다면 가능하지요. 하지만 저
런 악당 놈들을 풀어주기 위해 왜 아까운 돈을 낭비하려는
거요?"

사람들이 그렇게 말을 해도 왕자는 서슴없이 두 형의 몸
값을 치렀습니다. 풀려난 형들은 왕자와 길을 떠나게 되었
습니다. 얼마 못 가서 그들이 처음으로 여우를 만났던 숲에
다다랐습니다. 따가운 햇볕 아래 땀을 뻘뻘 흘리던 두 형은
시원한 숲이 나타나자 이렇게 말했습니다.

"우물에 가서 좀 쉬다 가자. 목도 적시고 배도 채우고 말
이야."

왕자도 그러자고 했습니다. 형들과 이야기를 하다 보니
우물가에 앉지 말라던 여우의 당부를 까맣게 잊었습니다.
못된 형들은 왕자를 우물에 밀어 넣고 공주와 황금말과 황
금새를 데리고 아버지의 성으로 갔습니다.

"저희는 황금새 말고도 황금말, 거기에다 황금성에서 공
주도 데리고 왔습니다."

두 아들이 말했습니다.

떠들썩한 잔치가 벌어졌습니다. 그러나 말은 먹지를 않았으며 새는 노래를 부르지 않았습니다. 또한 공주는 앉아서 울기만 했습니다.

한편 우물에 빠진 왕자는 겨우 목숨을 건졌습니다. 다행히 우물이 말라 있었던 데다가 보드라운 이끼 위에 떨어져 몸이 상하지 않았던 것입니다. 그래도 한동안 빠져나오지 못하고 있었는데 착한 여우가 또 나타나서 도움을 주었습니다. 여우는 우물 속으로 뛰어내리더니 자기의 충고를 듣지 않았다고 왕자를 나무랐습니다.

"하지만 당신을 버리지는 않겠어요. 곧 밝은 세상을 보게 될 거예요."

여우는 자기 꼬리를 단단히 붙잡으라고 일렀습니다. 그러더니 왕자를 꼭대기로 끌어올렸습니다.

"아직 안심할 형편이 못 돼요. 형들은 당신이 죽지 않았을지도 모른다고 생각해요. 감시원들에게 숲을 빙 에워싸고 있다가 당신이 나타나면 쏘아 죽이라고 명령을 내렸어요."

도중에 왕자는 가난한 사나이를 만나 옷을 바꾸어 입었습니다. 그래서 사람들 눈에 띄지 않고 무사히 왕의 궁전에 닿았습니다. 그러자 새가 노래를 부르기 시작하고 말이 먹기 시작하고 아름다운 공주가 울음을 뚝 그쳤습니다. 왕은 깜짝 놀라서 물었습니다.

"이게 어떻게 된 영문인고?"

"저도 모르겠습니다. 전에는 슬펐는데 지금은 무척 즐겁답니다. 저의 진짜 낭군이 돌아온 것 같아요."

아름다운 공주가 말했습니다.

공주는 형들에게서 사실을 말했다가는 당장 죽여버리겠다는 협박을 받았지만 왕에게 그동안 있었던 일을 그대로 털어놓았습니다. 왕은 성 안에 있는 사람들을 모두 불러 모았습니다. 그때 왕자가 다 떨어진 옷을 입고 나타났습니다. 공주는 당장에 왕자를 알아보고 그를 끌어안았습니다. 죄 많은 두 형은 붙잡혀서 처형을 당했습니다. 막내는 아름다운 공주와 결혼했고 왕의 후계자로 지명되었습니다.

그런데 불쌍한 여우는 어떻게 되었을까요? 오랜 세월이 흐른 뒤 숲을 다시 찾은 왕자는 여우와 마주쳤습니다. 여우가 말했습니다.

"당신은 원하던 것을 모두 얻었지만 저의 불행은 끝이 없군요. 저를 구해줄 분은 당신뿐입니다."

여우는 자기를 쏘아 죽인 뒤 머리와 발을 잘라달라고 사정사정했습니다. 왕자는 할 수 없이 여우의 소원을 들어주었습니다. 그런데 이게 웬일입니까? 여우는 다름 아닌 아름다운 공주의 오빠로 변했습니다. 마법의 주문에 걸려 있다가 마침내 풀려난 것입니다. 그들은 털끝만 한 불행도 없이 오래도록 행복하게 살았습니다.

수수께끼

　옛날에 어떤 왕자가 세상을 두루 여행하기 위해 충직한 시종 한 사람만을 데리고 여행길에 올랐습니다. 어느 날 그가 큰 숲속을 걸어가는데 그만 사방이 어두워지더니 날이 저물고 말았습니다. 그런데 주변에는 하룻밤을 지낼 만한 집이 없어 왕자는 어떻게 해야 할지 모르는 어려운 형편에 처하게 되었습니다. 하룻밤 쉴 곳을 찾아 헤매던 중 그는 한 처녀가 조그만 오두막집 쪽으로 걸어가는 것을 발견했습니다. 처녀에게 가까이 다가간 그는 그녀가 매우 젊고 아름답다는 것을 알았습니다. 그는 그 처녀에게 말을 걸었습니다.

　"내 시종과 내가 저 오두막집에서 하룻밤을 보낼 수 있겠소?"

그러자 처녀는 슬픈 어조로 말했습니다.

"그럴 수야 있죠. 하지만 그러시라고 권할 수가 없군요. 들어가지 마세요."

"왜 들어가지 말라는 거죠?"

처녀가 한숨을 쉬며 말했습니다.

"제 의붓어머니는 나쁜 짓을 서슴지 않는 데다가 낯선 사람들에게 친절하게 대해주지도 않으세요."

왕자는 자신이 마녀의 집 근처에 와 있다는 것을 알았습니다. 하지만 날이 어두워서 더 이상 걸을 수도 없었습니다. 그리고 그는 두려움을 모르는 사람이었으므로 안으로 들어가 보기로 했습니다. 마녀는 난로 옆의 안락의자에 앉아 있다가 시뻘건 눈으로 낯선 사람들을 쳐다보았습니다.

"안녕하시오!"

마녀는 으르렁거리듯 딱딱거리며 말했습니다. 그러고 나서 그녀는 금세 아주 다정한 체하며 말했습니다.

"자리에 앉아 좀 쉬구려!"

그녀는 난로 속의 석탄을 휘저어 불이 잘 올라오게 하면서 그 위에 작은 냄비를 얹어놓고 무엇인가를 요리하고 있었습니다. 마녀의 의붓딸은 마녀가 음식에 독약을 넣으니 아무것도 먹지 말고 마시지도 말라고 두 사람에게 미리 귀띔을 해주었습니다. 두 사람은 다음 날 아침까지 평화롭게 잘 잤습니다. 이윽고 떠날 채비를 하고 왕자가 말 위에 오르자 마녀가 그들에게 말했습니다.

"잠깐만 기다려요! 당신들에게 이별주 한 잔을 주고 싶소."

마녀가 이별주를 가지러 간 사이에 왕자는 말을 타고 먼저 떠났습니다. 그리고 시종 혼자 안장을 단단히 잡아매려고 애쓰고 있는데 마녀가 이별주가 담긴 잔을 들고 돌아와서 말했습니다.

"이걸 당신 주인에게 가져다주시오."

그때 갑자기 잔이 깨지면서 독약이 말의 몸에 튀었습니다. 그것은 아주 강한 독약이었기 때문에 말의 몸에 닿자마자 말은 그 자리에서 쓰러져 죽고 말았습니다. 시종은 왕자에게 달려가 어떤 일이 일어났었는가 이야기를 하고 나서 안장을 가지러 되돌아갔습니다. 그가 죽은 말이 있는 곳으로 가보니 이미 까마귀 한 마리가 날아와 말의 몸을 파먹고 있었습니다.

"우리는 오늘 먹을 것을 하나도 얻지 못할지도 몰라."

시종은 그렇게 중얼거리면서 그 까마귀를 잡아 가지고 그 장소를 떠났습니다.

그들은 숲속을 하루 종일 걸었으나 나가는 길을 찾을 수가 없었습니다. 어스름 녘, 그들은 겨우 여관 하나를 발견하고 안으로 들어갔습니다. 시종은 가져온 까마귀를 여관 주인에게 주면서 자기네의 저녁식사용으로 요리해달라고 부탁했습니다. 그러나 그들이 가까스로 찾아낸 그 여관은 살인자들의 소굴이었습니다.

이윽고 날이 어두워지자 살인자들이 돌아왔고, 그들은 왕자와 하인을 죽이고 그들의 물건을 빼앗으려고 했습니다. 그들은 일을 저지르기 전에 저녁식사를 하기 위해 식탁에 둘러앉았습니다. 그 자리에는 여관 주인과 마녀도 끼어 있었습니다. 그들은 까마귀 고기를 토막내어 만든 수프를 한 그릇씩 먹기 시작했습니다. 그러나 몇 모금 먹자마자 모두 그대로 쓰러져 죽고 말았습니다. 독이 묻은 말고기를 먹었기 때문에 까마귀 몸에도 독이 퍼져 있었던 것입니다.

이제 그 큰 집에는 여관 주인의 딸만 남게 되었습니다. 그 딸은 정직했고 또 살인자들의 못된 음모에도 가담하지 않았습니다. 그녀는 여관에 있는 방들의 문을 모두 열어젖혀 살인자들이 모아놓은 많은 보물들을 왕자에게 보여주었습니다. 그러나 왕자는 그 보물들에는 전혀 관심이 없었습니다. 왕자는 그녀에게 그것을 모두 가지라고 말한 뒤 시종과 함께 그곳을 떠났습니다.

그들은 긴 여행을 한 끝에 한 도시에 도착했습니다. 그곳에는 아름답기는 하나 거만한 공주가 살고 있었습니다. 그 공주는 자기가 풀 수 없는 아주 어려운 수수께끼를 내는 사람과 결혼하겠다고 선언했습니다. 그러나 그녀가 수수께끼를 풀 경우 문제를 낸 사람은 목이 잘려야만 했습니다. 수

수께끼는 사흘 안에 풀게 되어 있었는데, 공주는 워낙 영리
해서 늘 사흘이 되기 전에 수수께끼를 풀어내곤 했습니다.

그래서 왕자가 이 도시에 오기 전에 이미 아홉 사람이 목
숨을 잃은 상태였습니다. 그럼에도 불구하고 왕자는 그녀
의 아름다움에 반해 목숨을 건 그 모험에 기꺼이 뛰어들기
로 결심하고 공주에게 가서 자신이 수수께끼를 내겠노라고
말했습니다.

"자, '아무도 건드리지 않았는데 열두 명이 죽었다'는 수
수께끼를 풀 수 있겠소?"

공주는 왕자가 낸 수수께끼가 무엇을 뜻하는지 전혀 알
수가 없었습니다. 그녀는 머리를 쥐어짜며 궁리하고 또 궁
리해보았지만 좀처럼 그 해답을 찾아낼 수 없었습니다. 공
주는 자신이 갖고 있던 수수께끼 문제집들을 들여다보았으
나 그 책들 속에도 왕자의 수수께끼는 들어 있지 않았습니
다. 요컨대 그녀의 지혜도 한계에 다다른 것입니다. 그녀는
어떻게 하면 좋을지 몰라 당황하기 시작했습니다.

그래서 공주는 첫날 밤에 자기 하녀를 시켜 왕자의 침실
로 몰래 숨어 들어가 왕자가 무슨 잠꼬대를 하는지 잘 들어
보라고 했습니다. 공주는 왕자가 잠을 자다가 혹시 수수께
끼의 해답을 말할지도 모른다고 생각했던 것입니다.

그러나 왕자의 시종은 매우 영리한 사람이었으므로 자기
가 주인의 침대에 누워 있다가 공주의 하녀가 숨어 들어오

자 그녀가 뒤집어쓰고 있던 외투를 벗겨버리고 흠씬 때려서 내쫓았습니다. 둘째 날 밤, 공주는 자신의 시녀가 전날에 보낸 하녀보다 좀더 낫지 않을까 싶어 이번에는 시녀를 보냈지만 그 시녀 역시 시종에게 실컷 매만 맞고 쫓겨났습니다.

셋째 날 밤, 이번에는 공주 자신이 직접 왕자의 침실로 갔습니다. 그녀는 잿빛 외투를 머리 위에 뒤집어쓰고 왕자 곁에 앉았습니다. 왕자가 잠들어 꿈을 꾸고 있다는 생각이 들자 그녀는 왕자에게 말을 걸었습니다. 공주는 자다가 누군가가 말을 걸면 잠을 자면서 대꾸하는 사람들이 적지 않다는 데 희망을 걸었던 것입니다. 그러나 왕자는 자지 않고 있었으므로 공주의 말을 똑똑히 들었습니다.

공주가 물었습니다.

"'아무도 건드리지 않았는데'란 무슨 뜻이죠?"

왕자는 자는 척하면서 대꾸했습니다.

"까마귀가 독약에 오염되어 죽은 말고기를 먹고 죽은 것을 말하는 거요."

공주는 다시 물었습니다.

"'열두 명이 죽었다,' 이건 무슨 뜻이죠?"

"열두 명의 살인자들이 그 까마귀 고기를 먹고 죽은 것을 말하는 거요."

수수께끼의 해답을 알아낸 공주는 몰래 도망치려 했으나

왕자가 그녀의 외투를 움켜잡는 바람에 할 수 없이 외투를 남긴 채 도망치고 말았습니다. 이튿날 아침, 그녀는 수수께끼를 풀었다고 이야기하면서 열두 명의 재판관들을 불러오라고 지시했습니다. 재판관들이 오자 그녀는 그들 앞에서 그 수수께끼의 해답을 말했습니다. 그러나 왕자는 기회를 얻어 다음과 같이 말했습니다.

"공주는 어젯밤 내 방에 몰래 숨어 들어와서 나에게 그 수수께끼의 해답을 물었소. 내가 말해주지 않았다면 공주는 결코 그것을 풀 수 없었을 거요."

그러자 재판관들이 말했습니다.

"우리에게 그 증거를 보여주시오!"

그러자 왕자의 하인이 하녀와 시녀, 그리고 공주의 외투들을 가져왔습니다. 재판관들은 공주가 잘 입고 다니는 그 회색 외투를 보고는 이렇게 말하는 것이었습니다.

"금실과 은실로 수놓은 이 외투를 잘 간직하시오. 이건 그대들의 결혼식 예복이 될 테니 말이오."

지빠귀 부리 왕

한 왕에게 어느 누구와도 비교할 수 없을 만큼 아름다운 딸이 있었습니다. 그러나 그녀는 너무도 오만하고 자존심이 강해서 구혼자들에게 모두 퇴짜를 놓았습니다. 그녀는 찾아오는 구혼자들에게서 약점을 찾아내어 비웃곤 했습니다.

어느 날 왕은 딸과 결혼할 만한 젊은이들을 모두 한자리로 불러 모아 큰 잔치를 벌였습니다. 젊은이들은 계급과 신분에 따라 줄지어 늘어서 있었습니다. 처음에는 왕들이, 그 다음에는 왕자, 백작, 남작, 그리고 마지막으로 신사 계급이 나타났습니다. 공주는 줄지어 선 젊은이들을 차례차례 둘러보면서 이번에도 하나같이 흠을 잡았습니다.

뚱뚱한 사람에게는 이렇게 말했습니다. "이런 술통!"

또 어떤 사람은 너무 키가 크다고 이런 말을 들어야 했습니다.

"길고 가느다란 것이 꼬챙이 같네."

어떤 사람은 키가 너무 작았습니다. "피둥피둥 땅딸막한 것이 꼭 물통 같네!"

어떤 사람은 몸이 마르고 해쓱했습니다. "시체가 따로 없군!"

어떤 사람은 얼굴빛이 너무 붉었습니다. "완전히 수탉 아냐!"

어떤 사람은 등이 굽었나 봅니다. "불에 말린 나무토막처럼 휘었군!"

사사건건 꼬투리를 잡아 그냥 지나치는 사람이 없었습니다. 그중에서도 가장 망신을 당한 사람은 턱이 약간 뒤틀렸지만 선량해 보이는 맨 앞에 서 있던 다른 나라의 젊은 왕이었습니다.

"어머머! 턱이 꼭 지빠귀(새 이름) 부리 같네!"

그때부터 그 왕은 지빠귀 부리로 불렸습니다. 아버지는 딸이 거기 모인 사람들을 오직 비웃고 조롱하기만 하는 것을 보고 불같이 화를 내면서 궁전으로 처음 찾아오는 거지에게 딸을 주겠다고 맹세했습니다. 며칠 뒤 떠돌이 가수가 창문 아래로 와서 돈을 구걸하면서 노래를 부르기 시작했습니다. 왕은 그 노래를 듣고서 말했습니다. "저 친구를 불러들여라."

누더기 옷을 걸친 떠돌이 가수는 궁전으로 들어가서 왕과 공주 앞에서 노래를 불렀습니다. 노래를 마친 가수는 대가를 요구했습니다.

"너의 노래가 마음에 들었다. 너에게 내 딸을 줄 테니 아내로 삼아라."

공주의 눈이 휘둥그레졌지만 왕은 거듭 말했습니다.

"처음 궁전을 찾은 거지에게 너를 주기로 한 나의 약속을 지킬 뿐이다."

딸이 아무리 애원을 해도 소용이 없었습니다. 두 사람은 결혼식을 올려야 했습니다. 식이 끝나자 왕이 말했습니다.

"너는 이제 거지의 아내가 되었으니 궁전에서 살기에는 어울리지 않는다. 남편을 따라가 주었으면 좋겠다."

딸은 거지의 손을 붙잡고 따라나설 수밖에 없었습니다. 커다란 숲에 이르자 아내가 물었습니다. "이 숲의 주인은 누구인가요?"

"이 숲과 이 일대 전부는 지빠귀 부리 왕의 것이오. 그 사람을 남편으로 맞았으면 당신 것이겠지."

"아, 가엾은 신세! 이를 어쩌지? 진작에 알았더라면 지빠귀 부리 왕과 결혼하는 건데!"

얼마 안 가서 들판이 나타났습니다. 아내가 또 물었습니다. "이 들판의 주인은 누구인가요?"

"이 들판과 이 일대 전부는 지빠귀 부리 왕의 것이오. 그 사람을 남편으로 맞았으면 당신 것이겠지."

"아, 가엾은 신세! 이를 어쩌지? 진작에 알았더라면 지빠귀 부리 왕과 결혼하는 건데!"

그들은 큰 도시에 들어섰습니다. 그러자 아내가 또 물었습니다.

"이 도시의 주인은 누구인가요?"

"이 도시와 이 일대 전부는 지빠귀 부리 왕의 것이오. 그 사람을 남편으로 맞았으면 당신 것이겠지."

"아, 가엾은 신세! 이를 어쩌지? 진작에 알았더라면 지빠귀 부리 왕과 결혼하는 건데!"

"듣고 보니 은근히 기분이 나쁜걸. 왜 당신은 늘 다른 남자를 그리워하는 거요? 내가 부족하기라도 하단 말이오?"

드디어 두 사람은 작은 오두막집에 도착했습니다. 아내가 말했습니다.

"맙소사! 집이 이렇게 누추하고 작은 줄이야! 생쥐한테도 비좁겠다."

그러자 떠돌이 가수가 대꾸했습니다.

"이 집은 당신과 나의 것이야. 여기서 함께 삽시다."

아내는 낮은 문으로 들어가기 위해 몸을 잔뜩 웅크려야 했습니다.

"하인들은 어디 있나요?"

"하인이라니? 무슨 일이든 하나부터 열까지 당신이 다 해야 하오. 이제부터 불을 피우고 물을 올려놓아요. 그래야 나한테 요리를 만들어 주지. 난 무척 피곤해."

그러나 공주는 불을 피울 줄도, 요리를 할 줄도 몰랐습니다. 그래서 거지가 일일이 도와주어야 변변치 않으나마 일이 겨우 돌아갔습니다. 초라한 식사를 끝내고 두 사람은 잠자리에 들었습니다. 그러나 남편은 다음 날 꼭두새벽부터 아내를 깨워 집안일을 시켰습니다. 며칠 동안 어렵게 간신히 살았습니다. 그러다가 양식이 떨어지자 남자가 말했습니다.

"여보. 더 이상 이렇게 살아갈 수는 없소. 한 푼도 벌지는 못하고 모두 까먹었어. 당신이 바구니를 짜보구려."

남자는 밖에 나가서 버드나무 가지를 잘라 왔습니다. 그러나 거친 버드나무 가지에 공주의 고운 손이 상처투성이로 변했습니다.

"이건 안 되겠군. 베를 짜보구려. 그건 잘할 수 있을 거야."

공주는 베틀에 앉아서 안간힘을 썼지만 거친 실에 연약한 손가락을 자꾸 베였습니다. 피가 흘러나왔습니다.

"음, 그런 일은 맞지 않는구만. 당신을 데려온 건 나의 실수였어. 그럼 어디 항아리 장사를 해봅시다. 시장에 앉아서 항아리를 팔아보구려."

아, 공주는 한숨을 내쉬며 생각했습니다. 아버지 나라에서 온 사람들이 시장에 들렀다가 내가 항아리 파는 것을 보면 얼마나 나를 비웃을까!

하지만 피할 도리가 없었습니다. 남자의 말에 따르지 않았다간 굶어 죽을 게 뻔했습니다. 처음에는 순조롭게 일이 풀렸습니다. 그녀가 아름다워서인지 사람들은 군말 없이 항아리를 척척 사 갔습니다. 어떤 사람들은 돈만 주고 항아리를 가져가지도 않았습니다. 그렇게 번 돈으로 얼마 동안 살다가 돈을 다 써버리면 남자는 다시 항아리를 사 왔습니다. 여자는 또 시장 한구석에 항아리들을 쌓아놓고 장사를 했습니다.

어느 날 술에 취한 군인이 말을 타고 가다가 쌓아놓은 항아리를 툭 건드렸습니다. 항아리들은 와르르 무너지면서 모두 박살이 났습니다. 여자는 훌쩍훌쩍 울면서 두려움에 몸을 떨었습니다.

"아, 이 일을 어쩌면 좋담! 남편이 뭐라고 할까?"

여자는 집으로 달려가서 자초지종을 털어놓았습니다.

"세상 천지에 항아리를 그런 곳에다 쌓아두는 사람이 어디 있소? 이제 울음일랑 그쳐요. 당신이 아무짝에도 쓸모없다는 것을 잘 알았소. 그럴 줄 알고 임금님의 성으로 가서 당신을 부엌데기로 써달라고 부탁해놓았소. 써주겠다고 약속합디다. 일을 해주면 밥은 먹여준다니까."

이제 공주는 부엌데기가 되어 요리사를 도와야 했습니다. 더럽고 천한 일이었습니다. 여자는 옷 안에 작은 단지 두 개를 꿰매어 놓고 남은 음식을 담아 집으로 가져갔습니다. 그래야 먹고살 수 있었기 때문입니다.

어느 날 왕의 맏아들이 결혼식을 치르게 되었습니다. 불쌍한 여자는 2층으로 올라가서 커다란 연회실 문 밖에 서서 안을 흘끔흘끔 들여다보았습니다. 촛불이 켜지자 손님들이 하나둘 들어왔습니다. 모두들 화려한 옷차림이었습니다. 하나같이 휘황찬란했습니다. 여자는 자기의 신세를 처량하게 여기면서 이런 창피와 가난은 모두 자기가 거만했기 때문이라고 후회했습니다.

이따금 하인들이 접시를 나르다가 거기에 남아 있던 음식을 던져주었습니다. 맛있는 냄새가 났습니다. 여자는 음식 찌꺼기를 집에 가져갈 생각으로 주머니에 넣었습니다.

그때 왕자가 들어왔습니다. 그는 벨벳과 비단으로 만든 옷에 금 목걸이를 두르고 있었습니다. 문 앞에 아름다운 여자가 서 있는 것을 보고 여자의 손을 잡고는 춤을 추려고 했습니다. 여자는 거절하다가 화들짝 놀랐습니다. 상대는 자기에게 구혼을 했다가 실컷 망신만 당한 지빠귀 부리 왕이었습니다. 여자는 저항했지만 소용이 없었습니다. 남자는 자꾸만 연회실 안으로 끌고 들어갔습니다.

그때 주머니의 실이 풀어지면서 단지가 떨어졌습니다.

바닥에 국이 쏟아지고 음식 찌꺼기가 사방에 흩어졌습니다. 그것을 보고 사람들은 손가락질을 하면서 껄껄 웃었습니다.

여자는 너무 창피해서 땅속으로 숨어들고 싶었습니다. 여자는 문 밖으로 뛰어나와 달아나려 했지만 계단에서 남자에게 붙들려 다시 돌아올 수밖에 없었습니다. 이번에도 지빠귀 부리 왕이었습니다. 그는 자상하게 말했습니다.

"두려워하지 마오. 당신이 누추한 오두막에서 함께 살았던 떠돌이 가수와 나는 같은 사람이라오. 당신을 사랑하기에 변장한 것이오. 시장에서 항아리를 엎어서 박살냈던 군인도 사실은 나였소. 당신의 콧대를 꺾고 당신이 내게 했던 무례한 행동을 벌하기 위한 것이었소."

여자는 눈물을 뚝뚝 흘리면서 말했습니다.

"난 너무 못된 짓을 했기 때문에 당신의 아내가 될 자격이 없어요."

그러자 남자가 말했습니다.

"그런 말 마오. 불행한 날은 지나갔소. 이제 우리의 결혼을 축하합시다."

시녀들이 나타나서 여자에게 어여쁜 옷을 입혀주었습니다.

신부의 아버지도 예복을 입고 나타나서 딸에게 축복을 베풀어주었습니다. 환호성이 울려 퍼졌습니다. 우리도 그 자리에 있었더라면 얼마나 좋았을까요!

세 개의 깃털

옛날 어느 곳에 세 명의 아들을 둔 왕이 있었습니다. 위로 두 아들은 영리하여 머리 회전도 빨랐지만 막내아들은 말주변도 없는 데다 어리숙하기 짝이 없어서 얼간이라고 불렸습니다. 왕은 나이가 들어 하루가 다르게 기운이 떨어지자 자기가 죽고 난 뒤의 일을 걱정하기 시작했습니다. 어느 아들에게 왕위를 물려주어야 할지 고민이었습니다.

"너희들 중에서 밖에 나가 이 세상에서 가장 고운 양탄자를 가져오는 사람에게 왕위를 물려주겠다."

그러고 나서 왕은 세 아들이 다투지 않도록 성 밖으로 몸소 데리고 나가 깃털 세 개를 공중으로 불어 날린 다음 이렇게 말했습니다.

"이 깃털이 날아가는 방향으로 각자 가도록 해라."

깃털 하나는 동쪽으로, 또 하나는 서쪽으로 날아갔습니다. 그러나 세번째 깃털은 곧장 앞으로 날아가다가 얼마 못 가서 툭 떨어졌습니다. 한 형은 오른쪽으로, 한 형은 왼쪽으로 길을 잡았습니다. 두 형은 얼간이를 비웃었습니다. 깃털이 떨어진 자리에 그대로 머물러 있어야 했으니까요.

얼간이는 그 자리에 주저앉아서 슬픔에 잠겼습니다. 그런데 자세히 보니 깃털 옆에 뚜껑 달린 문이 있었습니다. 얼간이가 뚜껑을 들어 올리자 계단이 나왔습니다. 그는 계단을 따라 밑으로 내려갔습니다. 얼마를 가니까 또 하나의 문이 나왔습니다. 얼간이가 문을 똑똑 두드리자 안에서 어떤 목소리가 들려왔습니다.

"얘야 얘야, 푸른 꼬맹이야,
빨랑빨랑, 넘어지지 말고,
왔다 갔다, 폴짝폴짝,
밖에 누가 왔는지, 어서 나가보렴."

문이 열려 안을 들여다보니 뚱뚱하고 커다란 두꺼비 한 마리가 작은 두꺼비들에게 둘러싸여 있었습니다. 큰 두꺼비가 무슨 일로 왔느냐고 묻자 얼간이는 대답했습니다.

"이 세상에서 가장 아름답고 고운 양탄자가 필요해서요."

그러자 큰 두꺼비는 어린 두꺼비 한 마리를 불러 이렇게 말했습니다.

"얘야 얘야, 푸른 꼬맹이야,
빨랑빨랑, 넘어지지 말고,
날쌔게 폴짝, 기운차게 폴짝,
번개처럼 상자를 가져오렴."

두꺼비가 상자를 가져왔습니다. 뚱뚱한 두꺼비는 상자를 열어 얼간이에게 도저히 사람이 짰다고는 생각할 수 없을 만큼 곱고 아름다운 양탄자를 꺼내 주었습니다. 얼간이는 고마움을 표시하고 계단을 올라왔습니다.

한편 두 형은 멍청한 동생이 양탄자를 찾아낼 리도, 그것을 집에 가지고 올 리도 없다고 생각했습니다.

"그런 걸 찾느라고 죽을 둥 살 둥 애를 쓸 게 뭐가 있어?"

형들은 이렇게 말하고 길을 가다가 첫번째로 만난 양치기의 아내로부터 헝겊 쪼가리를 빼앗아 집으로 가지고 왔습니다. 같은 시간에 얼간이는 아름다운 양탄자를 가지고 아버지 앞에 갔습니다. 왕은 그것을 보고 깜짝 놀라며 말했습니다.

"앞서 약속한 바에 따라 왕위를 막내에게 물려주겠다."

그러나 두 형은 가만히 있지 않았습니다. 제대로 아는 게 아무것도 없는 얼간이가 왕이 된다는 것은 얼토당토않은 일이라는 것이었습니다. 두 형은 아버지에게 다른 새로운 조건을 걸어달라고 졸라댔습니다. 할 수 없이 왕이 말했습니다.

"이 세상에서 가장 아름다운 반지를 가져오는 사람에게 왕국을 물려주겠다."

왕은 세 아들을 데리고 밖으로 나가서 다시 깃털 세 개를 바람에 날렸습니다. 그러고는 깃털이 날아간 방향으로 가라고 일렀습니다. 이번에도 두 형은 동쪽과 서쪽으로 가고 얼간이는 앞쪽이었습니다. 그런데 얼간이의 깃털은 얼마 못 가서 떨어졌고 그 옆에는 또 뚜껑 달린 문이 있었습니다. 얼간이가 문을 열고 내려가니까 뚱뚱한 두꺼비가 맞아 주었습니다. 얼간이는 이 세상에서 가장 아름다운 반지가 필요하다고 말했습니다. 두꺼비는 당장 커다란 상자를 가져오게 하더니 그 안에서 반지를 꺼내 얼간이에게 내밀었습니다. 반지에는 값비싼 보석들이 박혀 있었습니다. 도저히 사람이 만들었다고는 생각할 수 없을 만큼 아름다웠습니다.

그러는 동안 두 형은 황금 반지를 찾으러 다닐 얼간이를 비웃고 있었습니다. 그들은 이번에도 아무 노력을 하지 않고 낡은 마차 고리에서 못만 빼내서는 왕 앞에 가지고 갔습니다. 그러나 얼간이가 황금 반지를 꺼내놓자 왕은 감격해서 말했습니다.

"이제 왕국은 저 아이의 것이다."

그렇지만 두 형은 다시 아버지를 못살게 굴었습니다. 왕은 견디다 못해 세번째 조건을 내걸었습니다. 이 세상에서 가장 아름다운 여자를 데려오는 사람에게 왕국을 준다는 약속이었습니다. 왕은 다시 깃털 세 개를 하늘에 날렸고 세 아들은 전처럼 깃털이 날아간 방향으로 갔습니다.

얼간이는 시간 낭비를 하지 않고 곧바로 두꺼비한테 가서 말했습니다.

"이 세상에서 가장 아름다운 여자를 집으로 데려가야 합니다."

"그것 참! 가장 아름다운 여자라…… 지금 당장은 없지만 내가 곧 구해드리지."

두꺼비는 속을 파낸 노란 무를 얼간이에게 준 다음 여섯 마리의 생쥐에게 그 무를 끌게 했습니다.

"이걸로 뭘 어쩐다는 겁니까?"

얼간이는 풀이 죽어 물었습니다.

"잔말 말고 그 안에 작은 두꺼비를 태워봐요."

큰 두꺼비가 말했습니다.

얼간이는 작은 두꺼비 중에서 아무거나 한 마리 골라 노란 무 안에 놓았습니다. 작은 두꺼비는 그 안에 들어가자마자 눈부시게 아름다운 처녀로 변했습니다. 무는 마차로,

여섯 마리의 생쥐는 늠름한 말로 변했습니다. 얼간이는 여자에게 입맞춤을 하고 번개처럼 빠른 속도로 마차를 몰아 여자를 왕 앞에 데려갔습니다. 형들도 돌아왔지만 별다른 노력을 기울이지 않은 것은 지난번과 마찬가지였습니다. 두 형은 길을 가다가 첫번째로 마주친 곱상한 시골 처녀들을 데리고 왔던 것입니다. 왕은 여자들을 보고 나서 말했습니다.

"내가 죽으면 왕국은 막내에게 돌아갈 것이다."

이번에도 형들은 아우성을 쳤습니다. 왕의 귀가 다 멍멍해질 지경이었습니다.

"저희는 얼간이를 왕으로 받아들일 수 없습니다!"

두 형은 방 한가운데에 걸린 둥근 고리를 가장 잘 빠져나가는 여자를 데려온 사람이 왕위를 물려받아야 한다고 우겼습니다. 형들은 시골 처녀들의 몸놀림이 훨씬 날랠 것이라고 생각했습니다. 시골 처녀들은 잘할 것이고 아름다운 처녀는 뛰다가 넘어져 죽을 것이라고 생각했던 것입니다.

늙은 왕은 이번에도 마음이 약해져서 형들의 말대로 했습니다. 두 시골 처녀는 둥근 고리를 잘 통과했습니다. 그러나 몸을 제대로 가누지 못하고 넘어지는 바람에 오동통한 팔과 다리가 부러졌습니다. 얼간이의 아름다운 처녀는 사슴처럼 날렵하게 고리를 통과하여 사뿐히 내려앉았습니다. 이제는 두 형도 입을 다물 수밖에 없었습니다. 결국 얼

간이가 왕위를 물려받아 오래오래 나라를 잘 다스렸다고
합니다.

흔히 민담은 진부한 권선징악의 메시지를 반복하는 아동용 이야기에 지나지 않는다고 생각한다. 그렇기 때문에 민담에 심리학의 메스를 들이댄다고 하면 고개를 갸우뚱할지도 모르겠다. 이 책 『민담의 심층』은 그러한 통념에 반기를 든다. 저자 가와이 하야오에 따르면 민담은 인간의 복잡한 마음속 세계를 압축하여 드러낼 뿐 아니라, 마음이 나아가야 할 길까지 보여주는 지도와도 같다. 융 심리학에 근거한 민담 분석은 저 유명한 그림 동화에서 의식과 무의식의 상호작용 속에 탄생하는 '개인'을 발견한다. 분석심리학의 관점에서 민담의 주인공은 곧 인간의 자아, 혹은 개인화를 거쳐 새로운 자아로 확립될 가능성 그 자체다. 또한 그림 동화 속 등장인물(동물)의 말과 행동, 무대 설정, 심지어 도구와 숫자 등에 이르기까지, 그림 동화의 거의 모든 모티프는

『민담의 심층』에서 풍성한 의미의 담지체이자 해석의 이정표로 다시 태어난다. 저자에게 그림 동화는 무의식 속의 무수한 원형들—삶과 죽음, 모성과 부성, 아니마와 아니무스, 그림자 등—이 말과 말 사이에 박혀 영롱하게 빛나는 노천광이다. 이러한 일련의 분석을 통해 『민담의 심층』은 민담의 내용과 현대인의 심성을 이어주는 의외의, 하지만 생각보다 강력한 연결고리를 재발견한다.

『민담의 심층』은 머리를 싸매야 할 만큼 난해한 연구서는 아니다. 그렇다고 해서 설렁설렁 읽고 덮는 말랑한 책도 아니다. 하지만 이 책은 읽는 이가 스스로에게 물음을 던지도록 끊임없이 자극함으로써 우리 의식 아래의 깊은 내면을 탐색하도록 이끈다. 그래서인지 이 책은 1977년에 출간된 이후 40년이 지난 지금까지도 일본에서 꾸준히 사랑받고 있다. 『민담의 심층』이 '인생의 처방전'이라는 애정 어린 별명까지 얻으며 찬사를 받아온 것은 그만큼 이 책이 현대인의 마음을 명쾌하게 풀어내는 지점들이 있기 때문이리라. 다만 여성의 눈에는 어쩔 수 없이 불편한 부분들이 종종 밟히는 것은 40년이라는 시간의 무게 때문일 것이다.

기억을 더듬어보면 18년 전 우연히 이 책을 만났을 때는 심리학의 관점에서 민담을 해석한다는 시도가 마냥 새롭고 낯설기만 했다. 두 아이를 키우며 기쁨과 괴로움이 교차하는 나날을 보내던 내게 「트루데 부인」의 해석은 전율 그 자체였다. 모성은 한없이 따뜻하게 품어주기도 하지만, 어떤 모성은 죽음에 이르는 결과를 가져온다고 한다. 시간이 흘러 딸이 사춘기에 접어들었을 때, 딸과 하루걸러 심한 갈등을 겪으면서 내가 문제 엄마인가 싶어 자괴감에 빠졌던 시절이 있었다. 그때 읽은 「들장미 공주」는, 딸은 사실 보편적인 모성의 문제를 안고 있음을 깨우치게 했고 큰 위안이 되어주었다. 이제 출간을 앞두고 묵혀두었던 번역문을 다듬으며 다시 훑어본 「게으른 세 아들」은 바쁨을 자랑으로 여기며 살아가는 나에게 "그러면 안 된다"며 브레이크를 걸어주었다.

옛이야기처럼, 뿌연 창틀의 먼지처럼, 18년 동안 잠들어 있던 번역 원고를 이제야 출간하게 되었다. 비바람이 없어도 봄은 오고 여름은 가는 법. 18년 동안의 잠은 긴 건가, 짧은 것인가. 어쩌면 이 시간은 길이로 측량할 수 없는 카이로스가 아닐까 하고 억지로 꿰어 맞춰본다. 바로 지금 이 책이 한국에 필요하다고. 바쁘게 살아가는 것이 미덕이 되어버린 요즘 같은 세상에서 조금은 느리게, 게으르게 살아가면서 우리 내면의 역동에 귀 기울이기를 바라는 마음으로 이 책을 우리말로 옮겼다.

『민담의 심층』에 소개된 그림 동화는 모두 열 편이다. 「헨젤과 그레텔」 「지빠귀 부리 왕」 「들장미 공주」와 같은 이야기들은 대부분의 독자들에게 친숙할 것이다. 「트루데 부인」「충신 요하네스」등은 아무래도 낯설 것이다. 본문에서 다루는 민담이 생소하거나 가물거리는 독자는 본문의 해석을 읽기 전에 부록으로 실린 이야기를 먼저 읽기를 권한다.